LA VIE LITTÉRAIRE

CALMANN-LÉVY, ÉDITEURS

DU MÊME AUTEUR

Format grand in-18.

BALTHASAR.	1 vol.
CRAINQUEBILLE, PUTOIS, RIQUET	1 —
LE CRIME DE SYLVESTRE BONNARD (*Ouvrage couronné par l'Académie française*).	1 —
LES DÉSIRS DE JEAN SERVIEN	1 —
LES DIEUX ONT SOIF	1 —
L'ÉTUI DE NACRE.	1 —
HISTOIRE COMIQUE	1 —
L'ILE DES PINGOUINS.	1 —
LE JARDIN D'ÉPICURE.	1 —
JOCASTE ET LE CHAT MAIGRE	1 —
LE LIVRE DE MON AMI.	1 —
LE LYS ROUGE.	1 —
LES OPINIONS DE M. JÉRÔME COIGNARD	1 —
PAGES CHOISIES.	1 —
PIERRE NOZIÈRE.	1 —
LE PUITS DE SAINTE-CLAIRE.	1 —
LA RÉVOLTE DES ANGES.	1 —
LA RÔTISSERIE DE LA REINE PÉDAUQUE.	1 —
LES SEPT FEMMES DE LA BARBE-BLEUE.	1 —
SUR LA PIERRE BLANCHE.	1 —
THAÏS.	1 —
LA VIE LITTÉRAIRE.	4 —

HISTOIRE CONTEMPORAINE

I. — L'ORME DU MAIL.	1 vol.
II. — LE MANNEQUIN D'OSIER	1 —
III. — L'ANNEAU D'AMÉTHYSTE.	1 —
IV. — MONSIEUR BERGERET A PARIS.	1 —

Format grand in-8°.

VIE DE JEANNE D'ARC.	2 vol.

ÉDITIONS ILLUSTRÉES

CLIO (*Illustrations en couleurs de Mucha*)	1 vol.
HISTOIRE COMIQUE (*Pointes sèches et eaux-fortes de Edgar Chahine*).	1 —
LES CONTES DE JACQUES TOURNEBROCHE (*Illustrations en couleurs de Léon Lebègue*)	1 —

ANATOLE FRANCE
DE L'ACADÉMIE FRANÇAISE

LA
VIE LITTÉRAIRE

QUATRIÈME SÉRIE

PARIS
CALMANN-LÉVY, ÉDITEURS
3, RUE AUBER, 3

Droits de traduction et de reproduction réservés.

Droits de reproduction et de traduction réservés pour tous les pays.

PRÉFACE

En publiant ce quatrième volume de la *Vie littéraire*, je me fais un devoir très doux de remercier le public lettré de la bienveillance avec laquelle il a reçu les trois premiers. Je ne mérite point cette faveur; mais si j'en étais digne de quelque manière ce serait pour avoir donné beaucoup au sentiment et rien à l'esprit de système. Je ne sais comment il faudrait appeler exactement ces causeries, et sans doute elles ont trop peu de forme pour avoir un nom. A coup sûr, le terme le plus impropre dont on puisse les désigner est celui d'articles critiques. Je ne suis point du tout un critique. Je ne saurais pas manœuvrer les machines à battre dans lesquelles d'habiles gens mettent la moisson littéraire pour en séparer le grain de la balle.

Il y a des contes de fées. S'il y a aussi des contes de lettres, c'en sont là plutôt.

Tout y est senti. J'y ai été sincère jusqu'à la candeur. Dire ce qu'on pense est un plaisir coûteux mais trop vif pour que j'y renonce jamais. Quant à faire des théories, c'est une vanité qui ne me tente point.

Ce qui rend défiant en matière d'esthétique, c'est que tout se démontre par le raisonnement. Zénon d'Elée a démontré que la flèche qui vole est immobile. On pourrait aussi démontrer le contraire, bien qu'à vrai dire, ce soit plus malaisé. Car le raisonnement s'étonne devant l'évidence, et l'on peut dire que tout se démontre, hors ce que nous sentons véritable. Une argumentation suivie sur un sujet complexe ne prouvera jamais que l'habileté de l'esprit qui l'a conduite. M. Maurice Barrès a été bien avisé de dire dans un opuscule exquis [1] : « Ce qui distingue un raisonnement d'un jeu de mots, c'est que celui-ci ne saurait être traduit. » Il faut bien que les hommes aient quelque soupçon de cette grande vérité, puisqu'ils ne se gou-

---

1. Toute licence sauf contre l'amour, 1892, in-18.

vernent jamais par le raisonnement. L'instinct et le sentiment les mènent. Ils obéissent à leurs passions, à l'amour, à la haine et surtout à la peur salutaire. Ils préfèrent les religions aux philosophies et ne raisonnent que pour se justifier de leurs mauvais penchants et de leurs méchantes actions, ce qui est risible, mais pardonnable. Les opérations les plus instinctives sont généralement celles où ils réussissent le mieux, et la nature a fondé sur celles-là seules la conservation de la vie et la perpétuité de l'espèce. Les systèmes philosophiques ont réussi en raison du génie de leurs auteurs, sans qu'on ait jamais pu reconnaître en l'un d'eux des caractères de vérité qui le fissent prévaloir. En morale, toutes les opinions ont été soutenues, et, si plusieurs semblent s'accorder, c'est que les moralistes eurent souci, pour la plupart, de ne pas se brouiller avec le sentiment vulgaire et l'instinct commun. La raison pure, s'ils n'avaient écouté qu'elle, les eût conduits par divers chemins aux conclusions les plus monstrueuses, comme il se voit en certaines sectes religieuses et en certaines hérésies dont les auteurs, exaltés par la solitude, ont méprisé le consentement irréfléchi des hommes. Il semble qu'elle raisonnât très bien, cette docte caïnite, qui, jugeant la création mauvaise, enseignait aux fidèles à offenser les lois physiques et morales du monde, sur l'exemple des criminels et préférablement à l'imitation de Caïn et de Judas. Elle raisonnait bien. Pourtant, sa morale était abominable. Cette vérité sainte et salutaire se trouve au fond de toutes les religions, qu'il est pour l'homme un guide plus sûr que le raisonnement et qu'il faut écouter le cœur quand il parle.

En esthétique, c'est-à-dire dans les nuages, on peut argumenter plus et mieux qu'en aucun autre sujet. C'est en cet endroit qu'il faut être méfiant. C'est là qu'il faut tout craindre : l'indifférence comme la partialité, la froideur comme la passion, le savoir comme l'ignorance, l'art, l'esprit, la subtilité et l'innocence plus dangeureuse que la ruse. En matière d'esthétique, tu redouteras les sophismes, surtout quand ils seront beaux, et il s'en trouve d'admirables. Tu n'en croiras pas même l'esprit mathématique, si parfait, si sublime, mais d'une telle délicatesse que cette machine ne peut travailler que dans le vide et qu'un grain de sable dans les rouages suffit à les fausser. On frémit en songeant jusqu'où ce grain de sable peut entraîner une cervelle mathématique. Pensez à Pascal!

L'esthétique ne repose sur rien de solide. C'est un château en l'air. On veut l'appuyer sur l'éthique. Mais il n'y a pas d'éthique. Il n'y a pas de sociologie. Il n'y a pas non plus de biologie. L'achèvement des sciences n'a jamais existé que dans la tête de M. Auguste Comte, dont l'œuvre est une prophétie. Quand la biologie sera constituée, c'est-à-dire dans quelques millions d'années, on pourra peut-être construire une sociologie. Ce sera l'affaire d'un grand nombre de siècles; après quoi, il sera loisible de créer sur des bases solides une science esthétique. Mais alors notre planète sera bien vieille et touchera aux termes de ses destins. Le soleil, dont les taches nous inquiètent déjà, non sans raison, ne montrera plus à la terre qu'une face d'un rouge sombre et fuligineux, à demi-couverte de scories opaques, et les derniers humains, retirés au fond des mines, seront moins soucieux de disserter sur l'essence du beau que de brûler dans les ténèbres leurs derniers morceaux de houille, avant de s'abîmer dans les glaces éternelles.

Pour fonder la critique, on parle de tradition et de consentement universel. Il n'y en a pas. L'opinion presque générale, il est vrai, favorise certaines œuvres. Mais c'est en vertu d'un préjugé, et nullement par choix et par l'effet d'une préférence spontanée. Les œuvres que tout le monde admire sont celles que personne n'examine. On les reçoit comme un fardeau précieux, qu'on passe à d'autres sans y regarder. Croyez-vous vraiment qu'il y ait beaucoup de liberté dans l'approbation que nous donnons aux classiques grecs, latins, et même aux classiques français? Le goût aussi qui nous porte vers tel ouvrage contemporain et nous éloigne de tel autre est-il bien libre? N'est-il pas déterminé par beaucoup de circonstances étrangères au contenu de cet ouvrage, dont la principale est l'esprit d'imitation, si puissant chez l'homme et chez l'animal? Cet esprit d'imitation nous est nécessaire pour vivre sans trop d'égarement; nous le portons dans toutes nos actions et il domine notre sens esthétique. Sans lui les opinions seraient en matière d'art beaucoup plus diverses encore qu'elles ne sont. C'est par lui qu'un ouvrage qui, pour quelque raison que ce soit, a trouvé d'abord quelques suffrages, en recueille ensuite un plus grand nombre. Les premiers seuls étaient libres; tous les autres ne font qu'obéir. Ils n'ont ni spontanéité, ni sens, ni valeur, ni caractère aucun. Et par leur nombre ils font la gloire. Tout dépend d'un très petit commencement. Aussi voit-on que les ouvrages méprisés à leur naissance ont peu de chance de plaire un jour, et qu'au contraire les ouvrages célèbres dès le début gardent long-temps leur réputation et sont estimés encore après être devenus inintelligibles. Ce qui prouve bien que l'accord est le pur effet du préjugé, c'est qu'il cesse avec lui. On en pourrait donner de nombreux exemples. Je n'en rapporterai qu'un seul. Il y a une quinzaine d'années, dans l'examen d'admission au volontariat d'un an, les examinateurs militaires donnèrent pour dictée aux candidats une page sans signature qui, citée dans divers journaux, y fut raillée avec beaucoup de verve et excita la gaieté de lecteurs très lettrés. — Où ces militaires, demandait-on, étaient-ils allés chercher des phrases si baroques et si ridicules? — Il les avaient prises pourtant dans un très beau livre. C'était du Michelet, et du meilleur, du Michelet du plus beau temps. MM. les officiers avaient tiré le texte de leur dictée de cette éclatante description de la France par laquelle le grand écrivain termine le premier volume de son *Histoire* et qui en est un des morceaux les plus estimés. « *En latitude, les zones de la France se marquent aisément par leurs produits. Au Nord, les grasses et basses plaines de Belgique et de Flandre avec leurs champs de lin et de colza, et le houblon, leur vigne amère du nord, etc., etc.* » J'ai vu des connaisseurs rire de ce style, qu'ils croyaient celui de quelque vieux capitaine. Le plaisant qui riait le plus fort était un grand zélateur de Michelet. Cette page est admirable, mais, pour être admirée d'un consentement unanime, faut-il encore qu'elle soit signée. Il en va de même de toute page écrite de main d'homme. Par contre, ce qu'un grand nom recommande a chance d'être loué aveuglément. Victor Cousin découvrait dans Pascal des sublimités qu'on a reconnu être des fautes du copiste. Il s'extasiait, par exemple, sur certains « raccourcis d'abîme » qui proviennent d'une mauvaise lecture. On n'imagine pas M. Victor Cousin admirant des « raccourcis d'abîme » chez un de ses contemporains. Les rhapsodies d'un Vrain-Lucas furent favorablement accueillies de l'Académie des sciences sous les noms de Pascal et de Descartes. Ossian, quand on le croyait ancien, semblait l'égal d'Homère. On le méprise depuis qu'on sait que c'est Mac-Pherson.

Lorsque les hommes ont des admirations communes et qu'ils en donnent chacun la raison, la concorde se change en discorde. Dans un même livre ils approuvent des choses contraires qui ne peuvent s'y trouver ensemble.

Ce serait un ouvrage bien intéressant que l'histoire des variations de la critique sur une des œuvres dont l'humanité s'est le plus occupée, *Hamlet*, la *Divine Comédie* ou l'*Iliade*. L'*Iliade* nous charme aujourd'hui par un caractère barbare et primitif que nous y découvrons de bonne foi. Au xviie siècle, on louait Homère d'avoir observé les règles de l'épopée.

« Soyez assuré, disait Boileau, que si Homère

a employé le mot chien, c'est que ce mot est noble en grec. » Ces idées nous semblent ridicules. Les nôtres paraîtront peut-être aussi ridicules dans deux cents ans, car enfin on ne peut mettre au rang des vérités éternelles qu'Homère est barbare et que la barbarie est admirable. Il n'est pas en matière de littérature une seule opinion qu'on ne combatte aisément par l'opinion contraire. Qui saurait terminer les disputes des joueurs de flûte?

Ce volume fut envoyé à l'imprimerie par mon éditeur, par mon ami très écouté et très vénéré, M. Calmann Lévy, que nous avons eu le malheur de perdre au mois de juin dernier. M. Ernest Renan et M. Ludovic Halévy ont dit de cet homme de bien, dans un langage parfait, tout ce qu'il fallait dire, et je me tairais après eux si mon devoir n'était de porter témoignage à mon tour.

M. Calmann-Lévy succéda, en 1875, dans la direction de la maison de librairie à son frère Michel dont il était l'associé depuis l'année 1844.

Cette maison demeura prospère et s'accrut encore entre ses mains. Aujourd'hui elle édite ou réimprime chaque année plus de deux millions de volumes ou de pièces de théâtre.

M. Calmann Lévy fut en relations avec presque tous les écrivains célèbres de ce temps. Il vécut en commerce intime avec Guizot, Victor Hugo, Tocqueville, Sainte-Beuve, Alexandre Dumas, Mérimée, Ampère, Octave Feuillet, Sandeau, Murger, Nisard, le duc d'Aumale, le duc de Broglie, le comte d'Haussonville, Prévost-Paradol, Alexandre Dumas fils, Ludovic Halévy, et tant d'autres dont le dénombrement remplirait plusieurs pages de ce livre. Je dois du moins indiquer les relations particulièrement cordiales qu'il entretenait avec M. Ernest Renan. C'était un legs de Michel Lévy. M. Renan a raconté dans ses *Souvenirs*, non sans charme, sa première rencontre avec l'éditeur auquel il est resté fidèle. Ces rapports excellents se continuèrent plus cordialement encore avec M. Calmann, devenu, par la mort de son frère aîné, le chef unique de la maison.

M. Calmann Lévy était l'homme le plus sympathique. Il portait en toutes choses une extrême vivacité alliée à une bonté exquise. Je crois bien qu'il était aimé de tous ceux qui le connaissaient. Il avait l'esprit des grandes affaires, et son attention infatigable ne négligeait pas les plus petites choses. Nous aimions son bon rire, sa gaieté, sa franchise et jusqu'à sa brusquerie. Car dans sa brusquerie même il gardait toute la délicatesse de son cœur. Il était sûr, fidèle, obligeant. Il aimait à faire plaisir. Et, tout engagé qu'il était dans de vastes entreprises, il s'intéressait aux moindres affaires de ses amis. Un grand éditeur est une sorte de ministre des belles-lettres. Il doit avoir les qualités d'un homme d'État. M. Calmann Lévy possédait ces qualités. Il était toujours bien informé. Il connaissait admirablement, à son point de vue, toute la littérature contemporaine. Il savait sur le bout du doigt ses auteurs et leurs livres. Il faisait preuve d'un tact parfait dans ses relations avec les hommes de lettres. Avec une entière bonhomie il saisissait les nuances les plus fines. Il était admirable pour contenter les grands et pour encourager les petits. En vérité, c'était un bon ministre des lettres.

Mais ce qui donnait un charme singulier à son mérite, c'était la modestie avec laquelle il le portait. Cette modestie était profonde et naturelle. On ne vit jamais au monde un homme plus simple, moins ébloui de sa fortune. Il avait gardé la candeur des enfants dans la société desquels il se plaisait aux heures de repos.

Nulle affectation chez cet homme excellent, et s'il s'arrêtait avec complaisance sur quelque endroit honorable de sa vie, cet endroit était celui des débuts laborieux où il avait, par son zèle, secondé son frère Michel. Le seul orgueil qu'il montrât parfois était celui de ses obscurs commencements.

Ce n'est pas ici le lieu de le peindre dans sa famille, où il déploya les plus belles vertus domestiques. Il ne m'appartient pas de le montrer, comme un patriarche, à sa table couronnée d'enfants et de petits-enfants. Les regrets qu'il y laisse ne s'effaceront jamais. Mais il me sera peut-être permis de dire ce qu'il fut pour moi. Il me sera permis de payer ma dette à sa mémoire. Calmann Lévy m'accueillit dans mon obscurité, me soutint, tenta mille fois, avec des gronderies charmantes, de secouer ma paresse et ma timidité. Il souriait à mes humbles succès. Il était plus un ami qu'un éditeur. Bien d'autres lui rendront un semblable témoignage. Pour moi, c'est du plus profond de mon cœur que je m'associe à la douleur incomparable de sa veuve et de ses fils, ainsi qu'aux regrets profond de tous ses collaborateurs.

Le lendemain même de la mort de M. Calmann Lévy, M. Ludovic Halévy écrivait ces lignes que je veux citer :

« Calmann Lévy est un des hommes les meilleurs, les plus intelligents, les plus droits que j'aie jamais connus.

« Resté jeune jusqu'à la dernière heure de sa vie, il possédait cette grande vertu sans laquelle la vie n'a véritablement aucun sens : la passion du travail. On peut dire qu'il a eu deux familles. Sa famille de cœur, d'abord : sa femme, ses fils, sa fille, ses petits-enfants, tous si tendrement aimés par lui... Et comme cette tendresse lui était rendue! Puis ce que j'appellerai sa famille de travail, ses collaborateurs de la rue Auber. Il y avait plaisir à le voir, allant et venant, dans cet immense magasin de librairie, parmi ces montagnes de livres, au milieu de ses employés; il était vraiment pour eux *le patron*, dans le vieux sens, dans le bon sens du mot. D'ailleurs, il en était des employés comme des auteurs; ils quittaient bien rarement la maison. J'ai vu arriver, il y a une trentaine d'années, dans la librairie de la rue Vivienne, des enfants qui rangeaient des livres et faisaient des paquets; je les vois aujourd'hui, rue Auber, grisonnants et devenus, dans des situations importantes, des hommes tout à fait distingués. Et cela grâce à celui qu'ils continuaient à appeler *le patron*.

« Plus heureux que son frère Michel qui n'avait pas d'enfants, Calmann Lévy a eu la joie de pouvoir se dire, en regardant ses trois fils, que son œuvre serait dignement continuée par ceux qui portent son nom. Il ne pouvait être en de meilleures mains, cet héritage d'un demi-siècle de travail et d'honneur. »

C'est de tout cœur que je m'associe aux sentiments si bien exprimés par M. Ludovic Halévy. Je le fais avec quelque autorité et quelque connaissance, étant déjà ancien dans la « copie » et dans les livres. Du vivant de M. Calmann Lévy, j'ai vu ses trois fils le seconder en son vaste et délicat travail d'éditeur. J'ai vu M. Paul Calmann, formé dès l'enfance par l'oncle Michel, et depuis longtemps rompu aux affaires, suppléer, avec ses deux jeunes frères, le vieux chef que nous regrettons, mais qui revit dans ses enfants. Je sais, par expérience, combien MM. Paul, Georges et Gaston Calmann Lévy sont d'un commerce agréable et sûr. Certes l'héritage de travail et d'honneur laissé par leur père ne saurait être mieux placé qu'en leurs mains.

A. F.

Mai 1892.

LA VIE LITTÉRAIRE

MADAME ACKERMANN

J'ai eu l'honneur de connaitre madame Ackermann, qui vient de mourir. Je la voyais à ses échappées de Nice, l'été, dans sa petite chambre de la rue des Feuillantines qu'emplissaient l'ombre et le reflet pâle des grands arbres. C'était une vieille dame d'humble apparence. Le grossier tricot de laine, qui enveloppait ses joues, cachait ses cheveux blancs, dernière parure, qu'elle dédaignait comme elle avait dédaigné toutes les autres. Sa personne, sa mise, son attitude annonçaient un mépris immémorial des voluptés terrestres et l'on sentait, dès l'abord, que cette dame avait été brouillée de tout temps avec la nature.

— Quoi! s'écria M. Paul Desjardins, quand un jour on la lui montra qui passait dans la rue, c'est là madame Ackermann? elle ressemble à une loueuse de chaises.

Et il est vrai qu'elle ressemblait à une loueuse de chaises. Mais elle pensait fortement et son âme audacieuse s'était affranchie des vaines terreurs qui dominent le commun des hommes.

Louise Choquet fut élevée à la campagne. Ses meilleurs moments — elle nous l'a dit — étaient ceux qu'elle passait, assise dans un coin du jardin, à regarder les moucherons, les fourmis et surtout les cloportes. Comme beaucoup d'enfants intelligents, elle eut grand' peine à apprendre à lire. Le catéchisme la rendit à moitié folle d'épouvante. Quand elle fut un peu grande, un bon prêtre se donna beaucoup de peine pour lui expliquer la doctrine chrétienne; elle suivit cet enseignement avec une extrême attention. Quand il fut terminé, elle avait cessé de croire tout à fait et pour jamais. Orpheline de bonne heure, elle alla vivre à Berlin, chez des hôtes excellents, où elle connut Alexandre de Humboldt, Varnhagen, Jean Müller, Bœkh, des savants, des philosophes. Son esprit était déjà formé et son intelligence armée. Il y avait déjà en elle ce pessimisme profond qui a éclaté depuis.

Là, elle fut aimée d'un doux savant, nommé Ackermann, qui faisait des dictionnaires et rêvait le bonheur de l'humanité. Elle consentit à l'épouser après s'être assurée qu'il pensait comme elle que la vie est mauvaise et que c'est un crime de la donner. Après deux ans d'une union tranquille, Ackermann mourut sur ses livres, et sa veuve se retira à Nice, dans un ancien couvent de dominicains, encore divisé en cellules. Elle y fit bâtir une tour d'où elle découvrait le golfe bleu et les cimes blanches des montagnes du Piémont. C'est là qu'elle est morte après quarante-quatre ans de solitude. Chaque matin, comme le vieux Rollin dans sa maison de Saint-Étienne-du-Mont, elle allait voir, en se levant, comment ses arbres fruitiers avaient passé la nuit. De temps en temps, dans la paix de ses jours monotones, elle écrivait ces vers désespérés qui lui survivent. Pas de vie plus unie que la sienne. Cette audacieuse mena l'existence la plus régulière.

« Je puis être hardie dans mes spéculations philosophiques, disait-elle; mais, en revanche, j'ai toujours été extrêmement circonspecte dans ma conduite. Cela se comprend d'ailleurs. On ne commet guère d'imprudences que du côté de ses passions; or, je n'ai jamais connu que celles de l'esprit. » Tout son bonheur au monde et son unique sensualité furent de voir fleurir ses amandiers et de causer de Pascal avec M. Ernest Havet.

Sans demander aucune aide au ciel, elle exerça les vertus de ces saintes femmes, de ces veuves voilées que célèbre l'Église. Naturellement, elle était d'une pudeur farouche.

L'idée seule d'une faiblesse des sens lui faisait horreur, et elle s'éloignait avec dégoût des personnes qu'elle soupçonnait d'être trop attachées aux choses de la chair. Quand elle avait dit d'une femme « elle est instinctive », c'était un congé définitif. Elle avait même, à cet endroit, des rigueurs inconcevables. Il lui arriva de se brouiller avec une amie d'enfance, parce que la pauvre dame, âgée alors de plus de soixante ans, avait un jour, assise au coin du feu, passé les pincettes à un très vieux monsieur d'une manière trop sensuelle. J'étais là quand la chose advint. Il me souvient qu'on parlait de Kant et de l'impératif catégorique. Pour ma part, je ne vis rien que d'innocent dans les deux vieillards et dans les pincettes. La dame du coin du feu n'en fut pas moins chassée sans retour. Madame Ackermann l'avait jugée instinctive. Elle n'en démordit point.

Madame Ackermann était capable d'une sorte d'amitié droite et simple. Elle s'était fait pour ses vacances parisiennes une famille d'esprit. Comme toutes les belles âmes elle aimait la jeunesse. Le docteur Pozzi et M. Joseph Reinach n'ont pas oublié le temps où elle les appelait ses enfants. Chaque fois que quelqu'un de ses jeunes amis se mariait, elle était désespérée. Pour elle, bien qu'elle y eût passé jadis assez doucement, mais sous conditions, le mariage était le mal et le pire mal, car sa candeur n'en soupçonnait pas d'autre. Elle était philosophe : l'innocence des philosophes est insondable. A son sens, un homme marié était un homme perdu. Songez donc! Les femmes, même les plus honnêtes, sont tellement « instinctives »! Elle frissonnait à cette seule pensée. Ceux qui ne l'ont point connue ne sauront jamais ce que c'est qu'une puritaine athée. Et pourtant, ô replis profonds du cœur, ô contradictions secrètes de l'âme je crois qu'au fond d'elle-même et bien à son insu, cette dame avait quelque préférence pour les mauvais sujets. En poésie du moins. Elle était folle de Musset. Enfin cette obstinée contemptrice de l'amour, un jour, à l'ombre de ses orangers, a écrit cette pensée dans le petit cahier où elle mettait les secrets de son âme : « Amour, on a beau t'accuser et te maudire, c'est toujours à toi qu'il faut aller demander la force et la flamme! »

Comme tous les solitaires, elle était pleine d'elle-même. Elle ne savait qu'elle et se récitait sans cesse. Elle allait portant dans sa poche une petite autobiographie manuscrite qu'elle lisait à tout venant et qu'elle finit par faire imprimer. Ses plus beaux vers insérés dans la *Revue moderne*, avaient passé inaperçus. C'est un article de M. Caro qui les fit connaître tout d'un coup. Elle eut depuis lors un groupe d'admirateurs fervents.

J'en faisais partie, mais sans m'y distinguer. Sa poésie me donnait plus d'étonnement que de charme, et je ne sus pas la louer au delà de mon sentiment. Elle était sensible à cet égard et, comme elle avait le cœur droit et l'esprit direct, elle me dit un jour :

— Que trouvez-vous donc qui manque à mes vers, pour que vous ne les aimiez pas?

Je lui avouai que, tout beaux qu'ils étaient, ils m'effrayaient un peu, dans leur grandeur aride. Je m'en excusai sur ma frivolité naturelle.

— Comme les enfants, lui dis-je, j'aime les images, et vous les dédaignez. C'est sans doute avec raison que vous n'en avez pas.

Elle demeura un moment stupéfaite. Puis, dans l'excès de l'étonnement, elle s'écria :

— Pas d'images! que dites-vous là? Je n'ai pas

d'images! mais j'ai « l'esquif ». « L'esquif », n'est-ce pas une image? Et celle-là ne suffit-elle pas à tout? L'esquif sur une mer orageuse; l'esquif sur un lac tranquille!..... Que voulez-vous de plus?

Oui certes elle avait « l'esquif », cette bonne madame Ackermann. Elle avait aussi l'écueil et les autans, le vallon, le bosquet, l'aigle et la colombe, et le sein des airs, et le sein des bois, et le sein de la nature. Sa langue poétique était composée de toutes les vieilleries de son enfance.

Et pourtant ces vers aux formes usées, aux couleurs pâlies, s'imprimèrent fortement dans les esprits d'élite; cette poésie retentit dans les âmes pensantes, cette muse sans parure et presque sans beauté s'assit en préférée au foyer des hommes de réflexion et d'étude. Pourquoi? Certes, ce n'est pas sans raison. Madame Ackermann apportait une chose si rare en poésie qu'on la crut unique : le sérieux, la conviction forte. Cette femme exprima dans sa solitude, avec une sincérité entière, son idée du monde et de la vie. A cet égard je ne vois que M. Sully-Prudhomme qui puisse lui être comparé. Elle fut comme lui, avec moins d'étendue dans l'esprit, mais plus de force, un véritable poète philosophe. Elle eut la passion des idées. C'est par là qu'elle est grande. Soit qu'elle nous montre au jugement dernier les morts refusant de se lever à l'appel de l'ange et repoussant même le bonheur quand c'est Dieu, l'auteur du mal, qui le leur apporte, soit qu'elle dise à ce dieu : « Tu m'as pris celui que j'aimais; comment le reconnaîtrai-je

quand tu en auras fait un bienheureux? Garde-le;
j'aime mieux ne le revoir jamais. » Soit qu'elle crie à la
nature : « En vain tu poursuis ton obscur idéal à travers tes créations infinies : tu n'enfanteras jamais que le
mal et la mort », elle fait entendre l'accent d'une méditation passionnée, elle est poète par l'audace réfléchie
du blasphème; tous les plis mal faits du discours tombent; l'on ne voit plus que la robuste nudité et le geste
sublime de la pensée.

On admire, on est ému, on ressent une effrayante
sympathie et l'on murmure cette parole du poète Alfred
de Vigny : « Tous ceux qui luttèrent contre le ciel injuste
ont eu l'admiration et l'amour secret des hommes. »

Rappelez-vous le chœur des *Malheureux*, qui ne veulent pas renaître, même pour goûter la béatitude éternelle, mais tardive.

Près de nous la jeunesse a passé les mains vides,
Sans nous avoir fêtés, sans nous avoir souri.
Les sources de l'amour sur nos lèvres avides,
Comme une eau fugitive, au printemps ont tari.
Dans nos sentiers brûlés pas une fleur ouverte,
Si, pour aider nos pas, quelque soutien chéri
Parfois s'offrait à nous sur la route déserte,
Lorsque nous les touchions, nos appuis se brisaient;
Tout devenait roseau quand nos cœurs s'y posaient.
Au gouffre que pour nous creusait la Destinée,
Une invisible main nous poussait acharnée.
Comme un bourreau, craignant de nous voir échapper,
A nos côtés marchait le Malheur inflexible.
Nous portions une plaie à chaque endroit sensible,
Et l'aveugle Hasard savait où nous frapper.

Peut-être aurions-nous droit aux célestes délices;
Non! ce n'est point à nous de redouter l'enfer,

Car nos fautes n'ont pas mérité de supplices ;
Si nous avons failli, nous avons tant souffert !
Eh bien ! nous renonçons même à cette espérance
D'entrer dans ton royaume et de voir tes splendeurs ;
Seigneur nous refusons jusqu'à ta récompense,
Et nous ne voulons pas du prix de nos douleurs.

Nous le savons, tu peux donner encor des ailes
Aux âmes qui ployaient sous un fardeau trop lourd ;
Tu peux, lorsqu'il te plaît, loin des sphères mortelles
Les élever à toi dans la grâce et l'amour ;
Tu peux, parmi les chœurs qui chantent tes louanges,
A tes pieds, sous tes yeux, nous mettre au premier rang,
Nous faire couronner par la main de tes anges,
Nous revêtir de gloire en nous transfigurant,
Tu peux nous pénétrer d'une vigueur nouvelle,
Nous rendre le désir que nous avions perdu...
Oui, mais le Souvenir, cette ronce immortelle
Attachée à nos cœurs, l'en arracheras-tu ?
. . . .

Rappelez-vous les imprécations de l'homme à la nature :

Eh bien ! reprends-le donc ce peu de fange obscure,
Qui pour quelques instants s'anima sous ta main ;
Dans ton dédain superbe, implacable Nature,
    Brise à jamais le moule humain !

De ces tristes débris, quand tu verrais, ravie,
D'autres créations éclore à grands essaims,
Ton Idée éclater en des formes de vie
    Plus dociles à tes desseins.

Est-ce à dire que Lui, ton espoir, ta chimère,
Parce qu'il fut rêvé, puisse un jour exister ?
Tu crois avoir conçu, tu voudrais être mère ;
    A l'œuvre ! Il s'agit d'enfanter.

Change en réalité ton attente sublime.
Mais quoi ! pour les franchir malgré tous tes élans,
La distance est trop grande et trop profond l'abîme
    Entre ta pensée et tes flancs.

La mort est le seul fruit qu'en tes crises futures
Il te sera donné d'atteindre et de cueillir;
Toujours nouveau débris, toujours des créatures
    Que tu devras ensevelir!

Car sur ta route en vain l'âge à l'âge succède
Les tombes, les berceaux ont beau s'accumuler
L'idéal qui te fuit, l'idéal qui t'obsède
    A l'infini pour reculer.

. . . .

Et l'on s'étonne que d'une existence tout unie et tranquille soit sortie cette œuvre de désespoir. Dans sa cellule aussi froide, aussi chaste, aussi paisible qu'au temps des fils de Dominique, la recluse de Nice a gémi comme une sainte de l'athéisme, sur les misères qu'elle n'éprouvait pas, sur les souffrances de l'humanité tout entière. Elle a fait doucement le songe de la vie; mais elle savait que ce n'était qu'un songe. Peut-être vaut-il mieux croire à la réalité de l'être et à la bonté divine, puisque, si c'est là une illusion, c'est une illusion que la mort indulgente ne dissipera point. Quoi qu'il soit de nous, ceux qui croient à l'immortalité de la personne humaine n'ont pas à craindre d'être détrompés après leur mort. Si, comme il est infiniment probable, ils ont espéré en vain, s'ils ont été dupes, ils ne le sauront jamais.

NOTRE CŒUR [1]

Oui, sans doute, M. de Maupassant a raison : les mœurs, les idées, les croyances, les sentiments, tout change. Chaque génération apporte des modes et des passions nouvelles. Ce perpétuel écoulement de toutes les formes et de toutes les pensées est le grand amusement et aussi la grande tristesse de la vie. M. de Maupassant a raison : ce qui fut n'est plus et ne sera jamais plus. De là le charme puissant du passé. M. de Maupassant a raison : Tous les vingt-cinq ans les hommes et les femmes trouvent à la vie et à l'amour un goût qui n'avait point encore été senti. Nos grand'mères étaient romantiques. Leur imagination aspirait aux passions tragiques. C'était le temps où les femmes portaient des boucles à l'anglaise et des manches à gigot : on les aimait ainsi. Les hommes étaient coiffés en coup de vent. Il leur suffisait pour cela de se brosser les cheveux, chaque matin, d'une

---

1. Par Guy de Maupassant.

certaine manière. Mais, par cet artifice, ils avaient l'air de voyageurs errant sur la pointe d'un cap ou sur la cime d'une montagne, et ils semblaient perpétuellement exposés, comme M. de Chateaubriand, aux orages des passions et aux tempêtes qui emportent les empires. La dignité humaine en était beaucoup relevée. Sous Napoléon III, les allures devinrent plus libres et les physionomies plus vulgaires. Aux jours de sainte Crinoline, les femmes, entraînées dans un tourbillon de plaisirs, allaient de bal en bal et de souper en souper, vivant vite, aimant vite et, comme madame Benoiton, ne restant jamais chez elles. Puis, quand la fête fut finie, la morphine en consola plus d'une des tristesses du déclin. Et peu d'entre elles eurent l'art, l'art exquis de bien vieillir, d'achever de vivre à la façon des dames du temps jadis qui, sages enfin et coquettes encore, abritaient pieusement sous la dentelle les débris de leur beauté, les restes de leur grâce, et de loin souriaient doucement à la jeunesse, dans laquelle elles cherchaient les figures de leurs souvenirs. Vingt ans sont passés sur les beaux jours de madame Benoiton; de nouveaux sentiments se sont formés dans une chair nouvelle. La génération actuelle a sans doute sa manière à elle de sentir et de comprendre, d'aimer et de vouloir. Elle a sa figure propre, elle a son esprit particulier, qu'il est difficile de reconnaître.

Il faut beaucoup d'observation et une sorte d'instinct pour saisir le caractère de l'époque dans laquelle on vit et pour démêler au milieu de l'infinie complexité des

choses actuelles les traits essentiels, les formes typiques.
M. de Maupassant y doit réussir autant et mieux que
personne, car il a l'œil juste et l'intuition sûre. Il est
perspicace avec simplicité. Son nouveau roman veut
nous montrer un homme et une femme en 1890, nous
peindre l'amour, l'antique amour, le premier né des
dieux, sous sa figure présente et dans sa dernière métamorphose. Si la peinture est fidèle, si l'artiste a bien vu
et bien copié ses modèles, il faut convenir qu'une Parisienne de nos jours est peu capable d'une passion forte,
d'un sentiment vrai.

Michèle de Burne, si jolie dans son éclat doré, avec
son nez fin et souriant et son regard de fleur passée, est
une mondaine accomplie. Elle a ce goût léger des arts
qui donne de la grâce au luxe et communique à la beauté
un charme qui la rend toute-puissante sur les esprits
raffinés. De plus, sous des airs de gamin et avec un
mauvais ton tout à fait moderne et du dernier bateau,
elle a cet instinct de sauvage, cette ruse de Peau-Rouge
par laquelle les femmes sont si redoutables, j'entends
les vraies femmes, celles qui savent armer leur beauté.
Au reste d'esprit médiocre, ne sentant point ce qui est
vraiment grand, affairée, frivole, vide et s'ennuyant
toujours.

Elle est veuve. Son père l'aide à donner des dîners et
des soirées dont on parle dans les journaux. Ce père est
aussi très moderne. Il ne prétend pas aux respects exagérés de sa fille, qu'il aime en connaisseur, avec une
petite pointe de sensualisme et de jalousie. Très galant

homme sans doute, mais poussant assez loin le dilettantisme de la paternité.

Madame de Burne reçoit dans son pavillon de la rue du Général-Foy des musiciens, des romanciers, des peintres, des diplomates, des gens riches, enfin le personnel ordinaire d'un salon à la mode. On sait qu'aujourd'hui les hommes de talent sont fort bien accueillis dans le monde quand ils sont célèbres. A mesure qu'on avance dans la vie, on s'aperçoit que le courage le plus rare est celui de penser. Le monde se croit assez hardi quand il soutient les réputations établies. Madame de Burne a un romancier naturaliste dont les livres se tirent à plusieurs mille et un musicien qui, selon l'usage, a fait jouer un opéra d'abord à Bruxelles, puis à Paris. Il y a cent ans, elle aurait eu un perroquet et un philosophe.

Son salon est très distingué, *select*, diraient les journaux : madame de Burne qui adore être adorée, a tourné la tête à tous ses intimes. Tous ont eu leur crise. Elle les a tous gardés, sans doute parce qu'elle n'en a préféré aucun. Mais un nouveau venu, M. André Mariolle qui l'aime à son tour, et le lui dit, parvient à lui inspirer l'idée qu'il est peut-être bon d'aimer. Elle se donne à lui sans marchander, généreusement. Elle a de la crânerie, cette petite femme ; mais elle n'est pas faite pour aimer. M. André Mariolle s'aperçoit bien vite qu'elle y met une distraction impardonnable. Il en souffre, car il aime profondément, lui, et il la veut toute. Après un an d'essais, fatigué, irrité, désespéré de la trouver toujours près de lui absente ou fuyante, il rompt, s'échappe et va se cacher. Mais pas très loin, à Fontainebleau seulement où il trouve une petite servante d'auberge qui lui prouve tout de suite que les femmes n'ont pas toutes, en amour, l'élégante indifférence de madame de Burne. Voilà le roman. Il est cruel et ce n'est point de ma faute. Quelques-uns de mes lecteurs, et non pas ceux dont la sympathie m'est la moins chère, se plaignent parfois, je le sais, avec une douceur qui me touche, que je ne les édifie point assez et que je ne dis plus rien pour la consolation des affligés, l'édification des fidèles et le salut des pécheurs.

Qu'ils ne s'en prennent pas trop à moi de tout ce que je suis obligé de leur montrer d'amer et de pénible. Il y a dans la pensée contemporaine une étrange âcreté. Notre littérature ne croit plus à la bonté des choses. Écoutons un rêveur comme Loti, un intellectuel comme Bourget, un sensualiste comme Maupassant, et, nous entendrons, sur des tons différents, les mêmes paroles de désenchantement. On ne nous montre plus de Mandane ni de Clélie triomphant par la vertu des faiblesses de l'âme et des sens. L'art du XVIIe siècle croyait à la vertu, du moins avant Racine qui fut le plus audacieux, le plus terrible et le plus vrai des naturalistes, et peut-être, à certains égards le moins moral. L'art du XVIIIe siècle croyait à la raison. L'art du XIXe siècle croyait d'abord à la passion, avec Chateaubriand, George Sand et les romantiques. Maintenant, avec les naturalistes, il ne croit plus qu'à l'instinct.

C'est sur les fatalités de nature, sur le déterminisme universel que nos romanciers les plus puissants fondent leur morale et déroulent leurs drames. Je ne vois guère que M. Alphonse Daudet qui, parmi eux, semble admettre parfois une sorte de providence universelle, un impératif catégorique et ce que son ami Gambetta appelait, un peu radicalement, la justice immanente des choses. Les autres sont des sensualistes purs, infiniment tristes, de cette profonde tristesse épicurienne auprès de laquelle l'affliction du croyant semble presque de la joie. Cela est un fait; et il faut bien que je le dise, comme le moine Raoul Glaber notait dans sa chronique les pestes et les famines de son siècle effrayant.

M. de Maupassant, du moins, ne nous a jamais flattés. Il ne s'est jamais fait scrupule de brutaliser notre optimisme, de meurtrir notre rêve d'idéal. Et il s'y est toujours pris avec tant de franchise, de droiture, et d'un cœur si simple et si ferme, qu'on ne lui a point trop gardé rancune. Et puis il ne raisonne pas; il n'est subtil ni taquin. Enfin, il a un talent si puissant, une telle sûreté de main, une si belle audace, qu'il faut bien le laisser dire et le laisser faire. Volontairement ou non, il s'est peint dans un des personnages de son dernier roman. Car il est impossible de ne pas reconnaître l'auteur de *Bel Ami* en ce Gaston de Lamarthe qu'on nous dit « doué de deux sens très simples; une vision nette des formes et une intuition instinctive des dessous ». Et le portrait de ce Gaston de Lamarthe n'est-il pas, trait pour trait, le portrait de M. de Maupassant?

Gaston de Lamarthe, c'était avant tout un homme de lettres, un impitoyable et terrible homme de lettres. Armé d'un œil qui cueillait les images, les attitudes, les gestes, avec une rapidité et une précison d'appareil photographique, et doué d'une pénétration, d'un sens de romancier naturel comme un flair de chien de chasse, il emmagasinait du matin au soir des renseignements professionnels.

Mais, avec tout cela Michèle de Burne est-elle tout ce qu'il voulait qu'elle fût, est-elle le type de la femme d'aujourd'hui? J'avoue que je serais curieux de le savoir. Je vois bien qu'elle est moderne par ses bibelots et ses toilettes et par la petite horloge de son coupé, encore que l'héroïne du roman parallèle de M. Paul Bourget ait pris soin de faire venir la sienne d'Angleterre. Je vois bien qu'elle s'habille chez D..., comme les actrices du Gymnase et les femmes de la haute finance, et je n'oserais pas la chicaner sur cette ceinture d'œillets, cette guirlande de myosotis et de muguets, et ces trois orchidées sortant de la gorge qui, entre nous, me semblent le rêve d'une perruche de l'Amérique du Sud plutôt que l'industrie d'une femme née sur le bord de la Seine, « au vrai pays de gloire ». Mais ce sont là des sujets infiniment délicats et beaucoup plus difficiles pour moi que la couleur et le tissu du style. Je vois — et c'est un grand point — que par ces robes « emplumées » dont elle était prisonnière, ces robes « gardiennes jalouses, barrières coquettes et précieuses », qu'elle porte jusque dans le petit pavillon des rendez-vous, madame de Burne rappelle la Paulette de Gyp et cette madame d'Houbly dont la robe était fermée par soixante olives sous lesquelles passaient autant de ganses, sans compter les agrafes et une rangée de boutons. Et je me persuade que madame de Burne est très moderne et tout à fait éloignée de la nature. Elle est moderne, ce semble aussi par un tour d'esprit, un air de figure un je ne sais quoi, un rien qui est tout.

Je le crois, je le veux, elle est une femme moderne comme elles sont toutes et disons-le — comme il y en a bien peu. Elle est la femme moderne, telle que les loisirs, l'oisiveté, la satiété l'ont faite. Et celle-là est si rare qu'on peut dire que numériquement elle ne compte pas, bien qu'on ne voie qu'elle, pour ainsi dire, car elle brille à la surface de la société comme une écume argentée et légère. Elle est la frange étincelante au bord de la profonde vague humaine. Sa fonction futile et nécessaire est de paraître. C'est pour elle que s'exercent des industries innombrables dont les ouvrages sont comme la fleur du travail humain. C'est pour orner sa beauté délicate que des milliers d'ouvriers tissent des étoffes précieuses, cisellent l'or et taillent les pierreries. Elle sert la société sans le vouloir, sans le savoir, par l'effet de cette merveilleuse solidarité qui unit tous les êtres. Elle est une œuvre d'art, et par là elle mérite le respect ému de tous ceux qui aiment la forme et la poésie. Mais elle est à part; ses mœurs lui sont particulières et n'ont rien de commun avec les mœurs plus simples et plus stables de cette multitude humaine vouée à la tâche auguste et rude de gagner le pain de chaque jour. C'est là, c'est dans cette masse laborieuse que sont les vraies mœurs, les véritables vertus et les véritables vices d'un peuple.

Quant à madame de Burne, dont la fonction est d'être élégante, elle accomplit sa tâche sociale en mettant de belles robes. Ne lui en demandons pas davantage. M. de Mariolle fut bien imprudent en l'aimant de tout son cœur et en exigeant qu'une personne qui se devait à sa propre beauté renonçât à elle-même pour être tout à lui. Il en souffrit cruellement. Et la petite bonne de Fontainebleau ne le consola pas. S'il veut être consolé, je lui conseille de lire l'*Imitation*. C'est un livre secourable. M. Cherbuliez (il me l'a dit un jour) croit qu'il a été écrit par un homme qui avait connu le monde et qui y avait aimé. Je le crois aussi. On ne s'expliquerait pas sans cela des pensées qui, comme celles-ci, donnent le frisson : « Je voudrais souvent m'être tu, et ne m'être pas trouvé parmi les hommes. » M. de Mariolle ne s'y trompera pas : il sentira tout de suite que ce livre est encore un livre d'amour. Qu'il ouvre ce bréviaire de la sagesse humaine et il y trouvera ce précepte :

« Ne vous appuyez point sur un roseau qu'agite le vent et n'y mettez pas votre confiance, car toute chair est comme l'herbe, et sa gloire passe comme la fleur des champs. »

UN CŒUR DE FEMME [1]

C'est un petit volume, un petit volume à couverture jaune, comme on en voit tant aux étalages des libraires, mais qui va courir, celui-là, sur toutes les plages et dans toutes les villes d'eaux où sont dispersées, par cet été frais et pâle, ces quelques milliers d'âmes subtiles, inquiètes et vaines qui composent la société parisienne, et parmi lesquelles il en est une centaine, revêtues d'une forme féminine, souriantes et bien chiffonnées, de qui dépend la fortune des romanciers. Ce petit livre porte sur sa couverture le nom de Paul Bourget et il s'appelle *un Cœur de femme*. C'est pourquoi il ira aux sources célèbres de la montagne, où sont les belles buveuses d'eau ; c'est pourquoi il aura sur les grèves de « la mer élégante ». « La mer élégante », le mot est de M. Paul Bourget lui-même.

Un des gentilshommes des comédies de Shakespeare,

1. Par Paul Bourget.

qui est bibliophile et galant comme il sied à un seigneur de la cour de la reine Élisabeth, dit en parlant des livres qui doivent entrer dans sa bibliothèque : « Je veux qu'ils soient bien reliés et qu'ils parlent d'amour. » Aussi bien, il était de mode alors en Angleterre et en France de revêtir les livres d'une enveloppe magnifique. On faisait encore ces reliures à compartiments chargées de fleurons et de devises dans le goût de la Renaissance, qui protégeaient le livre en l'honorant, comme une cassette de cuir doré.

Aujourd'hui, ainsi que le gentilhomme de la comédie, nous voulons que nos livres favoris, nos romans, parlent d'amour. Et c'est assurément le grand point pour les femmes. Mais personne ne se soucie qu'ils soient bien reliés, ni même qu'ils soient reliés d'aucune façon.

La couverture jaune se fane et s'écorne, le dos se fend, le livre se disloque sans qu'on en prenne le moindre soin. Et pourquoi s'en inquiéterait-on le moins du monde? On ne relit pas; on ne songe pas à relire. C'est une des misères de la littérature contemporaine. Rien ne reste. Les livres, — je dis les plus aimables — ne durent point. Les lecteurs mondains et qui se croient lettrés n'ont pas de bibliothèque. Il leur suffit que les « nouveautés » passent chez eux. « Nouveautés », c'est le mot en usage chez les libraires du boulevard. Il n'y a plus que les bibliophiles qui aient des bibliothèques, et l'on sait que cette espèce d'hommes ne lit jamais. Un livre de Maupassant ou de Loti est un déjeuner de printemps ou d'hiver; les romans passent comme les fleurs.

Je sais bien qu'il en reste çà et là quelque chose; il ne faut pas prendre tout à fait à la lettre ce que je dis. Mais il n'est que trop vrai que le public des romans devient de plus en plus impatient, frivole et oublieux. C'est qu'il est femme. Si l'on excepte M. Zola, nos romanciers à la mode ont infiniment plus de lectrices que de lecteurs.

Et c'est aux femmes qu'on doit l'esprit et le tour du roman contemporain, car il est vrai de dire qu'une littérature est l'œuvre du public aussi bien que des auteurs. Il n'y a que les fous qui parlent tout seuls, et c'est une espèce de monomanie que d'écrire tout seul; je veux dire pour soi, et sans espoir d'agir sur des âmes. Aussi est-il tout naturel que nos romanciers aient cherché presque tous sans le vouloir et parfois sans le savoir « ce qui plaît aux dames ». M. de Maupassant l'a trouvé avec un peu d'effort, peut-être, mais avec un plein bonheur. Ses derniers ouvrages, *Plus fort que la mort* et *Notre cœur*, ont eu des succès de salons.

Ce sont d'ailleurs de fort beaux livres dans lesquels le maître a gardé toute sa franchise et même toute sa rudesse. Mais le thème était agréable. Ce secret précieux de trouver les cœurs féminins, M. Paul Bourget l'avait deviné tout de suite et comme naturellement. Dès le début il s'était exercé à ces analyses du sentiment, à cette métaphysique de l'amour, qui est le grand attrait, le charme invincible. On n'en peut guère sortir sans risquer que les plus beaux yeux du monde se détournent avec ennui de la page commencée. Les femmes ne cherchent jamais dans un roman que leur propre secret et celui de leurs rivales. Un salon est toujours une sorte de cour d'amour; il y a des décamérons et des heptamérons sur toutes les plages élégantes, et dans toutes les villes d'eaux. Nos Parisiennes cultivées se plaisent comme madame Pampinée, que nous montre Boccace, aux dissertations sur les exemples singuliers des sentiments tendres. Quand je dis cours d'amour et décamérons, quand je parle de dames qui dissertent, il faut entendre cela dans le sens le plus familier. L'esprit mondain a pris un tour facile et brusque, et la dissertation de madame Pampinée tourne vite au « potinage ». Mais le fond est le même; aujourd'hui comme autrefois, les femmes aiment à parler autour de leur secret. Le conteur, quand il est M. Paul Bourget ou M. Guy de Maupassant, leur rend un grand service en leur donnant lieu de se confesser sous des noms fictifs; la confession est un impérieux besoin des âmes. Le père Monsabré l'a dit avec raison dans une de ses conférences de Notre-Dame. Comme M. Bourget est bien inspiré quand il imagine une madame de Moraine ou une madame de Tillières dont toutes les femmes auront l'air de parler, tandis qu'en réalité, sous ces noms de Moraine ou de Tillières, elles parleront d'elles-mêmes et de leurs amies. Quelle rumeur de voix claires et charmantes, que d'aveux involontaires et d'allusions malignes soulève à l'heure du thé et sous les fleurs des dîners, chaque roman nouveau de M. Paul Bourget? Assurément, cette fois, avec l'héroïne d'*un Cœur de femme*, avec madame de

Tillières, elles ont beau jeu pour faire des confidences voilées et des allusions secrètes. Le cas doit sembler admirable aux belles théologiennes de la passion, aux savantes casuistes de l'amour. Songez donc que cette douce madame de Tillières, cette mince et pâle et fine Juliette, cette délicate et fière et pure créature, presque une sainte, a deux amants à la fois, l'un depuis dix ans, l'autre pendant deux heures. Comment cela se peut-il? Je ne saurais trop vous le dire. Il faut un subtil docteur comme M. Paul Bourget pour résoudre de telles difficultés morales et physiologiques. Non, en vérité, je ne saurais vous le dire. Mais cela est. Madame de Tillières a mis un pied dans le labyrinthe; elle s'y est égarée. Elle était plus romanesque qu'amoureuse, plus tendre que passionnée. C'est la pitié qui l'a perdue. Que les prêtres catholiques, qui sont parvenus à une si sûre connaissance du cœur humain, ont raison de dire que la pitié est un dangereux sentiment! On lit dans M. Nicole, qui pourtant était un bon homme, que la pitié est la source de la concupiscence. Voilà une bien grande vérité exprimée en un bien vilain langage! Madame de Tillières s'est donnée une première fois par pitié, sans amour. C'est la faute d'Eloa, noble faute, sans doute, mais à jamais inexpiable. Vous savez qu'Eloa était une ange, une belle ange, car il y a des anges féminins, du moins les poètes le disent. Eloa eut pitié du diable; elle descendit dans l'enfer pour consoler celui qui fut le plus beau des êtres et qui en est le plus malheureux, Satan; et elle fut à jamais perdue pour le ciel. Encore pense-t-on qu'il y avait de l'amour inconscient dans la pitié de la céleste Eloa. L'erreur de madame de Tillières fut plus profonde, car elle se donna par pitié pure et sans véritable amour. C'est le crime de la douceur et de la bonté; ce n'en est pas moins un crime. Elle en fut justement punie : elle aima, n'étant plus libre, et elle ne sut pas se défendre contre cet amour, et ainsi une noble faute la conduisit à une faute avilissante. Du moins, elle ne se pardonna pas à elle-même. Que Dieu la juge après M. Paul Bourget. Mais je crois qu'en vérité c'était une belle créature.

Voilà, n'est-ce pas? une véritable histoire d'amour et sur laquelle on peut longuement disserter.

Le peu que je viens d'écrire n'est qu'une note en marge du roman de M. Paul Bourget. Je ne vous ai même pas dit le nom des deux fautes de Juliette. La première se nomme Poyanne; la seconde Casal. Poyanne eut des malheurs domestiques; il a l'âme grande et un beau génie. C'est à lui que madame de Tillières se donne par pitié. Casal est un libertin, et c'est lui qu'on aime vraiment. Et à ce sujet M. Paul Bourget se demande d'où vient ce pouvoir de séduction qu'exercent sur les honnêtes femmes les libertins professionnels, et pourquoi Elvire est attirée par don Juan.

« Quelques-uns, dit-il, veulent y voir le pendant féminin de cette folie masculine qu'un misanthrope humoriste a nommé le *rédemptorisme*, le désir de racheter les courtisanes par l'amour. D'autres y diagnostiquent une simple vanité. En se faisant adorer par un libertin, une honnête femme n'a-t-elle pas l'orgueil de l'emporter sur d'innombrables rivales et de celles que sa vertu lui rend le plus haïssables? Peut-être tiendrons-nous le mot de cette énigme, en admettant qu'il existe comme une loi de saturation du cœur. Nous n'avons qu'une capacité limitée de recevoir des impressions d'un certain ordre. Cette capacité une fois comblée, c'est en nous une impuissance d'admettre des impressions identiques et un irrésistible besoin d'impressions contraires. »

Tout cela est vrai ou peut l'être. Et puis la femme est sensible à toutes les renommées. Et puis les spécialistes ont de grands avantages sur le vulgaire, et puis que sait-on?... M. Paul Bourget qui est un philosophe, et des plus habiles, a, çà et là, dans ce nouveau livre comme dans les précédents, de clairs aperçus sur la nature humaine. J'ai noté au passage cette fine remarque sur l'amitié des femmes entre elles :

« Ce qui distingue l'amitié entre femmes de l'amitié entre hommes, c'est que cette dernière ne saurait aller sans une confiance absolue, tandis que l'autre s'en passe. Une amie ne croit jamais tout à fait ce que lui dit son amie, et cette continuelle suspicion réciproque ne les empêche pas de s'aimer tendrement. »

L'excellent analyste, qui déjà avait si bien défini la jalousie, nous livre cette fois encore sur ce sujet des observations subtiles et profondes.

Voici, par exemple, une remarque qui n'avait pas été faite si nettement, que je sache, bien que l'occasion de la faire n'ait jamais manqué, certes, à la vieille humanité :

« Quand on aime, dit M. Paul Bourget, les plus légers indices servent de matière aux pires soupçons, et les preuves les plus convaincantes, ou que l'on a jugées telles à l'avance, laissent une place dernière à l'espoir. On suppose tout possible dans le mal, on veut le supposer, et une voix secrète plaide en nous, qui nous murmure : « Si tu te trompais, pourtant ! » C'est alors, et quand l'évidence s'impose, indiscutable cette fois, un bouleversement nouveau de tout le cœur, comme si l'on n'avait jamais rien soupçonné. »

En lisant ces romans d'amour mondain, *Flirt*, de M. Paul Hervieu, *Notre Cœur*, de M. de Maupassant, *un Cœur de femme*, quelques autres encore, on se prend à songer que l'amour, le sauvage amour, a acquis, avec la civilisation, la régularité d'un jeu dont les gens du monde observent les règles. C'est un jeu plein de complications et de difficultés ; un jeu très élégant. Mais c'est toujours la nature, l'obscure, l'impitoyable nature qui tient le but. Et c'est pour cela qu'il n'y a pas de jeu plus cruel ni plus immoral.

LA JEUNESSE

DE M. DE BARANTE [1]

Je me rappelle, étant enfant, avoir vu plusieurs fois, dans la librairie de mon père, M. de Barante, alors plus qu'octogénaire. Nous lisions avidement au collège son *Histoire des ducs de Bourgogne*, et je regardais l'auteur de ces intéressants récits avec tout le trouble et toute la crainte des jeunes admirations. Mais M. de Barante parlait si affectueusement et d'une voix si douce, que j'étais un peu rassuré. C'était un homme excellent, qui aimait à faire le bien autour de lui. Il restait chaque année peu de jours à Paris, vivant retiré dans sa terre de Barante, en Auvergne, où il était né et où il voulait mourir. On me dit, et je le crois, qu'il y était entouré du respect et de la sympathie de tous.

---

[1]. *Souvenirs du baron de Barante*, de l'Académie française, 1782-1866, publiés par son petit-fils, Claude de Barante. in-8°, tome Ier.

On pensait en le voyant au vers du poète :

Rien ne trouble sa fin, c'est le soir d'un beau jour.

Je n'ai jamais rencontré plus agréable vieillard. Et je revois encore avec plaisir, parmi mes plus anciens souvenirs, son gracieux visage travaillé par les ans comme un vieil ivoire d'une finesse exquise.

Quant à l'*Histoire des ducs de Bourgogne*, je ne l'ai pas relue. Mais j'ai lu Froissart. M. de Barante a beaucoup écrit, et même fort bien, sans que ses œuvres historiques et littéraires soient beaucoup autre chose que les distractions d'un homme d'État et es plaisirs d'un sage. Personne ne lit plus aujourd'hu ces pages des *Ducs de Bourgogne*, pourtant si faciles à lire et calquées sur les chroniques avec une grâce un peu molle. On n'a jamais beaucoup feuilleté ses histoires de la Convention et du Directoire. M. de Barante est plus intéressant que ses écrits, et le meilleur de ses ouvrages pourrait bien être celui où il se peint lui-même, ce recueil de *Souvenirs*, dont M. Claude de Barante, son petit-fils, vient de publier le premier volume.

Comme le feu duc de Broglie, M. de Barante touchait au terme de sa vie quand il entreprit d'écrire ses mémoires, et la mort a interrompu ce dernier travail. Pour l'accomplir, M. de Barante n'avait guère qu'à mettre en ordre les notes abondantes déjà consignées par lui dans des exemplaires interfoliés de la biographie Michaud et de l'*Europe sous le Consulat, l'Empire et la Restauration*, par Capefigue. On s'étonnera peut-être que M. de Barante ait choisi pour l'annoter un livre de Capefigue. Mais, par l'ampleur de son cadre, l'ouvrage se prêtait à des gloses sur beaucoup d'hommes et de choses, et puis on ne se faisait pas alors de l'histoire l'idée que nous en avons aujourd'hui, et Capefigue suffisait. M. Claude de Barante a jugé avec raison qu'il pouvait continuer l'œuvre interrompue en faisant usage des matériaux tout préparés et des correspondances qu'il a pu réunir. Le premier volume, qui vient de paraître, va de 1782, date de la naissance de M. de Barante, au mois de février 1813. Il présente une rédaction complète et suivie.

On ne s'attendait pas, sans doute, à y trouver les lettres que madame Récamier écrivit à M. de Barante vers 1805, et qui ont été conservées. Certaines convenances s'opposaient sans doute à ce qu'elles fussent publiées tout de suite. Elles sont en mains sûres, mais non pas toutefois si fidèlement gardées qu'on n'en ait pu détourner quelques lignes à la dérobée. Je puis dire qu'elles sont d'un joli tour, et plus tendres et plus féminines qu'on ne devait s'y attendre. Sainte-Beuve disait que madame Récamier, manquant de style et d'esprit, avait la prudence de n'écrire que des billets. Cet habile homme, qui savait tout, pourtant ne connaissait pas les lettres dont je parle. Elles ont de la grâce, de la finesse et presque de la flamme. C'est auprès de madame de Staël, à Coppet et à Genève, où son père était préfet, que le jeune Barante vit pour la première fois madame

Récamier. Il parle brièvement, dans ses *Souvenirs*, de ces visites à Corinne. « J'avais vingt et un ans, dit-il, j'étais très attiré par cette société de Coppet, où il me semblait qu'on avait quelque sympathie pour moi. » Corinne était alors dans l'éclat de sa gloire, dans tout le feu de sa beauté, faite d'éloquence, de passion et de tempérament. On dit qu'elle eut du goût pour le jeune Barante, qui était aimable; on dit aussi qu'elle collabora au *Tableau de la Littérature au xviii*[e] *siècle*, que l'auteur publia un peu plus tard. Les *Souvenirs* ne nous fournissent sur ce point aucun éclaircissement. Ils nous apprennent seulement que M. de Barante était de la petite troupe des acteurs de Coppet. Car on jouait la tragédie à Coppet, comme jadis à Ferney. M. de Barante eut un rôle dans le *Mahomet*, de Voltaire, à côté de Benjamin Constant qui faisait Zopire. On ne dit pas si madame Récamier jouait ce jour-là. Nous savons par ailleurs qu'elle fit Aricie dans une représentation de *Phèdre*, où madame de Staël tenait le rôle principal. Madame Récamier n'est pas nommée une seule fois dans les *Souvenirs* de M. de Barante. Pourtant, après un de ces séjours de Coppet elle lui écrivait qu'elle avait longtemps suivi des yeux la voiture qui l'emportait et elle lui recommandait de ne pas dire trop de bien d'elle à madame de Staël, quand il lui écrirait. Mais ce sont les lettres qu'il faudrait lire tout entières; M. de Barante les a gardées et elles étaient telles qu'il pouvait les garder. Il a même gardé le petit chiffon de papier que madame Récamier lui glissa dans la main un soir chez elle, à Paris, et où elle avait crayonné une phrase comme celle-ci : « Sortez, cachez-vous dans l'escalier et remontez quand Molé sera parti. » Sans doute cela ne veut rien dire et le billet peut s'expliquer de bien des manières. Mais aussi on nous avait trop parlé de la sainteté de madame Récamier, et cela nous amuse maintenant de surprendre son manège. Ces lettres, si on les publie, et on les publiera, ne livreront pas le secret de Julie. Un doute subsistera. Mais on saura du moins que la divine Julie était plus sensible qu'on ne l'a dit. On saura qu'elle avouait sa faiblesse réelle ou feinte à un très jeune homme, plus jeune qu'elle de cinq ans. Et elle ne sera plus tout à fait celle que Jules de Goncourt appelait si joliment la Madone de la conversation.

Tous les témoignages s'accordent à reconnaître que M. de Barante était dans sa jeunesse très séduisant. On dit que le charme d'un homme est toujours le don de sa mère et qu'on reconnaît à leur grâce les fils des femmes supérieures. Je n'en jurerais pas ; mais il semble bien que la mère de Prosper de Barante ait été une créature d'élite. Telle que son fils nous la montre, elle est admirable d'esprit et de cœur. Elle écrivait pour ses enfants des extraits d'histoires, des géographies en dialogue et des contes. Quand, sous la Terreur, son mari, ancien lieutenant criminel à Riom, fut arrêté et conduit à Thiers, elle alla le rejoindre, à cheval, bien qu'elle fût à la fin d'une grossesse, et elle accoucha le lendemain. A peine relevée de couches, elle courut à Paris et sollicita du Comité de salut public la liberté de son mari et l'obtint contre toute probabilité. Elle était jeune encore lorsqu'en 1801 un mal mortel la frappa. « Ma mère, dit M. de Barante, sentit la mort s'approcher sans illusion et avec courage, dans toute la force de sa raison. Son âme se montra à découvert, soutenue par les souvenirs de la vie la plus noble et la plus pure. Elle fit entendre à tous un langage à la fois si élevé et si naturel, que les personnes qui l'entouraient étaient pénétrées de respect et d'admiration. »

Prosper de Barante entrait dans la vie publique quand il perdit sa mère. Cet incomparable malheur laissa dans son esprit une empreinte profonde et durable.

« Il me semble, dit-il, que les pensées morales et religieuses, que les sentiments élevés que je puis avoir datent de ce moment. J'appris à valoir mieux qu'auparavant ; ma conscience devint plus éclairée et plus sévère. »

— C'est là un état d'âme que comprennent tous ceux qui ont passé par une semblable épreuve. M. de Barante ajoute qu'il lut et relut alors un livre que son père aimait par-dessus tous les autres, les *Pensées* de Pascal, et que ce livre laissa « beaucoup de substance » dans son esprit. Je veux le croire ; mais il n'y paraît guère et l'on ne se douterait pas, s'il ne l'avait dit, que M. Barante s'est nourri de Pascal. Que le lieutenant criminel de Riom, un peu janséniste, ait beaucoup lu le livre de son grand compatriote, qui était peut-être un peu son parent, car ils sont tous parents en Auvergne, rien de plus naturel. Mais que Prosper de Barante doive quelque chose au plus fougueux, au plus sombre, au plus ardent, au plus impitoyable des catholiques, c'est ce qui ne saute pas aux yeux, et j'ai beau chercher je ne découvre rien dans la modération de cet homme politique qui rappelle l'inhumanité de l'auteur des *Provinciales*.

Sage, perspicace, appliqué, tel se montre dès le début Prosper de Barante, qui, sorti de l'École polytechnique, fut nommé auditeur au conseil d'État en 1806, à vingt-trois ans. Tout de suite il sentit qu'il était dans sa voie :

> Je me réjouis beaucoup de cette faveur. J'allais avoir une position dans le monde politique, une occupation régulière et l'espoir d'y réussir. Mais ce qui me donna bientôt le plus de satisfaction, ce fut d'être placé de manière à voir et à entendre l'empereur.
> Je ne partageais certes pas le fétichisme de son entourage, mais connaître et apprécier un si grand esprit, un si puissant caractère, savoir ce qu'il était et ce qu'il n'était pas absorbait mon attention. Je considérais les séances du conseil comme une sorte de drame, et j'écoutais curieusement les interlocuteurs et surtout l'empereur.

Et il recueille toutes les paroles de l'empereur, qui s'exprime avec verve, vivement, impatiemment, passant de la raillerie à la colère, et jurant quand M. Beugnot n'est point de son avis. Ce n'est pas que Napoléon soit incapable de supporter la contradiction, mais il ne la souffre que de ceux qu'il sait n'être pas trop opiniâtres.

C'est surtout dans la préparation des lois scolaires qu'il parle abondamment. Sa pensée est vaste comme le sujet qu'elle traite. Mais il trouve que l'instruction publique n'est jamais assez dans la main du gouvernement.

Les séances étaient intéressantes. Par malheur, le jeune auditeur ne put y assister longtemps. L'empereur le chargea de dépêches pour l'Espagne. Charles IV (le texte dit Charles II) était alors à Saint-Ildefonse, le Versailles des rois catholiques. M. de Barante fut reçu par ce Godoy à qui Marie-Louise de Parme avait donné, avec son amour, le titre de prince de la Paix et le pouvoir royal. Quand il parlait à la reine « le ton de sa voix n'avait rien de respectueux, remarque M. de Barante, et je m'aperçus qu'il voulait me prouver à quel point il était le maître ».

Peu de temps après, l'armée française étant entrée à Berlin, il eut l'ordre de s'y rendre. Il rencontra M. Daru au sortir du Jardin botanique.

— Je viens de faire un acte de vandalisme, lui dit l'intendant des armées; j'ai été voir s'il y avait moyen d'arranger en écuries les orangeries et les serres. Savez-vous quelle idée me poursuivait? Je songeais que les armées de l'Europe pourraient bien aussi envahir la France et entrer à Paris, qu'alors l'intendant militaire, voyant la galerie du Musée, aviserait d'en faire un magnifique hôpital et irait y calculer combien de lits on y installerait.

M. de Barante entendit ces paroles comme l'écho de sa propre pensée. Il ne croyait pas à la durée de l'empire et il le servait comme un maître qui passe.

Nommé en 1807 sous-préfet à Bressuire, il trouva

une petite ville à demi ensevelie sous le lierre et les orties; un vrai nid de chouans. Mais ces anciens brigands étaient de très braves gens, qui oubliaient la guerre pour la chasse, et après dîner chantaient des chansons et dansaient en rond entre hommes. Population assez facile à administrer surtout par un fonctionnaire modéré et religieux comme M. de Barante. Les seules difficultés sérieuses venaient de la conscription. Cette cérémonie n'était nullement agréable aux gars du Bocage. Aussi Napoléon, qui craignait une nouvelle chouannerie, n'exigeait des départements de l'Ouest qu'un contingent réduit. Et encore donnait-il de grandes facilités pour le remplacement. Il recommandait à ses fonctionnaires de prendre tous les ménagements possibles, et M. de Barante était d'un caractère à bien suivre de telles instructions. Le directeur général de la conscription était alors un M. de Cessac, qui, méthodique et classificateur, avait dressé un tableau des préfets divisé en quatre catégories : 1° efforts et succès; 2° efforts sans succès; 3° succès sans efforts; 4° ni succès ni efforts. M. de Barante ne dit pas dans quelle catégorie il fut rangé par M. de Cessac.

M. de la Rochejaquelein et sa femme, la veuve de l'héroïque Lescure, habitaient le château de Clisson, proche Bressuire. Le jeune sous-préfet les voyait souvent et passait parfois quelques jours de suite chez eux. Il y trouvait madame de Donissan, qui avait été dame de madame Victoire. C'était pour un fonctionnaire de l'empire, une société bien royaliste. Mais le sous-préfet était lui-même assez peu attaché au régime qu'il servait honnêtement et sans goût. On ne se gênait pas d'en annoncer devant lui la chute prochaine.

Un soir, il répondit :

— Je crois, comme vous, que l'empereur est destiné à se perdre ; il est enivré par ses victoires et la continuité de ses succès. Un jour viendra où il tentera l'impossible. Alors vous reverrez les Bourbons. Mais ils feront tant de fautes, ils connaissent si peu la France, qu'ils amèneront une nouvelle révolution.

C'était prévoir de loin les trois journées de Juillet.

En 1807, madame de la Rochejaquelein venait de commencer ses *Mémoires*; elle lut à M. de Barante ce qu'elle avait déjà écrit, jusqu'au passage de la Loire, et lui proposa « d'achever et même de rédiger avec plus de style les premiers chapitres ».

Il se mit aussitôt à l'œuvre : madame de la Rochejaquelein dicta ce qu'elle n'avait pas encore rédigé. Le livre, publié en 1815, est admirable de vie et de vérité. M. Claude de Barante insiste dans une longue note pour en faire honneur à son grand-père.

S'il est de M. de Barante, c'est son meilleur livre. Mais on ne peut en déposséder la veuve de M. de Lescure. L'édition de 1889 établit qu'il lui appartient en propre? Et avait-on besoin même de preuves tirées de l'examen des manuscrits? Ce livre est fait des deuils, des souffrances, des périls, des misères de cette femme de cœur. Ce livre c'est elle-même, ce qu'elle a vu, ce qu'elle a souffert. Je sais bien que M. de Barante l'a retouché, rédigé, si l'on veut, comme disent d'anciennes éditions, et qu'il y a ajouté des chapitres topographiques. Cela n'est ni contesté ni contestable.

Oui, il a beaucoup corrigé, mais toutes ses corrections ne sont pas heureuses et les éditeurs de 1889 ont montré que dans plus d'un endroit M. de Barante avait gâté le texte original.

Il est regrettable que M. Claude de Barante ait rouvert un débat qu'on croyait clos. Il me semble bien que la question a été jugée en faveur de madame de la Rochejaquelein, il y a une dizaine d'années, par des savants des départements de l'Ouest formés en comité sous la présidence de M. Pie, évêque de Poitiers.

A vingt-six ans, M. de Barante était nommé préfet de la Vendée. Il montra dans ces nouvelles fonctions le même esprit de bienveillance et la bonne grâce qu'il avait déployés à Bressuire, mais il croyait de moins en moins à la durée de l'empire. Il assista comme préfet au mariage de l'empereur :

> Ce fut vraiment une belle cérémonie. Rien n'était plus magnifique que ce long défilé de la cour impériale, de ces rois, de ces reines formant le cortège de l'impératrice, de ces grands personnages, de ces maréchaux couverts d'or, de plaques et de cordons, suivant, pour se rendre au grand salon carré du Louvre disposé en chapelle, la galerie du musée, entre deux haies de spectateurs, hommes ou femmes, parés, brodés, revêtus de leur uniforme.

Quand l'empereur, l'impératrice et le cortège furent passés, M. Mounier dit à l'oreille de M. de Barante :

— Tout cela ne nous empêchera pas d'aller un de ces jours mourir en Bessarabie.

M. Mounier savait à qui il parlait.

Ce premier volume nous montre en M. de Barante un homme de beaucoup de tact, de sens et finesse, un homme de second plan, mais qui a bien son originalité : c'est un janséniste aimable.

MYSTICISME ET SCIENCE

Dic nobis Maria...

Je ne suis qu'un rêveur et sans doute je ne perçois les choses humaines que dans le demi-sommeil de la méditation, mais il me semble que la saison où nous sommes, l'équinoxe du printemps, est une époque de conciliation et de sympathie pendant laquelle il convient de faire entendre des paroles d'espérance et d'amitié. Et ce qui me fait croire cela, c'est, vous le dirai-je, la coutume des œufs de Pâques qui, datant d'un âge immémorial et remontant sans doute aux civilisations primitives, s'est conservée jusqu'à nos jours chez les peuples chrétiens. Cette longue tradition, qui atteste l'esprit conservateur des sociétés, montre aussi que bien des choses peuvent être conciliées, qui semblaient inconciliables.

Il faut entendre les leçons du calendrier. Au moment de l'année que nous avons dépassé de quelques jours, les mystères de la nature et les mystères de la religion se confondent en féeries magnifiques ; l'esprit et la matière célèbrent à l'envi l'éternelle résurrection ; les sanctuaires et les bois fleurissent ensemble. L'Église chante : « *Dic nobis, Maria...* Dis-nous, Marie, qu'as-tu vu sur le chemin ? — J'ai vu le suaire et les vêtements, les témoins angéliques, et j'ai vu la gloire du Ressuscité. » Et ces paroles charmantes expriment avec la même puissance le retour du printemps et la victoire du Christ. Elles associent dans une image de passion et de gloire l'éternel Adonis et le Dieu des temps nouveaux. Tandis que de la nef montent avec l'encens ces paroles joyeuses : « Dis-nous, Marie, qu'as-tu vu sur ton chemin ? » les oiseaux qui font leur nid dans le vieux clocher répondent par leur chant : « Marie, Marie, dans ton chemin, tu as vu les premiers rayons du soleil se mêler à la douce pluie, comme le sourire aux larmes, et se transformer en feuilles et en fleurs. La lumière se change aussi en amour quand elle pénètre dans nos cœurs. C'est pourquoi, saisis de l'ardeur de bâtir des nids, nous portons des brins de paille dans notre bec. Oui, la chaleur féconde se métamorphose en désir. Ce qui est une grande preuve de l'unité de composition de l'univers. M. Berthelot, qui est chimiste, commence à soupçonner ces choses, que les vieux alchimistes avaient devinées avant lui. Mais comment, de cette unité, sortit la diversité ? C'est ce qui passe l'intelligence des chimistes comme celle des oiseaux.

» Voilà, voilà ce que Marie a vu sur son chemin. Elle a vu la gloire du Ressuscité, qui meurt et qui renaît tous les ans. Il renaîtra longtemps encore après que nous ne serons qu'un peu de cendre légère ; mais il ne renaîtra pas toujours, car il n'est (tout soleil qu'il est) qu'une goutte de feu perdue dans l'espace infini. Et que sommes-nous, nous les oiseaux? Un rien, un monde. Nous aimons, nous couvons nos œufs, nous nourrissons nos petits. Nous sommes une parcelle de la vie universelle. Et tout, dans l'univers, est utile, à moins que tout ne soit qu'illusion et vanité ; ces deux idées sont également philosophiques. Mais les oiseaux croient que les oiseaux sont nécessaires et ils agissent en conséquence. »

Voilà le dialogue des orgues et des oiseaux tel que je l'ai entendu en passant devant une église de village, le matin de Pâques. Il m'a paru très religieux.

Dans tous les pays et dans tous les siècles, le solstice du printemps a mêlé ainsi, dans une solennité joyeuse, les espérances du mystique à l'allégresse de la nature. Le christianisme ne s'est pas dégagé, dans ses féeries pascales de ce doux paganisme qui l'enlace, au fond de nos campagnes, comme le lierre et la ronce embrassent une croix de pierre.

M. Camille Flammarion me contait un jour que dans le Bassigny, son pays natal, les paysans célèbrent encore le renouveau, comme au temps de Jeanne d'Arc, en associant aux cérémonies du culte catholique des rites plus anciens, qui témoignent d'un naturalisme candide. Et partout la rencontre de Marie avec le mystérieux jardinier devient le symbole des joies de la terre en même temps que des espérances célestes. « *Dic nobis,*

Maria.... Dis-nous, Marie, qu'as-tu vu sur ton chemin?... » Je la retrouvais l'autre jour, cette parole liturgique, dans une revue de littérature et d'art, au début d'un de ces articles de critique morale qui trahissent le mysticisme de la génération nouvelle. « Marie, qu'as-tu vu sur la route? » répétait avec anxiété M. Paul Desjardins, ce jour de Pâques, en commençant d'écrire sur un des maîtres en qui la jeunesse a mis de grandes espérances [1].

Et ces pages, d'un accent si pur, d'un sentiment si généreux, témoignaient d'une telle inquiétude que j'en fus un peu troublé. Le *Dic nobis, Maria* y devenait la devise d'une palingénésie confuse, d'une religion indécise, d'un je ne sais quoi de meilleur qui va naître. Cet article de M. Desjardins est un signe, entre mille autres, du malaise de l'esprit nouveau.

Tout cela est bien trouble encore. Mais il importe de suivre ce mouvement qui commence; il faut le suivre avec sollicitude et dans cette humeur bienveillante qui nous pénétrait au moment d'écrire ces lignes. Nous nous attacherons à discerner la direction que prennent les jeunes intelligences. C'est aux plus fermes et aux plus sages d'essayer de conduire et d'éclairer ceux qui entrent aujourd'hui dans la vie intellectuelle. Je n'ai pas d'autre ambition pour ma part que de me débrouiller parmi ces nouveautés indécises. Je le dois, il le faut, puisqu'enfin j'écris, ce qui est terrible, quand on y songe.

---

1. Le vicomte Eugène Melchior de Vogüé.

Le plus clair c'est que la confiance dans la science, que nous avions si forte, est plus qu'à demi perdue. Nous étions persuadés qu'avec de bonnes méthodes expérimentales et des observations bien faites nous arriverions assez vite à créer le rationalisme universel. Et nous n'étions pas éloignés de croire que du xviii° siècle datait une ère nouvelle. Je le crois encore. Mais il faut bien reconnaître que les choses ne vont pas aussi vite que nous pensions et que l'affaire n'est pas aussi simple qu'elle nous paraissait. M. Ernest Renan, notre maître, qui plus que tout autre a cru, a espéré en la science, avoue lui-même, sans renier sa foi, qu'il y avait quelque illusion à penser qu'une société pût aujourd'hui se fonder tout entière sur le rationalisme et sur l'expérience.

La jeunesse actuelle cherche autre chose. Et, puisqu'on repousse cette science que nous apportions comme la révélation suprême, il faut bien que nous sachions pourquoi on la repousse.

On lui reproche d'abord son insuffisance. La science, nous dit-on, n'est pas fondée; vous avez constitué des sciences, ce qui est bien différent. Et qu'est-ce que vous appelez sciences, s'il vous plaît? Des lunettes, ni plus ni moins. Des lunettes! Elles vous donnent une vue plus pénétrante et vous permettent d'examiner certains phénomènes plus exactement. D'accord! Mais cela importe-t-il beaucoup? Quand vous avez observé quelques mirages de plus dans cet abîme d'apparences qui est l'univers sensible, en connaissez-vous mieux la raison des choses, les lois du monde qu'il importerait de connaitre? Et croyez-vous que vos découvertes en physiologie et en chimie vous aient mis sur la voie d'une seule vérité morale?

Votre science ne peut aspirer à nous gouverner parce qu'elle est d'elle-même sans morale et que les principes d'action qu'on pourrait en tirer seraient immoraux.

Elle est inhumaine; sa cruauté nous blesse; elle nous anéantit dans la nature; elle nous rapproche des animaux et des plantes en nous montrant ce qu'ils ont en commun avec nous, c'est-à-dire tout : les organes, la joie, la douleur et même la pensée. Elle nous montre perdus avec eux sur un grain de sable et elle proclame insolemment que les destinées de l'humanité tout entière ne sont pas quelque chose d'appréciable dans l'univers.

En vain, nous lui crions que nous retrouvons l'infini en nous. Elle nous apprend que la terre n'est pas même un globule dans cette veine d'Ouranos, que nous nommons la voie lactée; elle nous fait rougir de honte et de confusion au souvenir du temps où nous nous croyions le centre du monde et le plus bel ouvrage de Dieu, nous qui, en réalité, tournons gauchement autour d'une médiocre étoile, un million de fois plus petite que Sirius.

Notre imperceptible canton de l'univers semble assez pauvre, autant que nous pouvons en juger. Il n'a qu'un soleil, tandis que beaucoup de systèmes en ont deux ou trois. Son astre central doit avoir peu d'éclat, vu des systèmes les plus voisins. Il est rougeâtre, ce qui est signe qu'il ne brûle plus avec l'énergie des jeunes étoiles toutes blanches; bientôt, dans quelques millions de siècles seulement, il ne montrera plus qu'un disque fuligineux, taché de larges scories noires; et ce sera la fin, et le grain de poussière, qui se nomme la Terre et qui n'aura plus de nom alors, roulera avec lui dans la nuit éternelle.

L'humanité aura péri, sans doute, bien avant cette époque. En attendant, on nous enseigne que nous nous acheminons vers la constellation d'Hercule; notre poussière y parviendra un jour dans l'ombre et le silence : c'est là tout ce que la science peut nous révéler des destinées de l'humanité.

Nous faisons le voyage en compagnie de quelques planètes dont les unes se perdent pour nous dans la lumière du soleil, comme Vénus et Mercure et les autres dans la nuit de l'espace, comme Uranus et Neptune. On croit avoir remarqué que Vénus ne présente jamais qu'une face au soleil. Mais on n'en est pas encore bien sûr. La seule planète dont nous ayons pu observer la surface est Mars, notre voisin; on y a distingué des terres, des mers, des nuages, de la neige au pôle, et M. Flammarion en a dessiné la carte. M. Schiaparelli y a vu des canaux, l'an passé. Ces canaux se creusent comme par enchantement et, si ce sont là des ouvrages de l'industrie martienne, il faut reconnaître que les ingénieurs de cette planète sont infiniment supérieurs aux nôtres. Mais on ne sait pas si ce sont des canaux et il semble bien que ce monde soit mouvant et plus agité que la face de la terre. Sa figure change à toute heure. Il

3.

est infiniment probable qu'il est habité; mais nous ne saurons jamais quelles formes y revêt la vie. Il est vraisemblable qu'elle y est aussi pénible que sur la terre; nous pouvons le croire, et c'est là du moins une consolation que la science ne nous enlève pas.

Et quant à l'homme même, qu'en a fait la science? Elle l'a destitué de toutes les vertus qui faisaient son orgueil et sa beauté. Elle lui a enseigné que tout en lui comme autour de lui était déterminé par des lois fatales, que la volonté était une illusion et qu'il n'était qu'une machine ignorante de son propre mécanisme. Elle a supprimé jusqu'au sentiment de son identité, sur lequel il fondait de si fières espérances. Elle lui a montré deux existences distinctes, deux âmes dans un même individu.

La génération nouvelle fait ainsi le procès à la science et la déclare déchue du droit de gouverner l'humanité.

Que veut-elle mettre à la place des connaissances positives? C'est ce que nous avons le devoir de rechercher.

CÉSAR BORGIA [1]

Il fallait qu'il y eût des Borgia, pour qu'on sût tout ce que fait la bête humaine quand elle est robuste et déchaînée. Ces Espagnols romanisés n'étaient point nés qu'on sache avec un autre cœur, avec une autre âme que le vulgaire. Leur longue habitude du crime ne les a pas déracinés tout à fait de l'humanité, à laquelle ils tiennent encore par des fibres saignantes. Les sentiments naturels éclatent en eux avec violence. Le pape Alexandre a des entrailles de père : devant le cadavre de son premier-né, il pleure comme un enfant et prie comme une femme. Sa fille Lucrèce est capable d'attachement et donne des larmes sincères à la mémoire de son second mari et à celle de son frère. Et si le plus dénaturé des Borgia, César, n'eut pas, dans toute sa vie, une lueur de pitié ni un éclair de tendresse, il montra dans la con-

1. *César Borgia*, sa vie, sa captivité, sa mort, d'après de nouveaux documents des dépôts des Romagnes, de Simancas et des Nivarres. par Charles Yriarte, 2 vol. in-8°.

duite de la guerre et dans l'administration des pays conquis un esprit d'ordre, de sagesse et de mesure qui atteste du moins une certaine beauté intellectuelle. Non, les Borgia n'étaient pas des monstres au sens propre du mot. Leur personne morale n'était atteinte, à ce qu'il semble, d'aucun vice constitutionnel : ils ne différaient point, par leurs idées ou leurs sentiments, des Savelli, des Gaetani, des Orsini, dont ils étaient entourés. C'étaient des êtres violents, en pleine possession de la vie. Ils désiraient tout, et en cela ils étaient hommes ; ils pouvaient tout : c'est ce qui les rendit effroyablement criminels. Il serait dangereux de se le dissimuler : les sociétés humaines contiennent beaucoup de Borgias, je veux dire beaucoup de gens possédés d'une furieuse envie de s'accroître et de jouir.

Notre société en renferme encore un très grand nombre. Ils sont de tempérament médiocre et craignent les gendarmes. C'est l'effet de la civilisation d'affaiblir peu à peu les énergies naturelles. Mais le fonds humain ne change pas, et ce fonds est âpre, égoïste, jaloux, sensuel, féroce.

Il n'y a pas, dans nos administrations, de pauvre bureau qui ne voie, dans ses quatre murs tapissés de papier vert, toutes les convoitises et toutes les haines qui s'allumèrent dans le Vatican, sous la papauté espagnole. Mais la bête humaine y est moins vigoureuse, moins ardente, moins fière ; le tigre royal est devenu le chat domestique. Au fond, l'affaire est la même : il s'agit de vivre, et cela seul est déjà féroce.

César était encore adolescent quand son père, le cardinal Rodriguez Borgia s'éleva par la simonie au siège pontifical. C'était un vieil homme dur et rusé qui gardait pour la luxure et la domination des capacités énormes. Chez lui l'instinct était merveilleux, comme chez les bêtes. Son cynisme était magnifique. Il assit à son côté, dans la chaire de Pierre, cette belle Julie Farnèse que le peuple de Rome appelait, pour égaler le blasphème au scandale, la femme de Jésus-Christ, *sposa del Christo*. Les gens du peuple disaient encore, en montrant du doigt le frère de Julie, ce Farnèse, qu'Alexandre avait revêtu de la pourpre : « C'est le cardinal *della Gonella*, le cardinal du cotillon ». Le Romain riait et laissait dire. En ces jours-là, chez les petits comme chez les grands, dans tout le peuple, la chair débridée faisait rage. Ce vieux pontife obèse était grand d'impureté, quand, aux noces de Lucrèce, il versait des dragées dans le corsage des nobles Romaines, ou quand, après souper, assis à côté de sa fille, il faisait danser des courtisanes nues, qu'éclairaient les flambeaux de la table posés à terre. Cependant le Tibre roulait toutes les nuits des cadavres, et il y avait chaque jour quelqu'un dont on apprenait la mort en même temps que la maladie. Le saint-père avait des moyens sûrs de se défaire de ses ennemis. A cela près, bon chrétien, car il n'erra jamais en matière de foi et se montra fort désireux d'accroître le domaine de saint Pierre. Mais, à vrai dire, il n'aima rien tant que ses enfants, les accabla de biens et d'honneurs jusqu'à nommer sa fille Lucrèce garde du sceau pontifical, régente du Vatican et gouverneur de Spolète.

A quinze ans, César était archevêque de Pampelune; à dix-sept, cardinal de Valence. L'ambassadeur du duc de Ferrare l'alla voir dans sa maison du Transtevère. Après une de ces visites, il écrivit dans une dépêche, les quelques mots que voici :

« Il allait partir pour la chasse : il était vêtu de soie, l'arme au côté. A peine un petit cercle rappelait le simple tonsuré. Nous cheminâmes ensemble à cheval, en nous entretenant. C'est un personnage d'un grand esprit, très supérieur, et d'un caractère exquis. Il est d'une grande modestie. » Les contemporains vantaient volontiers la modestie de César et celle de sa sœur Lucrèce. Il reste à savoir ce qu'ils entendaient par modestie, et si ce n'était pas l'élégante sobriété du geste et de la parole.

En ce cas, César méritait cette louange. Bien qu'instruit dans les sciences sacrées et les sciences profanes, théologien, humaniste et même poète, il demeurait silencieux et taciturne. C'était, disent ceux qui l'ont approché, un seigneur fort solitaire et secret, *molto solitario e segreto*. Amoureux des étoffes somptueuses, des bijoux ingénieux et des pierreries étincelantes, il passait magnifiquement vêtu, roulant entre ses doigts une boule d'or contenant des parfums, et la tête déjà pleine de ces grands desseins que Machiavel devait bientôt admirer. Sous un ciel et dans un temps où c'était une gloire que d'être beau, César était d'une beauté éclatante.

Cette race des Borgia, que l'obésité envahissait avec

l'âge, était superbe dans la première sève de la jeunesse. Ce prince blond et charmant, *biondo e bello*, songeait à rejeter la pourpre qui l'embarrassait et à ceindre l'épée. Mais l'épée qu'il convoitait, l'épée de capitaine général des milices pontificales devant laquelle s'inclinait le gonfalon de l'Église, son frère, le fils aîné du pape, le duc de Gandia, la tenait et ne se la laisserait pas arracher.

A vingt ans, César commit son premier crime et ce fut le chef-d'œuvre des crimes. Les deux frères dînaient dans la maison de Madona Vanozza, leur mère, proche Saint-Pierre aux Liens. Dîner d'adieu ; ils devaient tous deux quitter Rome le lendemain, César pour assister au couronnement du roi de Naples, Gandia pour recevoir l'investiture des nouvelles possessions que lui avait données le pape. On se sépara assez avant dans la nuit. César sur sa mule, et Gandia sur son cheval, partirent ensemble. Ils prirent le chemin du Vatican et se séparèrent devant le palais du cardinal Sforza. Là, le duc de Gandia prit congé de son frère et s'engagea dans une ruelle.

Il ne rentra pas chez lui. Le pape le fit chercher partout pendant deux jours ; ce fut en vain. Le troisième jour on envoya trois cents mariniers fouiller le lit du Tibre ; l'un d'eux ramena dans ses filets le corps du duc de Gandia, percé de neuf blessures et la gorge ouverte. La douleur du père fut horrible et démesurée. Cet homme sensuel, déchiré dans ses entrailles, ne cessait point de gémir et de pleurer. Son orgueil s'était écroulé avec sa joie. Il demandait pardon à Dieu, cependant il poussait l'enquête, anxieux de connaître la vérité, impatient de lumière. Chaque jour apportait quelque indice. Des témoins avaient vu les assassins soutenir le corps vacillant sur un cheval, puis le jeter dans le fleuve. On allait découvrir les coupables. Tout à coup le pape arrêta l'enquête. Il craignait d'en savoir déjà trop. Il ne voulait plus connaître le meurtrier de son fils. Il ne voulait pas savoir le nom que Rome entière prononçait tout bas.

« Sa Sainteté ne cherche plus, dit un témoin, et tous ceux qui l'entourent ont la même opinion, il doit savoir la vérité. » Trois semaines plus tard, César était de retour à Rome. Le Sacré Collège se rendit au Vatican, où le pape attendait, selon l'usage, pour lui donner sa bénédiction pontificale, ce fils, qu'il n'avait pas revu depuis le meurtre. Arrivé au pied du trône, César s'inclina. Son père ouvrit les bras et le baisa silencieusement au front, puis il descendit de son siège. *Eo deosculato, descendit de solio.* En posant ses lèvres sur le front de Caïn, ce malheureux père a goûté sans doute toute l'amertume humaine, et son silence est plein d'une désolation infinie. Mais c'est un homme de premier mouvement, en qui toutes les impressions, même les plus fortes, sont fugitives. Bientôt il oubliera le cadavre sanglant que le Tibre a roulé. Il admirera malgré lui ce fils audacieux qui n'a craint ni Dieu ni son père. Il reconnaîtra son sang. Il débarrassera César de la pourpre qui va mal à un tel audacieux et il l'enrichira des dépouilles de la victime. C'est à César qu'il remettra le gonfalon de l'Église. Et quand César aura conquis les Romagnes et rendu à saint Pierre les villes de son patrimoine, les entrailles du père tressailleront de joie et d'amour. Trois ans plus tard, à la nouvelle que son fils va venir, le pape ne donne plus d'audiences, dit un clerc des cérémonies, il est fiévreux, agité; il pleure, il rit en même temps.

Ces sentiments ne témoignent-ils pas d'une humanité terriblement rude et simple? C'est ainsi, n'est-il pas vrai? qu'on imagine l'âme des hommes des cavernes.

En fait de crimes, César ne fit jamais plus grand que l'assassinat de Gandia. Mais ses autres meurtres, celui, par exemple, d'Alphonse de Bisceglie, le second mari de Lucrèce, portent ce même caractère d'utilité pratique. César tua toujours froidement, sans fantaisie, par pur intérêt. Il n'est pas possible de mettre plus de lucidité dans le crime. Dans toutes ses entreprises, il portait un génie démesuré et des ardeurs surhumaines. Ce blond César, danseur gracieux, qui conduisait, entre deux assauts, des ballets symboliques, était un Hercule.

Le jour de la Saint-Jean, le 24 juin de l'année 1500, on avait organisé des courses de taureaux à Rome, derrière la basilique de Saint-Pierre, selon la mode apportée à Rome, depuis Callixte, par les Aragonais. César descendit, à visage découvert, dans l'arène, combattit à pied, simplement revêtu d'un pourpoint, avec l'épée courte et la *muleta* et, dans cinq passes successives, se mesura avec cinq taureaux qu'il mit tous à mort. Il abattit même le dernier d'un seul coup d'espadon, aux cris d'une foule en délire.

Aux fêtes du troisième mariage de Lucrèce Borgia, le 2 janvier 1502, il y eut encore des combats de taureaux sur la place Saint-Pierre. Cette fois, César descendit à cheval dans l'arène. Il salua l'assistance à la mode espagnole et, fonçant droit sur la bête, l'attaqua à la lance. Puis il se montra à pied au milieu du *cuadrilla* de dix Espagnols.

Il est croyable que, dans sa vie brûlante, il ne connut pas de plus grande joie que celle d'employer la force inépuisable de ses muscles. On le voyait sans cesse occupé à tordre une barre d'acier, à rompre un fer à cheval ou une corde neuve.

Les historiens nous le montrent à Césena, après la conquête, entouré de ses compagnons d'armes et de plaisirs, gravissant chaque dimanche la colline où les paysans se rassemblaient pour essayer leur force et leur adresse, et là prenant part, sans être reconnu, aux jeux en usage chez ces robustes et violentes populations des Romagnes et exigeant de tous les gentilshommes qu'ils acceptassent comme lui la lutte avec les rustres.

Il méprisait profondément les femmes. Ayant épousé Charlotte d'Albret, fille du roi de Navarre, il la quitta quelques jours après son mariage et n'eut plus le loisir de la revoir. Pendant une de ses campagnes dans les Romagnes, il vit la femme d'un de ses capitaines vénitiens, la trouva belle et la fit enlever. A Capoue, il garda pour lui les plus belles prisonnières. Ceux qui entraient dans sa tente apercevaient une grande belle fille sans nom, sans histoire, favorite muette, dit M. Yriarte, qu'il menait en campagne. On ne sait pas même le nom de la mère des deux bâtards qu'il laissa après lui. En somme, il ne donna jamais une pensée à une femme. Mais cet homme fort perdit, près d'une femme, en un jour, sa santé et sa beauté. A vingt-cinq ans son visage se couvrit subitement de pustules et de taches ardentes, qu'il garda jusqu'à sa mort. Ses yeux caves semblaient venimeux. Il fut horrible dès lors.

On sait comment la mort d'Alexandre VI ruina la fortune de César et comment, trahi par Gonzalve de Cordoue, le duc des Romagnes dut renoncer à tous droits sur les États qu'il avait conquis. On sait que, deux ans, prisonnier de Ferdinand le Catholique, César réussit à s'évader du château de Medina del Campo et, s'étant mis au service du roi de Navarre, son beau-frère, se fit tuer en furieux à Viana. Dans sa vie si courte, il étonna moins encore par la froideur de sa scélératesse que par l'éclat de son intelligence. C'était un capitaine excellent et un politique habile. Machiavel admirait l'homme qui allait toujours à la vérité effective de choses.

« Ce seigneur, a-t-il dit du duc des Romagnes, est splendide et magnifique et, dans la carrière des armes, telle est son audace, que les plus hautes entreprises lui semblent peu de chose; dès qu'il s'agit d'acquérir de la gloire et d'agrandir ses États, il ne connaît ni repos, ni fatigue, ni danger. A peine arrive-t-il en quelque lieu, on apprend son départ. Il sait se faire bien venir du soldat. Il sut rassembler les meilleures troupes de l'Italie; et toutes ces circonstances, jointes à une fortune insolente, font de lui un victorieux et un formidable. »

Nul doute que César Borgia n'ait été un des plus habiles hommes de son temps.

Des témoignages irrécusables nous le montrent doux à ses peuples, attentif à ne point les surcharger d'impôts, et, en marche dans les campagnes à la tête de ses troupes, libéral pour tous ceux qui venaient au-devant de lui demander des grâces, solliciter sa générosité, réclamer la liberté de quelque parent prisonnier ou exilé, ou de quelque soldat réfractaire. César ne les rebutait jamais, tandis qu'il se montrait impitoyable pour les concussionnaires. Enfin, il était assez habile pour se montrer juste et humain quand il le fallait.

Il eut, avec l'âme la plus noire, une brillante et vaste intelligence. Irons-nous jusqu'à dire qu'il eut un grand génie? Non, car, en définitive, il ne fonda rien et le démon dont il était possédé précipita furieusement la ruine de son œuvre et de sa vie. D'ailleurs, il est bon et consolant de se dire, avec un historien optimiste, que la puissance créatrice est toujours le partage de la grandeur morale.

Tout ce qu'on vient de lire n'est qu'une suite de notes prises sur le livre de M. Charles Yriarte, et par endroits je dois le dire, ces notes suivent le texte de très près.

Ce livre est aussi intéressant que possible. Il est visible que M. Charles Yriarte a pris beaucoup de plaisir à l'écrire. C'est un grand curieux que M. Charles Yriarte. Son histoire de *César Borgia*, très étudiée dans l'ensemble, contient des parties neuves. Je signalerai particulièrement à cet égard les chapitres sur la captivité et la mort du héros, ainsi que quelques pages sur l'épée que César se fit faire en 1498 avec cette devise : *Cum Numine Cesaris Omen*

JAMES DARMESTETER [1]

J'aime beaucoup le Collège de France et cela pour diverses raisons. On y professe à la fois les plus vieilles sciences du monde et les plus nouvelles. L'enseignement qu'on y donne ne sert à rien ; aussi garde-t-il une noblesse incomparable. Il y est absolument libre. MM. les lecteurs et professeurs, comme dit l'affiche, traitent de ce qu'ils veulent et comme ils veulent. Là, M. Émile Deschanel parle ingénieusement du romantisme des classiques, et M. Brown-Sequart cherche les moyens de vaincre la vieillesse.

Cette antique maison a cela d'aimable, qu'elle est ouverte à toutes les nouveautés. On y enseigne tout. Je voudrais qu'on y enseignât le reste. Je voudrais qu'on y créât une chaire de télépathie pour quelque élève du docteur Charles Richet et une chaire de socialisme dont

---

1. *Essais orientaux*, 1 vol. in-8°. — *Lettres sur l'Inde*, 1 vol. in-18. — *La Légende divine*, 1 vol. in-18.

M. Malon serait le titulaire. J'oserais réclamer aussi une chaire d'astronomie physique, afin d'étudier de plus près les canaux de la planète Mars, qui m'inquiètent beaucoup. Il conviendrait d'en disserter amplement avant qu'un astronome constate qu'ils n'existent point. Je ne sais rien de plus attachant que les jeunes sciences qui en sont encore aux fables de l'enfance, et je voudrais que le Collège de France ouvrît à toutes son sein indulgent. Cet établissement unit en lui les vieux procédés et les nouvelles méthodes : tel professeur y continue encore Rollin et nos vieux oratoriens ; tel autre, comme M. Gaston Paris ou M. Louis Havet, y déploie toutes les ressources de l'érudition moderne. C'est une abbaye de Thélème où chacun est libre parce que tout le monde y est sage. On souffre que la jeunesse y soit bouillante et que la vieillesse y sommeille quelquefois. On doit y être heureux. Chaque maître a ses auditeurs. L'un est écouté par de jeunes savants, l'autre par des femmes élégantes, un troisième par quelques vieillards frileux. Et chacun a une belle affiche blanche à la porte de sa maison. M. Renan administre le Collège de France avec un esprit de prudence et d'amour et cette foi dans les choses de la science qui inspire toutes ses pensées et toutes ses actions. Son indulgente sollicitude y maintient la paix, l'indépendance et la justice. Il rappelle ces grands abbés d'autrefois qui, tenant la crosse d'une main grasse et blanche, déployaient dans le gouvernement de leur monastère la plus douce énergie et cachaient leur zèle sous leur sourire.

Il n'y a pas jusqu'aux murs du Collège de France qui ne me charment par une expression de silence et de recueillement. Ils sont vieux, mais non point d'une antiquité profonde. Leurs premiers fondements datent de deux siècles. J'ai lu dans je ne sais quel bouquin poudreux et racorni les lamentations de Ramus, se plaignant d'être réduit à professer dans la rue, en sorte que ses leçons, disait-il, étaient sans cesse « importunées et destourbies par le passage des crocheteurs et lavandières ». Mais les murs du Collège de France, qui commencèrent à s'élever sous Louis XIII, ont entendu Gassendi, Guy Patin, Rollin, Tournefort, Daubenton, Lalande, Vauquelin et Cuvier. Et plus tard ils ont entendu ceux dont Michelet a dit : « Nous étions trois cordes harmonieuses : Quinet, Mickiewicz et moi. »

Quand on va au Collège de France, pour bien faire, il faut aller par la rue Saint-Jacques. C'est une rue mal pavée, étroite et tortueuse, mais noble et pleine de gloire. Car c'est là que furent établies, au temps du roi Louis XI, les presses du premier imprimeur parisien. Trois siècles, cette voie fut honorée par d'illustres et doctes libraires, et maintenant, ruinée et déchue, elle est encore bordée d'étalages de bouquins latins et grecs. Là, sous un ciel gris, dans l'ombre humide, sur le pavé gras, bousculé par les voitures, le pauvre poète qui aime le livre parce que le livre est le rêve, s'arrête instinctivement devant les boîtes du bouquiniste. Il ouvre un petit classsique de deux sous, de mine pitoyable et tout taché d'encre. Il lit et voit bientôt — ô magie ! — des figures de vierges passer dans leur tunique blanche. Il voit Antigone sous les lauriers sacrés. Et il s'en va poursuivant, les pieds dans la boue, l'essaim des ombres héroïques et charmantes.

Je l'avoue, jadis, à l'âge où l'on attrape les vers de Sophocle aux étalages des bouquinistes, j'allais au Collège de France par cette étroite, montueuse, raboteuse, sale et vénérable rue Saint-Jacques, où l'on acquiert le mépris des faux biens avec la certitude que les seules richesses enviables sont celles de l'intelligence. Si j'ai pris la liberté de vous conduire aujourd'hui — par la rue Saint-Jacques — à la vieille maison que fonda François Ier, c'est pour vous faire entendre un des plus jeunes et des plus estimés professeurs du Collège de France, M. James Darmesteter, qui y occupe la chaire des langues iraniennes. Ce nom de Darmesteter est deux fois cher à la science. Le frère de James, Arsène, est mort jeune, mais non pas sans avoir laissé des travaux considérables sur la langue française. Il était excellent par la méthode, la rectitude et la faculté de construire. Son livre de la *Vie des mots* est d'une logique supérieure. Arsène a fait, en collaboration avec le vénéré M. Hatzfeld, un dictionnaire français qui, je l'espère, sera bientôt publié et qui sera le premier où l'on trouvera les divers sens de chaque mot dérivant logiquement les uns des autres et s'expliquant par leur succession même. C'était l'homme le plus simple, le meilleur, le plus laborieux, et tous ceux qui l'ont fréquenté dans sa modeste maison de Vaugirard, peuvent témoigner de la sainteté de sa vie. Je vois encore sa figure paisible et grave d'artisan, son geste sobre, son air d'humilité fière et d'intelligente candeur. J'entends encore sa parole nette comme sa pensée, égale, douce et pénétrante. Son jeune frère, M. James Darmesteter pour lequel il avait un cœur et des yeux de mère, donnait d'aussi grandes espérances, fondées sur d'autres qualités. Plus spontané, plus rapide, tout en intuitions soudaines, James était admirable pour la hardiesse et la variété des vues. Il abondait en idées générales, et l'on devinait dès lors que son activité dévorerait une large part de science et de poésie. Il n'avait ni la sérénité ni la prudence intellectuelle de son frère. Sa parole haletante, brève, imagée, annonce un tout autre génie; son regard fiévreux trahit le poète, et en vérité il est poète autant que savant. Je voudrais vous peindre ce noir regard d'arabe sur son pâle visage aux traits accentués, qui porte les trace d'une extrême délicatesse de tempérament. Je voudrais montrer tout ce qu'il y a de passion et d'ardeur dans cette enveloppe frêle. Du moins vous le retrouverez tout entier dans ses livres, dans son style éclatant et brisé, dans ses idées emportées, dans son impétueuse imagination.

James Darmesteter est juif. Il en a le masque, il en a l'âme, cette âme opiniâtre et patiente qui n'a jamais cédé. Il est juif avec une sorte de fidélité qui est encore de la foi. Assurément, il est affranchi de toute religion positive. Il a fait sa principale étude des mythes, et il s'est appliqué à reconnaître à la fois le mécanisme des langues, et le mécanisme des religions. Il sait comment les croyances d'Israël se sont élaborées. Mais dans un certain sens, il a gardé sa créance à la Bible des juifs. En dehors de toute confession, au-dessus de tout dogme, il est resté attaché à l'esprit des Écritures. Bien plus, par un tour original de la pensée, il fait entrer les plus belles parties du christianisme dans le judaïsme et, ramenant l'église à la synagogue, il réconcilie la mère et la fille dans une Jérusalem idéale. Mais c'est la fille, comme de raison, qui reconnaît ses torts et confesse ses erreurs. Il trouve que le christianisme a beaucoup de judaïsme. Et voici comme il s'exprime dans ses *Essais orientaux* :

« Tout ce qui, dans le christianisme, vient en droite ligne du judaïsme vit et vivra. Le règne de la Bible et des Évangiles, *en tant qu'ils s'inspirent d'elle*, ne pourra que s'affermir à mesure que les religions positives qui s'y rattachent perdront de leur empire. Les grandes religions survivent à leurs autels et à leurs prêtres : l'hellénisme aboli a moins d'incrédules aujourd'hui qu'aux jours de Socrate et d'Anaxagore : les dieux d'Homère se mouraient quand Phidias les taillait dans le paros ; c'est à présent qu'ils trônent vraiment dans l'immortalité, dans la pensée et le cœur de l'Europe. La croix a beau tomber en poussière : il est quelques paroles, prononcées à son ombre en Galilée, dont l'écho vibrera à toute éternité dans la conscience humaine. Et quand le peuple qui a fait la Bible s'évanouirait, race et culte, sans laisser de trace visible de son passage sur la terre, son empreinte serait au plus profond du cœur des générations qui n'en sauront rien, peut-être, mais qui vivront de ce qu'il a mis en elles. L'humanité, telle que la rêvent ceux qui voudraient qu'on les appelât des libres penseurs, pourra renier des lèvres la Bible et son œuvre; elle ne pourra la renier du cœur sans arracher d'elle-même ce qu'elle a de meilleur en elle, la foi en l'unité et l'espérance en la justice, sans reculer dans la mythologie et le droit de la force de trente siècles en arrière. »

En réalité, c'est dans le crépuscule des dieux que M. James Darmesteter réconcilie le Messie avec les Juifs qui l'ont crucifié. Un pieux athéisme le dispose à toutes les conciliations. Son syncrétisme est d'autant plus large qu'il embrasse des idées pures. Il a raison; quand ils n'ont plus de prêtres, les dieux deviennent très faciles à vivre. Cela se voit dans les musées. Et si les hôtes de M. Guimet échangent, sur leurs socles d'ébène ou de bronze, des regards irrités ou surpris, ils se tolèrent les uns les autres et le dialogue de leurs yeux vénérables se prolongera à jamais dans une paix auguste.

Les dieux, M. James Darmesteter les a tous mis d'accord, et Jésus avec eux, dans les admirables poèmes en prose de son livre de *la Légende divine*. Il a montré en eux les formes diverses de la conscience humaine.

Ces pages, d'un rythme puissant et d'une pensée profonde, portent cette dédicace : *Mariæ sacrum*. Il est permis de reconnaître sur cette inscription votive le nom de la compagne du poète et du savant, car ce nom appartient à la poésie et à l'art.

Mary Robinson, aujourd'hui madame Darmesteter, est un poète anglais d'une exquise délicatesse ; ses mains gracieuses savent assembler des images grandes et vivantes qui nous enveloppent et ne nous quittent plus.

Et ce poète est aussi un historien. Mary Robinson a dit : « Les sirènes aiment la mer et moi j'aime le passé ». Elle aime le passé et elle écrit en ce moment une histoire des républiques italiennes.

C'est dans l'intimité de ce charmant et noble esprit que M. James Darmesteter poursuit ses travaux, prépare ses cours et publie les monuments et les souvenirs qu'il a rapportés de l'Inde.

CONTES ET CHANSONS POPULAIRES [1]

JEAN-FRANÇOIS BLADÉ

I

Je ne pensais pas retourner sitôt, même en esprit dans cette aimable ville d'Agen, où, le mois dernier, grâce aux félibres, je reçus un si bon accueil, et que je crois voir encore couchée au pied de sa colline, sans magnificence, mais non sans grâce, avec sa tour romaine, ses rues à arcades, son fleuve aux grandes eaux argentées et ses filles du peuple, qui, coiffées d'un bandeau clair, portent tranquillement leur beauté comme un héritage antique.

---

1. *Poésies et contes populaires de la Gascogne*, par Jean-François Bladé, correspondant de l'Institut (dans la collection des *Littératures populaires*, de Maisonneuve et Leclerc), 6 vol. — *Traditions, coutumes, légendes et contes des Ardennes*, par Albert Meyrac, avec préface par Paul Sébillot, 1 vol. — *Esthétique de la tradition*, par Émile Blémont, et *Études traditionnistes*, par Andrew Lang (dans la *Collection internationale de la tradition*, de MM. Emile Blémont et Henry Carnoy), 2 vol.

J'avais dit à la petite Vénus du musée, si gracile et si fine, un adieu que je croyais long pour ne pas dire éternel. Et voici que déjà elle me fait signe et me rappelle dans le tiède et doux Agenais. Elle me dit : « Reviens en imagination sur les bords de ma Garonne et lis les contes et les poésies de Gascogne recueillis par Jean-François Bladé. Ne t'y trompe pas : Bladé est un savant, mais il a le goût, il a la grâce, le charme. Ses livres sont de doctes livres; pourtant j'y ai laissé traîner un bout de ma ceinture; tu t'en apercevras au parfum. »

Et la petite Vénus agenaise ne m'a pas trompé. M. Bladé a recueilli les contes et les chansons de la Gascogne, et ce ne fut pas seulement de sa part une œuvre d'érudit; il y a mis, avec de la méthode et du savoir, quelque chose d'infiniment précieux : l'amour et cette grâce, cette vénusté qui place son livre sous le vocable de la petite déesse que nous admirions tant, Paul Arène et moi, parmi les pierres gallo-romaines du musée d'Agen. Le prix de ces travaux, j'espère vous le faire sentir. J'en veux parler sans hâte et tranquillement, et si je n'ai pas tout dit aujourd'hui, j'y reviendrai la prochaine fois : ces heures d'automne sont les plus douces de l'année et l'on y peut causer à loisir dans le calme des soirées grandissantes.

Aussi bien s'agit-il ici de chansons et de contes rustiques, de proverbes et de devinettes. Je sais qu'on les aime. On les aime comme les croix de Jeannette, les pannières, les boîtes à sel, les armoires normandes au fronton desquelles deux colombes se baisent, les soupières d'étain où l'on mettait la rôtie de la mariée, la vaisselle à fleurs et les plats sur lesquels étaient peints un saint patron en habit d'évêque ou bien une sainte Catherine, une sainte Marguerite, une sainte Dorothée, portant la couronne et les attributs de leur mort bienheureuse. Ce sont là les reliques des humbles aïeux de qui nous sortons. La mode s'en est mêlée et a failli tout gâter. En vieilles chansons comme en vieille vaisselle la fraude est venue servir la vanité. Mais dans toutes choses il faut considérer le vrai.

M. Bladé a mis plus de vingt-cinq ans à recueillir les contes et les chansons avec lesquels de vieilles servantes avaient bercé son enfance. Comment il s'y prit, c'est ce qu'il a expliqué dans deux préfaces charmantes. Il interrogea les bonnes gens du pays, les femmes, les vieillards qui savaient les histoires du temps passé. D'autres, sans doute, en ont fait autant. M. Charles Guillon, par exemple, à qui l'on doit un recueil des *Chansons populaires de l'Ain*, a patiemment interrogé les paysans de la Bresse.

Le métier n'est pas facile : « Le paysan, dit M. Gabriel Vicaire, s'imagine volontiers qu'on se moque de lui; défiant à l'excès, il ne se livre qu'à son corps défendant. Voulez-vous l'amener à vos fins? Il faut avoir su l'apprivoiser de longue date. Et même alors que de déceptions! Pour quelques trouvailles de haut prix, que de couplets sans valeur, que de refrains insignifiants, empruntés au répertoire des cafés-concerts! Je ne parle pas des interpolations, des enchevêtrements sans nombre, où il est presque impossible de se reconnaître. Si vous demandez l'explication de quelque mot abracadabrant : « C'est ainsi, vous répondra-t-on ; la chanson dit comme » cela. Je n'en sais pas davantage ». Puis le chanteur, pour être en possession de tous ses moyens, a besoin de s'humecter largement la gorge, et si vous avez l'imprudence d'outrepasser la dose, sa langue s'empâte, ses idées s'embrouillent. Il est désormais impossible d'en rien tirer. »

Tous ces contretemps, toutes ces difficultés, tous ces obstacles, M. Bladé les a connus, et il en a triomphé.

Marianne Bense, du Passage-d'Agen, servante d'un curé, et veuve Cadette Saint-Avit, de Cazeneuve, lui furent d'un grand secours ; elles savaient autant de contes qu'en sut jamais ma mère l'Oie. Cazaux de Lectoure, pareillement, était un conteur excellent. Mais sa défiance était extrême. Il est mort plein d'années, Dieu ait son âme ! « Je tiens pour certain, dit M. Bladé, que Cazaux s'est tu sur bien des choses et qu'il est mort sans me juger digne de noter la moitié de ce qu'il savait. » M. Bladé nota les « dits » de ces savants de village. Il fut, selon sa propre expression, « le scribe intègre et pieux ». Ce n'était pas trop de sa prudence, de son expérience, de son savoir, de ses méthodes pour éviter les méprises. Il en est de deux sortes. Un mauvais collecteur risque de recueillir ou des inepties imaginées à son service par l'illettré qu'il consulte ou des pastiches introduits dans le pays par un lettré qui s'amuse. Ces pastiches furent de tous temps assez communs.

On sait que les vaux-de-vire, attribués à Olivier Basselin, sont de l'avocat Le Houx, quand ils ne sont pas tout uniment de M. Julien Travers. Quant à ceux de Basselin, ils sont perdus; et, comme dit la chanson, nous n'en « orrons » plus de nouvelles. La chanson de M. de Charrette :

> Prends ton fusil, Grégoire,

qui était très goûtée dans les châteaux après 1848, avait été composée vers ce temps-là, sur un vieil air, par Paul Féval. Elle n'était pas mal tournée, et, hors une *vierge d'ivoire* assez étrangement placée dans le sac d'un chouan, elle avait l'air suffisamment breton.

Pour bien faire il faut traiter le folk-lore avec toute la rigueur que comporte la mythologie comparée. C'en est une branche.

M. Maxime du Camp, qui, soit dit en passant, s'intéressait déjà aux chansons de village alors qu'on n'y pensait guère, sait mieux que personne qu'en cette matière, comme en toute autre, le faux se mêle au vrai, et qu'il importe avant tout d'en faire la distinction. Un jour, en feuilletant je ne sais quel recueil, il reconnut sous ce titre : *Très ancienne chanson dont on n'a pu retrouver la suite* un couplet facétieux de sa connaissance. « Ce couplet, nous dit-il, avait été fait devant moi, il y a vingt-cinq ans environ, lorsque les clowns anglais vinrent jouer quelques pantomimes à Paris, et eut un certain succès dans les ateliers d'artistes. »

Une aventure plus singulière arriva à M. Paul Arène. On sait que ce parfait conteur, ce poète véritable, fut en 1870 capitaine de francs-tireurs et qu'il mena cent Provençaux à la guerre. Il avait composé, paroles et musique, une belle chanson martiale que ses hommes chantaient en marchant :

> Le Midi bouge,
> Tout est rouge.

Il n'est que juste d'ajouter qu'ils se conduisirent au feu comme de braves gens qu'ils étaient. Aussi bien leur capitaine était-il un vaillant petit homme, point maladroit ni manchot, car il avait dans sa prime jeunesse, pour son plaisir, couru les taureaux en Camargue. On dit même, mais je n'en crois rien, que notre excellent confrère M. Francisque Sarcey n'a jamais parlé de Paul Arène que comme torero. Quoi qu'il en soit, après la guerre, Paul Arène déposa le képi et le ceinturon. Vers 1875, se trouvant à Paris, qu'il aime parce que c'est une ville où il y a beaucoup d'arbres, il fut invité à une soirée chez une dame qui lui promit de lui faire entendre une chanson populaire, une chanson vraiment naturelle, celle-là, dont on n'avait jamais connu le père et qui avait été recueillie chez des bergers.

Paul Arène se rendit à l'invitation. On chanta

> Le Midi bouge,
> Tout est rouge.

Et quand ce fut fini, tout le monde d'admirer et d'applaudir.

Il n'y avait point à s'y tromper. C'était bien la poésie naturelle née de l'amour et formée sans étude ; sa beauté le disait assez. Comme on entendait bien dans ces vers, dans ce chant, la voix de ces héros paysans qui ont donné leur vie sans dire leur nom. L'art se trahit toujours par quelque chose de froid ou d'emphatique, de bizarre ou de convenu. Quel poète aurait trouvé ce ton si juste, ces accents si vrais de colère et de bonne haine ? Non, certes, ce n'était pas un artiste, un poète de métier qui avait conçu *le Midi rouge !*

M. Paul Arène écoutait ces propos de l'air que nous lui connaissons, et de ce visage immobile, qui semble avoir été taillé dans le buis d'un bois sacré par un chevrier aimé des dieux, au temps des faunes et des dryades. Il écouta et se tut. Un autre, de moins d'esprit, se serait plu à rassembler sur soi les louanges égarées. Il eût troublé les enthousiasmes. M. Arène aima mieux en jouir. Et il y trouva un plaisir plus délicat. Il approuva d'un signe de tête. Peut-être même se donnait-il la joie de partager l'illusion générale et de considérer pour un moment sa chanson comme une chanson populaire, comme un chant de l'alouette française, jeté un matin sur le bord du sillon ensanglanté. Et après tout il en avait le droit. Quand il la fit, sa chanson, il n'était plus seulement Paul Arène, il était le peuple de France, il était tous ceux qui allaient, le fusil sur l'épaule, se battre pour la patrie. Sa chanson était devenue une chanson populaire. Elle courait les routes, faisant halte le dimanche dans les cabarets du village. Il en est de celle-là comme des autres. Il a bien fallu quelqu'un pour les faire et le poète n'était pas toujours berger : c'était, j'imagine, quelquefois un monsieur. Pourquoi un monsieur ne ferait-il pas, d'aventure, aussi bien qu'un paysan, des couplets de guerre ou d'amour?

II

M. Bladé a recueilli les contes que les paysans de Gascogne disent, dans les soirs d'automne, après souper, sur l'aire des métairies, en dépouillant le maïs. Nous avons peine à croire, nous qui vivons dans les villes, que parmi les campagnards que nous rencontrons aux champs il puisse se trouver de beaux conteurs et que de ces lèvres, scellées par la solitude, la prudence et la méditation du gain, sortent, à certaines heures, des paroles abondantes comme une rhapsodie d'Homère. Pourtant il y avait naguère, et il subsiste encore dans les villages des femmes, des vieillards pour dérouler, d'une voix rythmique, dans leur idiome natal, les contes qu'ils ont appris des aïeux. Tels étaient cette Cadette Saint-Avit, de Cazeneuve, ce Cazaux, de Lectoure, et tant d'autres que M. Bladé a interrogés pendant plus de vingt-cinq ans. Le vieux Cazaux dit un jour à M. Bladé : « J'ai ouï-dire que vous parliez le français aussi bien que les avocats d'Auch et même d'Agen. Pourtant vous n'êtes pas un *francimant*, et il n'y a pas de métayer qui sache le patois mieux que vous. »

C'est par cette profonde connaissance des dialectes, par cette entente du parler, du sentir et du vivre agrestes que notre savant a gagné la confiance des conteurs rustiques et pénétré dans la tradition plus avant qu'on n'avait fait encore. De plus (et son ami Noulens, qui s'y connaît, me l'a bien dit, quand nous dînions ensemble, aux fêtes de Jasmin), M. Bladé a le sens du grand style et de la belle forme. Il sait reconnaître et suivre la veine épique, et garder, par bonheur pour nous, dans ses traductions, le caractère, c'est-à-dire la chose qui, en art, importe le plus.

Le monde que nous ouvrent les contes populaires de la Gascogne et de l'Agenais est un monde de féerie, dont les personnages et les scènes nous sont déjà connus pour la plupart. Nous ne devons pas être surpris d'y retrouver *Peau d'Ane*, la *Belle et la Bête* et *Barbe-Bleue*. La mythologie comparée nous a montré partout les mêmes mythes. Nous savons que l'humanité tout entière s'amuse, depuis son enfance, d'un très petit nombre de contes dont elle varie infiniment les détails sans jamais en changer le fonds puéril et sacré. « Aujourd'hui, dit M. Bladé, dans les chansons comme dans les légendes en prose, l'unité de bien des thèmes populaires s'accuse nettement. » Mais ces vieilles, ces éternelles histoires, en passant dans chaque contrée s'y colorent des teintes du ciel, des montagnes et des eaux, s'y imprègnent des senteurs de la terre. C'est là justement ce qui leur donne la nuance fine et le parfum ; elles prennent, comme le miel, un goût de terroir. Quelque chose des âmes par lesquelles elles ont passé est resté en elles, et c'est pourquoi elles nous sont chères.

On rencontre beaucoup d'excellentes gens dans les contes gascons. On y voit le roi vaillant comme une épée et honnête comme l'or, qui fait de grandes aumônes à la porte de son château, et le jeune homme fort comme un taureau qui aime la princesse belle comme le jour, sage comme une sainte et riche comme la mer. Et il se dit à lui-même : « Il faut que cette demoiselle soit ma femme. Autrement je suis capable de faire de grands malheurs. » Parfois, ce jeune homme se trouve être le bâtard du roi de France : en ce cas il a une fleur de lis d'or marquée sur la langue. Il sert dans les dragons et, à cela près qu'il est un peu vif, c'est le meilleur fils du monde. Quant aux femmes, il est remarquable que les moins jolies sont aussi les moins bonnes. « Laide comme le péché et méchante comme l'enfer », dit couramment le conteur, qui est bon chrétien et qui veut que le péché soit toujours laid.

Tous ces personnages sont très simples, et ils ont des aventures extraordinaires. Il n'est nouvelles que d'enfants exposés, ainsi qu'Œdipe à sa naissance, et qui, après avoir traversé mille périls, rentrent en vengeurs dans le palais natal; de princes affrontant le serpent couronné d'or et recueillant la fleur de baume et la fleur qui chante; de jeunes princesses, qui, semblablement à Mélusine prirent congé de leur amant, pour avoir été regardées malgré leur défense; d'hommes ravis dans les airs et d'hommes métamorphosés. On voit bien que ces contes sont du temps où les bêtes parlaient. On y entend la mère des puces, le roi des corbeaux, la reine des vipères et le prêtre des loups, qui dit la messe une fois l'an. Le folk-lore gascon est très riche en animaux fabuleux. On y rencontre les serpents qui gardent l'or caché sous la terre, le mandagot, qui donne la richesse, le basilic dont le front est chargé d'une couronne d'empereur et les sirènes qui peignent avec des peignes d'or leurs cheveux de soie. On y retrouve aussi ces vieilles et étranges connaissances du traditionniste : ces animaux, loup, poisson ou grand'-bête à tête d'homme, qui, frappés mortellement, révèlent à leur vainqueur les propriétés merveilleuses de leur chair et de leur sang. Il y a aussi les hommes-bêtes, comme l'homme vert, maître de toutes les bêtes volantes, et les hommes qui se changent en bêtes comme le forgeron qui devenait loutre toutes les nuits. Mais nous n'aurions jamais fini, s'il nous fallait indiquer toute cette zoologie merveilleuse. Sachez seulement que les bords de la Garonne sont hantés, comme les bords du Rhin, par des fées et par des nains à longue barbe. Vers la montagne se trouve le pays des ogres ou Bécats, qui ont un œil unique au milieu du front.

Les Dracs se montrent quelquefois dans la campagne. Ce sont de petits esprits occupés surtout à tourmenter les chevaux. Le vieux Cazaux les a vus, aussi vrai que nous devons tous mourir. Il a vu pareillement, ou pu voir, la Marranque et la Jambe-Crue qui rôdent le soir, autour des métairies et derrière les meules de paille.

La nuit, les morts se promènent. Ils sont la plupart d'humeur fâcheuse. Un propriétaire de Mirande ou de Lectoure, je ne sais trop, eut l'imprudence d'inviter l'un d'eux à souper. Au coup de minuit, un squelette frappa à la porte du manoir et mit les valets en fuite. Le maître fit bonne figure et mangea avec le compagnon qui, pour lui rendre sa politesse, le pria de venir souper le lendemain dans le cimetière. Notre Gascon, non moins hardi que don Juan, fut plus habile ou plus heureux. Il alla souper chez le mort et revint sain et sauf. Disons aussi qu'on trouve en Gascogne le mort reconnaissant qui porte aide et découvre des trésors au voyageur qui lui a donné la sépulture.

C'est le sujet du plus vieux roman du monde, de ce roman chaldéen d'où les Juifs ont tiré l'histoire de Tobie, nouvellement mise en vers par Maurice Bouchor. Pour concevoir ce qu'il peut entrer de diableries dans la tête d'un paysan gascon, il faut ajouter à ces fantômes, à ces spectres et, comme ils disent, à ces Peurs, le sabbat, avec toutes ses sorcelleries, les envoûtements et la messe de saint Sécaire. M. Bladé nous avertit que c'est une superstition encore fort répandue en Gascogne. Et il me souvient de ce que m'a conté à ce sujet, il y a peu d'années, le curé d'une petite paroisse située dans la Gironde, entre Cadillac et Langoiran.

Du temps qu'il était vicaire à Saint-Serin de Bordeaux, ce prêtre reçut un jour à la sacristie de son église la visite d'un paysan qui lui demanda de dire la messe de saint Sécaire. L'homme voulait *sécher* un voisin qui avait envoûté sa vache et sa fille! « La bête est morte, dit-il; l'enfant ne vaut guère mieux. Il n'est que temps de sécher l'envoûteur en disant à son intention la messe de saint Sécaire. Je payerai ce qu'il faudra. »

Le vicaire ne voulut pas la dire. Mais il aurait voulu, qu'il n'aurait pas pu. Il faut la savoir et tous les prêtres ne la savent pas. Et puis, le rite en est sévère. On ne la célèbre que dans une église en ruines ou profanée. Sur le coup de onze heures, le célébrant approche de l'autel, suivi d'une femme de mauvaise vie, qui lui sert de clerc. Il commence l'office par la fin et continue tout à rebours pour terminer juste à minuit. L'hostie est noire et à trois pointes. Le vin est remplacé par l'eau d'une fontaine où l'on a jeté le corps d'un enfant mort sans baptême. Le signe de la croix se fait par terre et avec le pied gauche. Les crapauds chantent. Mon curé de village est un homme simple et jovial; tel que je le connais, il n'aurait jamais, ni pour or ni pour argent, chanté la messe de saint Sécaire.

Le diable apparaît quelquefois en personne aux paysans de la Garonne et du Tarn. Mais à Lectoure comme à Papefiguière, il est aussi sot que méchant et toujours dupé. On le retrouve dans le recueil de M. Bladé tel qu'on l'a vu dans le conte de La Fontaine et tel que je l'avais connu premièrement dans mon enfance par les contes angevins que mon père, il m'en souvient, me disait, penché le soir sur mon petit lit à galerie où j'avais des rêves si merveilleux. Ce diable incongru et niais n'attrape que des coups et sert de souffre-douleur aux compagnons madrés et aux rusées commères. Le bon Dieu, lui aussi, fait parfois, pour se distraire, un tour dans ce beau pays de Gascogne. Il prend un peu d'argent, sachant que c'est le grand viatique en ce monde sublunaire, et suivi de saint Pierre, il court les chemins. « Un jour, comme ils chevauchaient tous deux, ils rencontrèrent une charrette de foin versée. A genoux sur la route, le bouvier pleurait et criait :

— Mon Dieu ! ayez pitié de moi ! Relevez ma charrette. Ayez pitié de moi !

— Bon Dieu, dit saint Pierre ; n'aurez-vous pas pitié de ce pauvre homme ?

— Non, saint Pierre. Marchons. Celui qui ne s'aide pas ne mérite pas d'être aidé.

« Un peu plus loin, ils rencontrèrent une autre charrette de foin versée. Le bouvier faisait son possible pour la remettre sur ses roues et criait : « A l'ouvrage, f.....! Ha ! Mascaret ; ha ! Mulet ! (c'étaient les noms de ses bœufs). Ho ! Hardi ! mille dieux !

— Bon Dieu, passons vite, dit saint Pierre. Ce bouvier jure comme un païen ; il ne mérite aucune pitié. »

» Mais le bon Dieu lui répondit :

— Tais-toi, saint Pierre. Celui qui s'aide mérite d'être aidé.

» Il mit pied à terre et tira le bouvier d'embarras. »

M. Bladé a réuni séparément, sous le titre de *Tradi-*

tions gréco-latines, quatre contes dont le sujet se retrouve, en effet, dans les mythes des deux antiquités. Il n'a peut-être pas eu beaucoup raison de faire cette réunion, car il semble indiquer de la sorte que ces contes viennent du latin ou du grec, ce qui n'est ni prouvé ni probable.

Le premier de ces récits est une des nombreuses variantes de la fable de Psyché. Comme l'épouse d'Éros, la reine du conte laisse tomber une goutte de cire brûlante sur celui qu'elle aime et qu'elle perd pour avoir voulu le connaître. Et c'est là un des plus beaux symboles que l'imagination humaine ait jamais créés. Un autre conte nous montre le sphinx ou, pour mieux dire, la sphinx (car c'était une vierge) guettant les voyageurs dans un défilé des Pyrénées. Le goût des devinettes est très vif chez les paysans et particulièrement en Gascogne, et la sphinx pyrénéenne trouva bientôt son OEdipe : c'était un jeune villageois. L'évêque d'Auch lui enseigna comment il fallait s'y prendre pour la tuer. Monseigneur a causé la mort de la vierge ailée. Aussi bien c'était une bête cruelle. Morte, on l'enterra sans prier Dieu, « parce que, dit le conte, les bêtes n'ont pas d'âme ». Est-il possible que ce soit un de ces contes où les bêtes parlent qui dise cela? Le plus beau morceau de cette série gréco-latine est intitulé le *Retour du seigneur*. Pendant que le seigneur est en terre sainte, trois frères, forts comme des taureaux, se sont faits maîtres chez lui sans que sa femme et son fils aient trouvé un parent, un ami pour les défendre. C'est l'histoire d'Ulysse de Pénélope et des prétendants.

Le nouvel Ulysse, comme l'ancien, rentre dans sa maison, sous les haillons d'un pauvre, et n'est point reconnu. Il délivre sa femme des prétendants. En un moment, les trois frères gisaient à terre, saignés comme des porcs. Alors le seigneur salua sa femme et lui dit :

— Madame, vous voyez comme je travaille. Que me donnerez-vous en payement ?

— Pauvre, je te donnerai la moitié de mon bien.

— Madame, ce n'est pas assez. Il faut que vous soyez ma femme.

— Non, pauvre. Jamais je ne serai ta femme.

— Madame, vous voyez comme je travaille. Dites non encore une fois, et je vous saigne aussi, vous et votre enfant.

— A la volonté du bon Dieu ! Non, je n'ai pas voulu de ces trois galants. Je ne veux pas de toi. Saigne-nous, moi et mon fils.

— Madame, j'aurais tort, car vous êtes ma femme et cet enfant est mon fils.

— Pauvre, si je suis ta femme, si cet enfant est ton fils, prouve que tu as dit vrai.

— Femme, voici la moitié de mon contrat de mariage. Montre la tienne. (Ils avaient coupé le contrat en deux au moment du départ.)

— C'est vrai. Vous êtes mon mari.

Alors le seigneur embrassa sa femme et son fils. Tous trois se mirent à table et soupèrent de bon appétit.

Le retour du voyageur auprès de sa femme, son déguisement, et la reconnaissance finale, c'est le fond même de l'*Odyssée*, et c'est en même temps, dit M. Andrew Lang, « une des formules les plus connues du traditionnisme ». En effet, on la rencontre dans des chansons du pays messin et de la Bretagne et dans un conte chinois. La Pénélope du Céleste Empire est d'une vertu défiante : elle ne reconnaît pas encore son mari, quand déjà tout le monde l'a reconnu autour d'elle et, dans le doute, elle menace de se pendre s'il approche. Et M. Andrew Lang nous fait remarquer qu'au surplus l'*Odyssée* « n'est qu'un assemblage de contes populaires artistement traités et façonnés en un tout symétrique ». Un conte de la collection du recueil Bladé nous fournit une variante de la fable d'Ulysse et du Cyclope. C'est une des plus grossières de celles qui sont entrées dans l'épopée homérique. « L'imagination grecque elle-même fut incapable de la polir suffisamment pour enlever les traces de sa rudesse primitive. » C'est M. Andrew Lang qui parle ainsi. Je rapporte avec plaisir ses paroles, parce que son esprit m'est particulièrement agréable. M. Lang, dont on vient de publier les *Études traditionnistes*, précédées d'une excellente préface de M. Émile Blémont, est savant avec brièveté et hardi avec tact. Si j'ajoute qu'il met de l'humour dans la discussion, on sentira qu'il y a quelque agrément à converser avec ce traditionniste anglais. Je voudrais vous le faire mieux connaître; mais je ne puis que vous signaler en passant sa dissertation intéressante et rapide sur les *Contes populaires* dans Homère. On y voit (ce que nous avions déjà, pour notre part, tout au moins entrevu) que l'épopée homérique est formée de contes populaires aussi naïfs que ceux que la tradition orale a conservés dans nos campagnes. On y voit aussi comment ces éléments grossiers ont été polis par le grand assembleur, et l'on admire autant et plus que jamais l'instinctive et sûre beauté de cette jeune poésie des Grecs. Encore faut-il la voir comme elle est, fraîche et chantante, fluide et coulant de source. Elle est divine, sans doute, mais n'oublions pas que toutes les Muses populaires, et même les plus humbles, sont de sa famille et de sa proche parenté.

Shakespeare aussi n'est pas dégagé de tout lien avec la poésie orale des peuples. Il puisait aussi volontiers dans la tradition que dans l'histoire. Voici précisément, colligé et traduit par M. Bladé, le conte de la *Reine châtiée*, dans lequel on retrouve le thème de cette histoire d'Hamlet, prince de Danemark, que le grand Will a immortalisé. Ce conte, que cette seule circonstance rend intéressant, est par lui-même d'un très beau style et d'une tournure vraiment épique. M. Bladé sait bien que c'est le plus riche joyau de son écrin. Je vais essayer d'en donner quelque idée en citant textuellement une ou deux scènes. Le roi, qui était bon justicier, mourut.

On l'enterra le lendemain.
Son fils donna beaucoup d'or et d'argent, pour les aumônes et les prières. Au retour du cimetière, il dit aux gens du château :
— Valets, faites mon lit dans la chambre de mon pauvre père.
— Roi, vous serez obéi.
Le nouveau roi s'enferma dans la chambre de son

pauvre père. Il se mit à genoux et pria Dieu bien longtemps. Cela fait, il se jeta, tout vêtu, sur le lit et s'endormit. Le premier coup de minuit le réveilla. Un fantôme le regardait sans rien dire.

Le mort prit son fils par la main et le mena, dans la nuit, à l'autre bout de château. Là, il ouvrit une cachette et montra du doigt une fiole à moitié pleine :

— Ta mère m'a empoisonné. Tu es roi. Fais-moi justice !

A cette nouvelle, le jeune roi descend à l'écurie, selle son meilleur cheval et part dans la nuit noire. Il charge un de ses amis de dire à sa fiancée qu'elle ne le verra plus et qu'elle doit entrer dans un couvent, et il se retire parmi les aigles, sur une montagne, où il boit l'eau des sources et mange des baies sauvages. Là, son père lui apparaît et, pour la deuxième et pour la troisième fois, le somme de le venger.

— Père, vous serez obéi.

Au coucher du soleil, il frappait à la porte de son château.

— Bonsoir, ma mère, ma pauvre mère.

— Bonsoir, mon fils. D'où viens-tu ? Je veux le savoir.

— Ma mère, ma pauvre mère, je vous le dirai à souper. Je vous le dirai quand nous serons seuls. A table ! J'ai faim.

Ils s'attablèrent tous deux. Quand ils furent seuls, le roi dit :

— Ma mère, ma pauvre mère, vous voulez savoir d'où je viens. Je viens de voir du pays. Je viens d'épouser ma maîtresse. Demain, vous l'aurez ici.

Pour comprendre ce qui suit, il faut savoir que l'idée d'avoir une bru à qui elle cédera son pouvoir est depuis longtemps intolérable à la méchante reine.

La reine écoutait sans rien dire. Elle sortit, et revint un moment après.

— Ta femme arrive demain. Tant mieux ! Buvons à sa santé.

Alors le roi tira son épée et la posa sur la table.

— Ecoutez, ma mère, ma pauvre mère. Vous voulez m'empoisonner. Je vous pardonne. Mais mon père, lui, ne vous pardonne pas. Par trois fois il est revenu de l'autre monde et m'a dit : « Ta mère m'a empoisonné. Tu es roi. Fais-moi justice. » Hier j'ai répondu : « Père, vous serez obéi. » Ma mère, ma pauvre mère, priez Dieu qu'il ait pitié de votre âme. Regardez cette épée ; regardez-la bien. Le temps de dire un *Pater* et je vous tranche la tête, si vous n'avez pas bu le poison que vous m'avez versé. Buvez, buvez jusqu'au fond, ma mère, ma pauvre mère.

La reine vida le verre jusqu'au fond. Cinq minutes après, elle était verte comme l'herbe.

— Pardonnez-moi, ma mère, ma pauvre mère.

— Non.

La reine tomba sous la table. Elle était morte. Alors le roi s'agenouilla et pria Dieu. Puis il descendit doucement, doucement à l'écurie, sauta sur son cheval et partit au grand galop dans la nuit noire.

On ne l'a revu jamais, jamais.

Je ne sais, mais il me semble bien qu'ici, par la hauteur du ton et du sentiment, le conte touche à l'épopée et que ce récit des veillées de Cazeneuve ou de Sainte-Eulalie vaut une saga de l'Edda.

Les contes populaires de Gascogne fournissent une très faible contribution à l'histoire. Et cela n'est pas pour surprendre les traditionnistes, qui savent combien peu les chansons et les contes des paysans contiennent généralement de souvenirs historiques. Henri IV figure en plusieurs rencontres dans ces récits, tant de fois répétés autour de son château. Mais les actions qu'on lui prête ne lui appartiennent pas : ce sont des facéties traditionnelles. Voici ce qu'il est dit de ce prince dans le conte des *Deux Présents :* « Henri IV était un roi haut d'une toise, gros à proportion, fort comme un bœuf et hardi comme César. Il faisait beaucoup d'aumônes et n'aimait pas les intrigants. Avant d'aller s'établir à Paris ce roi demeurait à Nérac ; et il avait toujours près de lui Roquelaure, qui était l'homme le plus farceur de France. » On conviendra que c'est là un souvenir bien altéré. Celui de Napoléon demeure plus net dans le beau conte des *Sept Belles Demoiselles.* Un gars du village de Frandat n'a pas voulu satisfaire à la conscription. Il a sifflé son chien et s'en est allé avec son fusil dans les bois. Il y vivait depuis sept ans, quand, une nuit de la Saint-Jean, il entendit, caché dans un saule creux, les sept belles Demoiselles qui savent tout chanter en dansant : « Napoléon a fini de faire bataille contre tous les rois de la terre. Ses ennemis l'ont emmené prisonnier dans une île de la mer... La paix est faite. A Paris, le roi de France est retourné dans son Louvre. »

Ayant ouï de telles nouvelles, le déserteur sortit du saule creux, passa son fusil en bandoulière, siffla son chien et retourna tranquillement chez ses parents.

Avec Henri IV et Napoléon, je ne vois guère que Rascat, dont le nom soit conservé dans les contes populaires de Gascogne. Ce Rascat n'était ni empereur ni roi. Bourreau de la sénéchaussée de Lectoure avant la Révolution, il devint exécuteur des arrêts criminels à Auch et guillotina beaucoup d'aristocrates, pendant la

Terreur. Puis il vieillit en paix dans sa ville natale. M. Bladé nous apprend qu'il vivait d'une très petite pension que lui servirent la Restauration et le gouvernement de Juillet. Il était aussi salarié par la ville comme percepteur, sur le marché, des droits d'étalage.

Henri IV, Napoléon, Rascat, voilà les trois noms que le peuple n'a pas oubliés!

III

Voilà ce que c'est que d'aller au bois où sont les fées! On s'arrête à tous les buissons fleuris du sentier, et c'est une promenade qui n'en finit plus. La nôtre aura duré trois semaines. N'en faisons point de plainte. Où peut-on mieux se perdre et s'oublier que dans la forêt chantante des traditions populaires? Je vous ai donné quelque idée des contes des veillées de Gascogne. Le « scribe pieux » a recueilli aussi les poésies rustiques de la Gascogne et de l'Agenais. Quand on a goûté de ce miel sauvage de la Garonne, il faut bientôt y revenir, tant le parfum en semble pénétrant et fin. Ce qui surprend et charme dans ces chansons de village, c'est le bon style et cette pureté de forme qui se devine dans la traduction littérale. La Garonne marque la frontière de ces bouviers antiques qui chantaient la mort de Daphnis et qu'entendirent Théocrite et Moschus. Je ne sais pas parler la langue de Jasmin et ne le saurai jamais. Mais je suis bien sûr que telle chanson recueillie par M. Bladé est d'un style pur comme le diamant. Et cette poésie est vivante, associée à la vie des hommes. Elle est domestique et religieuse. Elle chante sur les berceaux, aux festins de noces, dans les travaux des champs, dans les repas funèbres qu'on nomme, aux bords de la Garonne, les « noces tristes » ; elle chante dans toutes les féeries joyeuses ou lugubres de l'Église qui n'ont remplacé lentement, insensiblement les cérémonies des païens que parce qu'elles correspondaient, comme l'ancien culte, aux états de la nature et aux sentiments de l'âme. C'est dans le recueil de M. Bladé que j'ai trouvé les noëls les plus charmants. Ils ont la grâce antique, et, quand ils se rencontrent par le sentiment avec les noëls de notre France du Nord, ils l'emportent par la forme. Y a-t-il, par exemple, rien de plus exquis que ces deux quatrains sur l'enfant Jésus à Bethléem?

>Il est dans la crèche,
>Couché tout du long.
>Dans le ciel les anges
>Jouent du violon.
>
>Le bœuf et la mule
>Lui respirent dessus.
>Voilà le réchauffement
>Du divin Jésus.

Ces poésies populaires de la Gascogne sont infiniment variées de ton et de manière. Les unes gardent la sécheresse gracieuse d'une épigramme de l'*Anthologie*, les autres, d'un mysticisme à la fois puéril et raffiné, n'ont point de sens et pourtant sont charmantes. Ces dernières nous offrent cet intérêt particulier, qu'elles semblent avoir voulu exprimer l'inexprimable, dire l'ineffable, ce qui est précisément l'idéal de la poésie symbolique, le but de l'art nouveau et futur, à ce que j'ai pu comprendre en lisant M. Charles Morice, qui, par malheur, ne veut pas toujours que je le comprenne. Je citerai comme un exemple de cette poésie instinctive le « petit *Pater* » que récitent les femmes d'Agen, pour gagner le ciel :

> Notre Seigneur s'est levé,
> Par neuf chambres il est passé,
> Neuf Maries il a trouvé.
> — Neuf Maries, que faites-vous?
> — Nous baptisons le fils de Dieu.
> — Neuf Maries, que portez-vous?
> — De l'huile, du chrême et le saint rosier.
> Sous cet arbre, les fleurettes
>   N'ont ni ombre
>   Ni couleurs
>   Sombres.
> Notre Seigneur est monté sur l'escalier de Dieu,
> Pleuré sur terre des morts et des vivants.
>   Un angelot de Dieu.

Ce petit *Pater* a été condamné par l'Église comme entaché de superstition et d'idolâtrie. Il ne m'appartient pas de le défendre au point de vue de l'orthodoxie. Mais j'en aime la douce poésie, le candide mystère et, si j'ose dire, l'obscurité blanche. Il me semble qu'un mysticisme hétérodoxe autant que sincère n'a rien inspiré de plus aimable au symboliste fervent, au jeune mage, à l'auteur des *Lis noirs*, M. Alber Jhouney.

Je ne puis me défendre de suivre un moment encore cette veine mystique, et il faut que je cite une *Com-*

plainte de Marie-Madeleine, la perle de ce bijou de village, de ce saint-Esprit, dont M. Bladé a monté les pierres, comme un bon joaillier.

>— Marie-Madeleine,
> Pécheresse de Dieu,
> Pourquoi avez-vous péché?
> — Jésus, mon Dieu Jésus,
> Je ne me connais aucun péché.
>
> — Marie-Madeleine,
> Sept ans dans les montagnes
> Vous irez demeurer.
> Au bout de sept années,
> Elle se retira.
>
> Marie-Madeleine
> S'en va dans les montagnes.
> Sept ans elle y a demeuré.
> Au bout de sept années,
> Proche d'un ruisseau elle s'en va.
>
> Marie-Madeleine,
> Les mains au courant de l'eau,
> Les mains s'en va se laver.
> Quand elle se les a lavées,
> Elles les admire.
>
> — Marie-Madeleine,
> Sept ans dans les montagnes
> Vous reviendrez demeurer.
> — Jésus, mon Dieu Jésus.
> Tant que vous voudrez.
>
> Marie-Madeleine,
> Au bout de sept années,
> Jésus l'alla trouver :
> — Marie-Madeleine,
> Au ciel il faut aller.

Il y aurait beaucoup à dire sur cette belle adorante qui lave ses mains blanches dans les ruisseaux des saintes solitudes. On la retrouve en Provence, en Catalogne, en Italie, en Angleterre, en Danemark, en Suède, en Norvège, en Allemagne et chez les Tchèques. Je reçois en ce moment même un savant et élégant travail de M. George Doncieux sur le cycle de Marie-Madeleine [1] et j'apprends que ce travail n'est qu'un chapitre d'un ouvrage inédit, que nous aurons plaisir à lire et à étudier.

Il faut prendre congé de M. Jean-François Bladé et nous confier à un nouveau guide, M. Albert Meyrac, qui nous attend à l'autre bout de la France, dans les sombres Ardennes

IV

ALBERT MEYRAC

M. Albert Meyrac est journaliste; il dirige à Charleville le *Petit Ardennais*. C'est là, sur la Meuse, qu'après avoir lu les livres de M. Paul Sébillot touchant le folklore breton, il résolut de recueillir le premier les traditions, les coutumes et les légendes du département où la politique l'avait attaché. Il se mit à l'œuvre ardemment, avec cette agilité d'esprit que développe la pratique du journalisme quotidien. Il alla dans les villages, interrogeant les anciens et les anciennes. Ce n'était pas assez. Il fit appel à toutes les bonnes volontés, et sa feuille porta cet appel dans toutes les localités du dépar-

---

1. Vannes, 1891, in-8°. (Extrait de la *Revue des traditions populaires.*)

tement. Les instituteurs surtout furent empressés à répondre. Leur secours lui fut sans doute très utile. Mais, en général, l'instituteur n'est pas l'homme qu'il faut pour recueillir les traditions populaires. Il manque de simplicité. Il est enclin à embellir, à corriger. Quelque soin qu'il ait pris pour se défendre contre le zèle de ses collaborateurs, M. Albert Meyrac a admis dans son recueil plus d'un récit dont le style rappelle moins le paysan que le magister.

Dans telle et telle légende, l'arrangement est visible. C'est un inconvénient que les plus habiles collecteurs des traditions orales n'évitent pas toujours. Il n'est même pas si facile qu'on croit d'obtenir une copie fidèle d'un vieux texte. M. Amélineau en sait quelque chose. Étant allé chercher dans les couvents grecs de l'Égypte des documents sur l'histoire des solitaires de la Thébaïde et de Nitrie, ce savant y fit de belles et abondantes découvertes. Il trouva notamment dans un monastère un texte ancien et précieux qu'un jeune Copte se chargea de copier sans rien omettre. Ce Copte était très intelligent; son travail terminé, il le remit à M. Amélineau :

— Maître, dit-il avec un sourire de satisfaction, vous serez content de mon œuvre. J'ai fait mieux encore que je n'avais promis. J'ai corrigé dans le style tout ce qu'il y avait de rude et de vieux. J'ai remplacé, autant que je l'ai pu, les sentences antiques par d'autres plus ingénieuses. Vous croirez, en lisant ma copie, lire un livre nouveau.

M. Meyrac, qui a la première vertu du traditionniste, je

veux dire la défiance, sait mieux que personne le danger des intermédiaires. Mais il en avait besoin. Sans collaborateurs son livre n'aurait pas été achevé en deux ans.

Nous pourrions l'attendre encore dix ou vingt bonnes années, et ce serait dommage, car, tel qu'il est, il est très utile et très intéressant. Je l'ai lu, pour ma part, avec le plus grand plaisir.

Ce vaste plateau, couvert de landes et de forêts, coupé de gorges profondes, où les dents rouillées des rochers percent le feuillage sombre, ces ossements nus de la terre, les *rièzes* de Rocroi, ces grandes eaux dormantes qu'ils appellent des *fagnes*, toute l'Ardenne, enfin, disparaissait autrefois sous les taillis de cette immense et noire forêt, étendue de l'Escaut au Rhin. Sa nature a formé ses légendes ; ses traditions sont des traditions sylvestres. On y voit passer des chasses fantômes ; on y entend le *taïaut, taïaut*, du piqueur diabolique. Diane y régnait avant saint Hubert. Cette Diane ardennaise n'avait pas la svelte majesté que l'art de la Grèce et de l'Italie sut donner à la sœur d'Apollon.

Elle était sauvage comme ses fidèles. Les dieux ont coutume de ressembler à ceux qui les adorent. Dans le village d'Eposium, aujourd'hui Carignan, son image se dressait énorme et monstrueuse. Elle était encore debout au temps des fils de Clotaire, quand un diacre lombard nommé Vulfaï ou Valfroy, vint évangéliser la contrée.

C'était un homme d'une grande vertu. Ayant vu les gens d'Eposium suspendre des guirlandes au pied de l'image sacrée et danser des rondes en chantant des hymnes, il entra dans une grande colère. Ces hymnes surtout lui parurent abominables. On ne les connaît pas. Mais on peut croire qu'il les jugeait avec trop de passion. Quoi qu'il en soit, il s'éleva avec force contre le culte de la Vierge ardennaise. Il était éloquent. D'ailleurs, il y avait déjà beaucoup de chrétiens à Eposium ; il décida une petite troupe d'hommes résolus à venir avec lui renverser l'idole. Ils la tirèrent à terre péniblement par des cordes, en faisant des prières. Elle s'écroula. Et, comme il était plein de foi, il connut que c'étaient les prières et non les cordes qui avaient opéré. Saint Valfroy se fit ermite après son apostolat et résolut de mener une vie singulière. A l'exemple de saint Siméon Stylite, il fit dresser une colonne sur laquelle il demeura pieds nus tout l'hiver, en sorte que ses ongles tombèrent plusieurs fois. Ainsi périt la Diane ardennaise. Saint Hubert devint après elle le patron de la forêt. Hubert était un chasseur infatigable. Comme il chassait le vendredi de la semaine sainte, il vit un grand cerf qui portait entre ses bois une croix d'or. La bête miraculeuse parla et lui dit :

— Hubert ! Hubert ! poursuivras-tu toujours les bêtes de la forêt. Et le plaisir de la chasse te fera-t-il oublier le soin de ton salut ?

Voilà le merveilleux tel qu'il est sorti de la forêt. L'étang, le marais ou *fagne*, a produit les annequins et les lumerettes, qui, pareils à des feux follets, dansent la nuit devant les voyageurs égarés et les entraînent dans les joncs, où ils se noient. Les Ardennes ont aussi des fées. Ce sont des fées villageoises, qui filent la toile, font la galette et lavent le linge au bord de la rivière comme des paysannes. Il résulte des recherches de M. Albert Meyrac que la sorcellerie était fort pratiquée dans la contrée et qu'on y faisait beaucoup le sabbat. Les sorcières y allaient, selon l'usage général, sur un manche à balai ou changées en poules noires. Là, comme ailleurs, les sorciers n'avaient qu'à se frotter d'une certaine pommade en prononçant des paroles magiques pour se métamorphoser en chat ou en poule. M. Meyrac a noté les superstitions qui subsistent encore. Le paysan ardennais garde toujours son antique confiance à la *sagneuse* qui guérit par des signes de croix, et il n'est pas près de renoncer aux remèdes des rebouteux et des sorciers. Il n'a pas perdu tout souvenir des animaux fabuleux qui peuplaient l'Ardenne légendaire. Il lui souvient particulièrement du mahwot, qui est gros comme un veau et fait comme un lézard. Caché dans la Meuse, il n'en sort que pour annoncer les malheurs. On a vu le mahwot en 1870.

Je m'arrête à regret. J'aurais beaucoup à philosopher sur le livre de M. Albert Meyrac, s'il m'en restait le loisir. Mais la nature de ces causeries ne souffre pas qu'on épuise les sujets. Nous avons déjà beaucoup devisé de chansons rustiques et de contes populaires. A ceux qui nous le reprocheraient trop vivement, nous pourrions répondre par ces belles paroles d'un poète :

« La littérature qui se sépare dédaigneusement du peuple est comme une plante déracinée...

» C'est dans le cœur du peuple que doivent se retremper

sans cesse la poésie et l'art, pour rester verts et florissants. Là est leur fontaine de Jouvence. »

Ainsi parle M. Émile Blémont dans son esthétique de la tradition, petit livre fort éloquent et plein de philosophie. Et c'est bien parler. Surtout ne condamnons pas les contes bleus au nom de l'art classique. L'*Odyssée* d'Homère, nous l'avons vu, est faite de contes bleus.

LE R. P. DIDON

ET SON LIVRE SUR JÉSUS-CHRIST

Restaurés en France, sous la monarchie de Juillet, par un romantique, les dominicains passent chez nous pour les plus artistes des moines et l'on veut, à tort ou à raison, qu'ils aient hérité du père Lacordaire le sentiment du pittoresque, une certaine entente de l'effet, le goût des nouveautés et même une sympathie apparente avec l'esprit moderne. C'est là, sans doute, une impression vague, formée du dehors et du lointain, qui n'est ni tout à fait juste, ni tout à fait fausse. Au fond, rien de plus impénétrable et de plus inintelligible que l'âme d'un moine. La pensée de ces cénobites qui vivent en commun pour mieux goûter la solitude est singulière comme leur vie. Et quand un religieux est mêlé aux affaires du temps, ce qui est le cas de presque tous les grands religieux, le psychologue se trouve en présence d'une des plus rares curiosités morales que l'humanité puisse offrir.

Quel merveilleux sujet d'étude que l'état mental d'un Lacordaire menant de front les soucis de l'opposition libérale et les travaux de la pénitence, inspirant des journaux politiques et se faisant attacher sur une croix ! J'avoue, pour ma part, que, depuis saint Antoine jusqu'au père Didon, les moines m'étonnent. Et s'il faut définir la physionomie des dominicains restaurés, cela est particulièrement délicat. Il n'est d'abord pas supposable qu'ils procèdent tous également de leur père spirituel par le libéralisme de l'esprit, par le romantisme du langage et par le goût des voluptés ascétiques de la flagellation et du crucifiement. J'ai approché quelques-uns de ces fils de Dominique et de Lacordaire. Ils ne m'ont pas ouvert leur âme : le moine ne se livre jamais ; il ne s'appartient pas ; mais ceux-là ne se sont montrés ni défiants ni dissimulés. C'étaient, selon toute apparence, d'excellents moines :

Ils avaient l'air joyeux et tranquille. Le bon moine est toujours gai ; l'allégresse est une des vertus de son état et les hagiographes ont soin de rapporter que le grand saint Antoine avait gardé dans sa vieillesse la joie innocente d'un enfant.

Pour ce qui est de l'esprit, ces frères prêcheurs m'ont paru plus nourris de saint Thomas d'Aquin que de Lacordaire. D'ailleurs, nous avons entendu assez le père Monsabré à Notre-Dame pour savoir que son éloquence, toute scolastique, ne doit rien à la science ni à la philosophie modernes, et que la *Somme* en est l'unique source. Les dominicains qu'il m'a été donné d'approcher ressemblent tous au père Monsabré, hors un seul, plus ingénieux, plus tendre et plus troublé, que je ne nommerai pas. Ce sont avant tout des moines, c'est-à-dire des hommes obéissants, dont la pâte un peu épaisse a été mise dans le moule traditionnel tant de fois séculaire. Et pourtant, comme nous le disions tout à l'heure, les frères prêcheurs ont gardé en France quelques-uns des caractères que leur a imprimés leur second fondateur, le nouveau Dominique, et la foule des croyants attend instinctivement de ces hommes, vêtus du blanc scapulaire et portant le chapelet à la ceinture, des paroles neuves, des actes hardis, et elle leur accorde un peu de cette amitié que jadis inspiraient au peuple, non pas les disciples de Dominique, mais leurs violents adversaires, les bons fils de saint François. Sans rechercher pourquoi cette espérance est absolument vaine et sera déçue, il faut reconnaître qu'un homme tel que le père Didon est de force à la soutenir et à la prolonger quelque peu.

Ce moine est un athlète. Il a le charme incomparable de la douceur dans la force. Un œil vif et noir éclaire son mâle visage olivâtre. La poitrine large et le geste libre, il inspire la sympathie et la confiance; il est orateur même avant que d'avoir parlé. Issu d'une forte race de montagnards, nourri dans l'âpre et belle vallée du Grésivaudan, on a cru reconnaître en lui ce vieux génie dauphinois, si tenace, si positif, si laborieux, si courageux dans la lutte. Ce qu'on sait de sa vie est fait pour inspirer le respect. Il y a dix ans, environ, il aborda la chaire de Saint-Philippe-du-Roule, et là, dans toute la fougue de la jeunesse et de l'éloquence, il émut un auditoire qui apportait jusqu'au pied des autels des parfums profanes. Il toucha, remua, changea les cœurs et vit à ses pieds les plus belles pénitentes. Soit que sa parole eût semblé trop hardie sur un sacrement qui touche aux secrets profonds des sens (il parlait sur le mariage), soit que ses supérieurs craignissent qu'il ne s'enivrât lui-même de sa parole enivrante, il fut brusquement tiré de sa chaire et envoyé dans les rochers de la Corse, au couvent de Corbara qui domine, du haut d'un promontoire, l'île et la mer. Il obéit. Tout religieux eût sans doute obéi de même. Mais le caractère du père Didon, tel qu'il nous est connu, donne peut-être quelque prix à son obéissance. Il est éloquent, un peu glorieux, impatient de se jeter dans le mouvement des opinions et des idées et très heureux de commercer avec les hommes de science et de pensée. J'ai même des raisons de croire qu'il aime beaucoup cette odeur du papier fraîchement imprimé qu'on respire dans l'atelier de typographie et chez l'éditeur. Eh bien! cet éloquent sut se taire, ce glorieux se cacha, cet homme qui pouvait s'écrier avec Lacordaire : « Je serai entendu de ce siècle, dont j'ai tout aimé, » entra sans hésiter dans le silence et dans la solitude. Je ne voudrais pas insister sur les mérites d'un bon religieux, ne me reconnaissant pas très propre à décerner de telles louanges. Mais l'obéissance du prêtre et du soldat n'est pas sans beauté. A cette époque, plusieurs, dans le public, croyaient discerner dans le père Didon un autre père Hyacinthe et présageaient une rupture, un schisme, une révolte. L'événement a démenti ces présages. Le père Didon, qui a du bon sens et un ferme esprit de conduite, n'a pas été tenté de fonder une nouvelle église, de s'ériger en antipape et de gouverner, comme tel autre papacule, une catholicité de quatorze âmes. Le père Didon alarme parfois les catholiques timides, et il semble qu'il ne se défende pas toujours du plaisir de les inquiéter. Un de ses compatriotes, qui appartient au parti catholique, reconnaissant là un des traits du caractère dauphinois, a dit, à propos de notre éloquent père : « Le montagnard côtoie volontiers les précipices et prend plaisir à l'effroi de ceux qui le regardent de la plaine; mais il a le pas sûr; il ne tombe pas. »

Un des traits les plus intéressants du caractère de ce solitaire est précisément le goût de l'effet, l'art de la mise en scène, le talent de se produire. Est-ce en lui le don naturel, instinctif, d'une personne oratoire? Est-ce le penchant d'un esprit à la fois mystique et pratique? Est-ce la fatalité attachée au grand scapulaire blanc et qui s'appesantit sur certains frères prêcheurs en dépit de l'humilité chrétienne? Je ne sais. Mais les livres du R. P. s'annoncent avec un bruit et un éclat que leur mérite seul ne suffit point à expliquer et voici que l'apparition d'une nouvelle vie de Jésus, écrite dans un monastère de Bourgogne, devient un événement parisien. Tous les journaux parlent depuis un an du livre et de l'auteur et il est de cet ouvrage comme de Cyrus qui fut nommé longtemps avant que de naître. On nous promettait un livre d'une grande originalité et le père Didon confirmait lui-même cette promesse quand il répondait à un reporter :

— Dans quel but voudriez-vous que j'eusse fait la vie de Jésus, si ce n'avait été dans le but d'y mettre des nouveautés?

Et, pour peu que l'on pressât l'écrivain, on apprenait de sa bouche que la plus grande de ces nouveautés, celle qui renfermait toutes les autres, était la conciliation du dogme catholique et de l'exégèse moderne.

C'est là le but que le R. P. s'est proposé en composant les deux gros volumes qui viennent de paraître. Afin de réussir dans son dessein, il est allé apprendre l'allemand dans une université allemande. Il a étudié les travaux critiques auxquels les diverses écoles protestantes ont soumis les textes évangéliques et les monuments littéraires des premiers âges chrétiens. Son livre veut être un livre d'histoire positive. Il dit expressément dans sa préface : « Il faut que la vie de Jésus soit racontée suivant les exigences de l'histoire. C'est à ce besoin profond qu'essaye de répondre le présent ouvrage. »

Et, en effet, il fait mine d'entrer dans la critique des textes et donne une ombre de satisfaction à l'exégèse moderne, en faisant naître Jésus l'an 750 de Rome, quelques années avant l'an premier de l'ère chrétienne, et aussi en admettant que Matthieu et que Marc sont antérieurs à Luc, et que Jean est postérieur aux trois synoptiques.

Mais il ne fait qu'effleurer cet examen, et, sans même

exposer l'état de la question sur les points les plus importants, il se hâte de conclure dans le sens canonique. Et, comme s'il lui restait une épouvante de cette course rapide, ou plutôt de cette fuite à travers la critique indépendante, il court se cacher sous le manteau de l'Église; il déclare que l'Église, en matière d'exégèse, a l'autorité souveraine et qu'elle seule est habile à commenter les textes canoniques. « De quel droit, dit-il, les traiter comme un simple papyrus découvert dans le tombeau de quelque momie ou comme un vieux parchemin oublié dans les archives d'une ville dévastée?... Le premier grand tort de la critique moderne a été de traiter ces documents comme une lettre morte. Elle a sciemment oublié qu'ils n'étaient point des livres tombés dans le domaine public, mais la propriété inaliénable de l'Église catholique (pp. XXXIX, XLV). » Ce langage n'a rien qui puisse surprendre dans la bouche d'un croyant; il est très convenable à un prêtre et à un moine. Personne ne blâmera le père Didon de l'avoir tenu. Mais, s'il n'est pas d'exégèse en dehors de l'Église catholique, pourquoi citer Reuss, Eichhorn et Schleiermacher? Ces noms mis au bas des pages ne sont donc que de vains ornements? Et que critiquerait-il, puisqu'il n'a pas de matière sujette à la critique? Le père Didon croit et professe que les livres des deux testaments sont d'inspiration divine. Des textes de cette nature ne sauraient être corrigés. Aussi s'est-il gardé de toute revision sérieuse et l'exégèse n'est-elle chez lui qu'une façon neuve et hardie d'embellir l'apologie. Il n'a appelé la critique rationnelle sur le terrain sacré que pour l'immoler plus solennellement. Cette imprudence généreuse l'a entraîné à des désastres. Car c'est un coup désastreux que celui qu'il tente pour concilier les deux généalogies de Jésus. Il distingue entre la généalogie légale et la généalogie naturelle de Joseph qui sont, dit-il, l'une et l'autre tout à la fois la généalogie légale et naturelle de Marie et de Jésus, puisque Joseph était le père ou tout au moins le neveu d'Anne, mère de Marie, comme l'a déclaré Cornélius à Lapide, qui était Belge. Et le père Didon se montre satisfait de ce petit arrangement, tant il est d'un naturel heureux! Que Pascal est d'une humeur contraire! Ce grand homme craignait Dieu, mais il se moquait du monde. Il a dit, précisément au sujet qui nous occupe : « Les faiblesses les plus apparentes sont des forces à ceux qui prennent bien les choses. Par exemple les deux généalogies de saint Matthieu et de saint Luc. Il est visible que cela n'a pas été fait de concert. »

A la bonne heure! voilà un apologiste qui ne s'embarrasse pas dans les difficultés de l'exégèse! Le père Rigolet lui-même ne raisonnait pas avec plus de subtilité quand il disait à l'empereur de la Chine que l'Église avait choisi les quatre évangiles qui se contredisaient le plus afin que la vérité parût avec plus d'évidence.

Si j'étais docteur, je ne sais si j'aimerais les apologistes comme Pascal et Rigolet, mais je sais bien que des docteurs tels que le père Didon me feraient trembler. Celui-ci n'a-t-il pas eu la malheureuse idée de disputer avec

Mommsen au sujet du recensement de Quirinus? Il en sort écrasé. Pourquoi, juste ciel ! s'efforce-t-il de traiter rationnellement quelques parties d'une affaire qu'il déclare lui-même inconcevable et merveilleuse?

Le père Didon croit au surnaturel. Loin de l'en blâmer, il faut le louer de confesser sa foi. La mienne est contraire ; je crois bien faire en l'avouant hautement, et j'y ai sans doute moins de mérite puisqu'elle est plus généralement admise parmi ceux de nos contemporains dont l'opinion peut être comptée. Mais l'erreur du père Didon est de penser qu'on peut faire de l'histoire en acceptant le surnaturel, tandis que l'histoire n'est que la recherche de la suite naturelle des faits. Et comment pourrait-il être historien, quand son dessein arrêté est de soustraire l'objet même dont il traite, c'est-à-dire les origines chrétiennes, aux lois générales de l'histoire?

Et, puisque nous parlons ici du miracle, j'avoue que, sans l'admettre à quelque degré que ce soit, je comprends mal les raisons des savants qui le nient. Nos savants disent généralement qu'ils ne croient pas aux miracles parce qu'aucun fait de ce genre n'a été formellement constaté. Mon illustre maître, M. Ernest Renan, a plusieurs fois présenté cet argument avec une parfaite netteté. « Les miracles, a-t-il dit, sont de ces choses qui n'arrivent jamais; les gens crédules seuls croient en voir; on n'en peut citer un seul qui se soit passé devant des témoins capables de le constater ; aucune intervention particulière de la divinité, ni dans la confection d'un livre, ni dans quelque événement que ce soit, n'a été prouvée. » En fait, cela est incontestable; mais, en théorie, ces raisons, qui sont celles des plus excellents hommes de notre temps, me semblent faibles, parce qu'elles supposent que les lois naturelles nous sont connues et que si, par impossible, il survenait une dérogation à ces lois, un savant, ou mieux un corps académique, aurait qualité pour la constater. C'est là, j'ose dire, beaucoup trop accorder à la science constituée et supposer gratuitement que nous connaissons toutes les lois de l'univers. Il n'en est rien. Notre physique paraîtra peut-être dans cinq ou six siècles à nos arrière-neveux aussi grossière et barbare que nous semble barbare et grossière la physique des universités du moyen âge, qui étaient pourtant des corps savants. S'en remettre à la science du discernement des faits de nature et des faits surnaturels, c'est la traiter comme si elle était juge infaillible de l'univers. Sans doute, telle qu'elle est, elle est seul arbitre de la vérité et de l'erreur et rien n'est acquis à la connaissance sans avoir passé par son examen. Sans doute, on ne peut en appeler d'elle qu'à elle-même. Mais encore ne faut-il pas citer indifféremment dans les mêmes formes tous les phénomènes à son tribunal; il se peut qu'il y ait des phénomènes singuliers, rares, subtils, d'une production incertaine. La science officielle risquera de les manquer si elle les attend dans ses commissions; c'est à cet égard que l'argument présenté par M. Ernest Renan me semble dangereux, du moins dans ses tendances. Il va, si l'on n'y prend garde, jusqu'à tenir pour non avenu tout ce qui ne s'est pas produit dans un laboratoire. Les savants sont naturellement enclins à nier les faits isolés, qui ne rentrent dans aucune loi connue. J'ai peur enfin qu'on ne rejette les manifestations insolites en même temps que les manifestations miraculeuses et avec cette même fin de non-recevoir : « On n'a jamais vu cela. ». Quant au miracle, si c'est une dérogation aux lois naturelles, on ne sait ce que c'est, car personne ne connaît les lois de la nature. Non seulement un philosophe n'a jamais vu de miracle, mais il est incapable d'en jamais voir. Tous les thaumaturges perdraient leur temps à dérouler devant lui les apparences les plus extraordinaires. En observant tous ces faits merveilleux, il ne s'occuperait que d'en chercher la loi et, s'il ne la découvrait point, il dirait seulement : « Nos répertoires de physique et de chimie sont bien incomplets. » Ainsi donc il n'y a jamais eu de miracle, au vrai sens du mot, ou, s'il y en a eu, nous ne pouvons pas le savoir, puisque, ignorant la nature, nous ignorons également ce qui n'est pas elle.

Mais revenons au livre du père Didon. Il abonde en descriptions. L'auteur a, comme autrefois M. Renan, fait le voyage d'Orient, et il en a rapporté des paysages qui, sans avoir certes la suavité de ces beaux tableaux de Nazareth et du lac de Tibériade que M. Renan a peints sur nature, ne manquent ni de richesse ni d'éclat. On croit voir avec le pieux voyageur « les eaux d'opale » du lac de Génézareth et la désolation de la mer Morte. J'ai noté quelques lignes charmantes sur la Samarie. La grande nouveauté du livre consiste en somme dans un orientalisme pittoresque qui s'associe, pour la première fois, d'une matière assez bizarre, à l'orthodoxie la plus exacte. Ainsi le père Didon croit à l'adoration des Mages, mais il les appelle des cheikhs. Son Jésus est fils de Dieu, mais nous le voyons adolescent, portant au front et aux bras les courroies de la prière qu'il a reçues au Sabbat-Tephilin, dans la synagogue de Nazareth. Et toutes les scènes de l'Évangile sont ainsi teintées de couleur locale et de romantisme.

Mais cet ouvrage n'est pas seulement une suite de scènes plastiques. L'auteur s'est efforcé de constituer la psychologie de Jésus et c'est la partie la plus malheureuse du livre. On ne peut pas lire, sans sourire, que Jésus « avait la science parfaite de sa vocation messianique », que « rien ne lui manquait de ce qui peut donner à la parole l'efficacité et le prestige », qu' « aucun orateur populaire ne peut lui être comparé », qu'il « respectait l'initiative de la conscience », que l'échec de sa mission à Jérusalem lui causa « la plus grande douleur que puisse éprouver un homme appelé à un rôle public ». Cet essai de psychologie humano-divine fait songer involontairement à Barbey d'Aurevilly qui adorait Jésus comme Dieu, mais qui, comme homme, lui préférait Hannibal.

Je n'ai pas qualité pour juger une telle œuvre au point de vue de l'orthodoxie, et il faut bien penser que les théologiens n'y ont rien trouvé de répréhensible, puisqu'ils l'ont approuvée. Je serai curieux pourtant de savoir ce qu'on en pense dans une certaine revue que dirigent avec beaucoup de savoir et de prudence les pères jésuites, et que je connais fort bien, car ils ont eu la bonté de me l'envoyer un jour qu'ils m'y maltraitaient beaucoup, mais non pas autant toutefois que le père Gratry et que le père Lacordaire. Ou je me trompe fort, ou les petits Pères ne goûteront pas beaucoup cette histoire romantique et cette psychologie moderne [1]. Pour ma part, je voudrais comparer le *Jésus-Christ* du R. P. Didon à ce panorama de Jérusalem qu'on montre en ce moment aux Champs-Élysées et où l'on voit, d'un côté, le Temple, la tour Antonia, le palais et les portes de la ville restitués d'après les travaux des archéologues, et, d'une autre part, un calvaire traditionnel comme une peinture d'église. Mais je craindrais que cette compa-

---

1. Je parlais ici des *Études*, revue dirigée par les pères de la Compagnie de Jésus. On ne m'y a point ménagé, mais il n'est pas au pouvoir des Pères de me rendre injurieux et de mauvaise foi. Je n'ai point cessé de reconnaître et de dire que leur revue est rédigée par des écrivains habiles et judicieux. Je prévoyais bien que le livre du père Didon leur paraîtrait d'un goût douteux et qu'ils estimeraient pour le moins imprudent l'essai tenté par l'éloquent dominicain d'une psychologie de Jésus, selon les méthodes de Taine et de Bourget. Mes pressentiments ne me trompaient pas. Quelques jours après avoir publié mon article, je reçus les *Études religieuses* de novembre 1890, et j'y lus avec grand plaisir un morceau très solide sur le *Jésus-Christ* du père Didon, où il est dit : « N'a-t-il pas trop accordé au désir de placer Jésus dans « son milieu »? Certaines phrases sur l'influence de ce milieu sonnent d'une façon étrange, à propos du Verbe incarné. Ainsi, parmi des détails d'une longueur un peu exagérée sur « l'éducation » qu'a dû recevoir Jésus « adolescent », et après cette observation que, « dans les assemblées publiques, à la synagogue (de Nazareth), il connut aussi, par expérience, les misères, les travers, les aberrations et la

raison ne donnât à l'excès l'idée d'un art frivole, tout en surface et peu solide. Je craindrais aussi de ne pas rendre l'effet de ces pages disparates, si étrangement mêlées de descriptions, de discussions, d'homélies, de morceaux de théologie, de psychologie et de morale, inspirés tantôt de saint Thomas d'Aquin et tantôt de Paul Bourget, où l'on passe brusquement de saint Luc et de saint Mathieu à Joanne et à Bædecker, où l'âme de madame de Gasparin semble flotter sur l'Évangile, où l'on tombe tout à coup d'une psychologie oratoire dans une démonologie qui rappelle à la fois le père Sinistrari, nos amis Papus et Lermina, l'école de Nancy et M. Charcot. Pages d'un aspect plus confus que les quais encombrés de cette petite ville de Capharnaum si bien décrite par le R. P. Didon lui-même.

vaine science des docteurs de son temps..., » vient cette réflexion au moins inutile : « Les premières impressions de l'adolescence ne s'effacent pas; *en Jésus, comme en nous, elles aident à comprendre les volontés, les paroles, les actes de l'âge mûr.* » (T. I, pp. 84-85.) La description très poétique de Nazareth est précédée de ces lignes encore plus singulières : « On ne comprendrait pas sa physionomie (celle de Jésus) et son caractère, si, dans l'étude de son adolescence et de sa jeunesse, on négligeait le milieu extérieur, la nature au sein de laquelle il a grandi. L'homme tient par des attaches trop étroites au sol qui l'a vu naître, pour n'en pas recevoir l'empreinte... » (P. 86.) Nous n'aimons pas non plus lire que « la pensée (du supplice auquel Jésus se savait et se sentait voué) étendait sur tout son être un voile de tristesse. » (I, p. 270); ou que « *souvent*, dans sa vie, Jésus a laissé voir l'accablement où le jetait la vue seule du calice qu'il devait boire ». (P. 166.) — Ces observations excellentes sont du R. P. J. Brucker, qui est, avec le R. P. P. Brucker, un des rédacteurs les plus distingués des *Études.*

CLÉOPATRE [1]

I

M. Paul Stapfer nous enseigne, dans son livre sur *Shakespeare et l'antiquité*, que Cléopâtre a fourni le sujet de deux tragédies latines, seize françaises, six anglaises et au moins quatre italiennes. Je serais fort embarrassé de nommer seulement les seize tragédies françaises, et il me paraît suffisant d'indiquer la *Cléopâtre captive* de Jodelle (1552), les *Délicieuses Amours de Marc-Antoine et de Cléopâtre* de Belliard (1578), la *Cléopâtre* de Nicolas Montreux (1594), la *Cléopâtre* de Benserade (1636), le *Marc-Antoine* de La Thorillère (1677), la *Mort de Cléopâtre* de Chapelle (1680), la *Cléopâtre* de Marmontel (1750), la *Cléopâtre* d'Alexandre Soumet (1824) et la *Cléopâtre*

---

1. A propos du drame de MM. Victorien Sardou et Moreau. — Consultez Henry Houssaye; Cléopâtre, dans *Aspasie, Cléopâtre, Théodora*, 1 vol.

de madame de Girardin (1847); en attendant la *Cléopâtre* de Victorien Sardou et sans compter la *Mort de Pompée* du grand Corneille, où l'on voit Cléopâtre vertueuse, aspirant à la main de César, mais prenant par générosité la défense du vaincu de Pharsale. Sa confidente, Charmion, instruite de ces beaux sentiments, lui dit :

> L'amour, certes, sur vous a bien peu de puissance.

A quoi Cléopâtre répond :

> Les princes ont cela de leur haute naissance.

On ne conçoit pas d'abord comment Corneille a pu écrire quelque chose d'aussi ridicule. Mais on voit, si l'on y réfléchit, que c'est uniquement parce qu'il avait un génie sublime. Sans être comme Shakespeare un divinateur infaillible des âmes, notre vieux poète ne manquait pas de tout discernement; il savait bien au dedans de lui-même que Cléopâtre n'avait jamais ni parlé ni pensé de la sorte, mais il se flattait de l'embellir, de la rendre digne de la scène tragique, de la conformer aux convenances exigées par Aristote, et surtout de l'arranger à son propre goût, qui était noble. Il abondait en belles maximes. Les grands sentiments ne lui coûtaient guère, et l'on voit trop que le bonhomme les prenait dans son encrier. Il est bien difficile de se mettre aujourd'hui dans l'état d'esprit où il était quand il écrivait une tragédie dans sa petite chambre, entre deux procès, car, avocat et Normand, il aimait à plaider. Les grandeurs de ce monde, les grandeurs de chair le pénétraient d'un respect profond. Il se faisait sur les princesses des idées qui ne s'accordent pas bien avec la physiologie. Shakespeare avait un autre génie et sa Cléopâtre est vivante. M. Victorien Sardou admire infiniment Corneille et non sans raison, car, après tout, c'est le grand Corneille. Il vient de professer encore son admiration dans une lettre publique où, tout en se défendant de méconnaître le génie du grand Will, il estime que la place occupée par le poète d'*Hamlet* sur une de nos voies serait mieux tenue par l'auteur de *Polyeucte*. Certes, le bronze de Corneille ne ferait pas mauvaise figure à Paris, et tous ceux qui ont le culte de nos gloires nationales salueraient avec respect son visage sévère et même un peu renfrogné. Quant à Shakespeare, c'est le poète de l'humanité. Sa place est partout où il y a des hommes capables de sentir le beau et le vrai. Il est, comme Homère, au-dessus des peuples. M. Victorien Sardou ne peut pas se plaindre de le rencontrer sur le boulevard Haussmann. Il doit seulement être fâché que le sculpteur lui ait fait de si vilaines jambes.

Je connais M. Victorien Sardou, je sais combien il a le goût artiste et comme les formes mal venues offensent la délicatesse de son goût. Une figure si disgracieuse doit lui être désagréable à voir. J'en souffre moi-même chaque fois que je passe par ce boulevard somptueux et monotone. Et il m'est arrivé plus d'une fois de plaindre le culottier anglais qui a sa boutique derrière cette statue, en songeant que les connaissances professionnelles de ce spécialiste doivent lui rendre particulièrement sensible la difformité dont son illustre compatriote a été gratuitement affligé par un statuaire malhabile.

Voilà assurément un Shakespeare mal chaussé! Mais M. Victorien Sardou a précisément écrit sa lettre pour se défendre d'avoir jamais méprisé Shakespeare. On prétendait qu'il avait dit que Shakespeare n'avait aucun talent. Il ne l'a point dit. C'eût été une sottise, et ceux qui ont causé avec M. Sardou savent qu'il n'en dit point. Il a l'esprit le plus riche et le plus fin. Sa tête est un magasin de curiosités, un musée d'art, une bibliothèque universelle. Il s'intéresse à la vie, aux mœurs, aux usages, aux singularités des temps et des lieux. Je ne connais pas sa *Cléopâtre*, mais je suis bien sûr qu'elle sera documentée, et qu'il n'y manquera rien de ces intimités, de ces particularités, de ces singularités qui font revivre le passé mystérieux.

C'est une incomparable histoire que celle d'Antoine et de Cléopâtre, et si émouvante et d'une telle somptuosité voluptueuse et tragique, que l'art n'y peut rien ajouter, pas même l'art d'un Shakespeare. Il faut la lire dans Plutarque. Ce vieux Plutarque est un merveilleux narrateur. Je vous recommande aussi l'étude de M. Henry Houssaye, judicieuse avec élégance, et qui est un excellent récit.

Cléopâtre n'était pas très belle. Elle ne l'emportait ni en beauté ni en jeunesse sur cette chaste Octavie, à qui elle prit Antoine pour la vie et la mort. « Sa beauté, dit Amyot, qui traduit Plutarque avec une grâce fine, sa beauté seule n'était point si incomparable qu'il n'y en eust pu bien avoir d'aussi belles comme elle, ni telle qu'elle ravit incontinent ceux qui la regardaient; mais sa conversation, à la hanter, étoit si aimable qu'il étoit impossible d'en éviter la prise, et avec sa beauté, la bonne grâce qu'elle avoit à deviser, la douceur et la gentillesse de son naturel, qui assaisonnoit tout ce qu'elle disoit ou faisoit, étoit un aiguillon qui poignoit au vif; et il y avoit outre cela grand plaisir au son de sa voix seulement et à sa prononciation, parce que sa langue étoit comme un instrument de musique à plusieurs jeux et registres, qu'elle tournoit aisément un tel langage comme il lui plaisoit, tellement qu'elle parloit à peu de nations barbares par truchement, mais leur rendoit par elle-même réponse, au moins à la plus grande partie, comme aux Égyptiens, Arabes, Troglodytes, Hébreux, Syriens, Médois et Parthes, et à beaucoup d'autres dont elle avoit appris les langues. » Elle avait l'esprit raffiné, à la façon des Alexandrins. Elle reçut d'Antoine, comme un présent agréable, la bibliothèque de Pergame, composée de deux cent mille volumes. Elle n'a été un monstre que dans l'imagination ampoulée des poètes amis d'Auguste. Ils ont dit qu'elle se prostituait aux esclaves. Ils n'en savaient rien. On lui a donné pour amants Cnéius Pompée, César, Dellius, Antoine et aussi Hérode, roi des Juifs, qui était très beau. Mais il n'y a de certain que ses relations avec César et avec Antoine. Le reste n'est pas prouvé, et l'aventure d'Hérode a tout l'air, notamment, d'un conte de Flavius Josèphe.

Cléopâtre était une femme dangereuse. Et l'on peut penser d'elle ce que pensait le vieux professeur de Henri Heine. « Mon vieux professeur, dit Heine, n'aimait pas Cléopâtre ; il nous faisait expressément observer qu'en se livrant à cette femme, Antoine ruina toute sa carrière publique, s'attira des désagréments privés et finit par tomber dans le malheur. » Rien n'est plus vrai. Elle a perdu Antoine et contribué peut-être à la perte de César, et le vieux professeur parlait d'or. Ce n'est peut-être pas assez toutefois pour l'appeler, comme Properce, la reine courtisane, *meretrix regina*. Ces Romains haïssaient l'Égyptienne ; elle leur avait fait peur. Horace et Properce avouent que Rome tremblait avant la journée d'Actium. Cléopâtre morte, il y eut de grandes réjouissances dans la Ville éternelle. « C'est maintenant qu'il faut boire ! Il n'était pas permis de tirer le cécube du cellier des aïeux, quand une reine préparait au Capitole des ruines insensées et des funérailles à l'Empire. Elle osait opposer à notre Jupiter le museau de chien de l'aboyant Anubis et couvrir la trompette romaine des sons aigres du sistre égyptien. Elle voulait planter sur le Capitole ses tentes au milieu des images et des trophées de Marius ! » Enfin le monstre était mort : Il fallait boire, danser, offrir des mets aux dieux !

Et c'était une femme, une petite femme qui avait fait trembler le Sénat et le peuple romain. Quand nous disons qu'elle était petite, nous n'en savons rien. Nous l'imaginons sur quelques vagues indices. Pour échapper aux embûches de l'eunuque Pothin, elle se fit porter à

César dans un sac. C'était un de ces grands sacs d'étoffe grossière, teints de plusieurs couleurs, qui servaient aux voyageurs à serrer les matelas et les couvertures. Elle en sortit aux yeux du romain charmé. Il nous semble qu'étant mince et de petite taille elle avait meilleure grâce, et qu'une stature de déesse n'est pas ce qu'il faut pour plaire au sortir d'un sac. M. Gérome a représenté cette scène dans un de ses plus jolis tableaux anecdotiques et je crois bien me rappeler que sa Cléopâtre était très mignonne. M. Gérome est admirable pour l'abondance et le choix de ses documents. En ce cas pourtant, il avait été laissé à son inspiration. Nous n'avons point de portrait authentique de Cléopâtre et le visage de la reine n'a pas laissé le moindre reflet sur cette vaste terre où il causa tant de deuils et de malheurs. Cléopâtre est représentée plusieurs fois, il est vrai, avec son fils, Ptolémée Césarion, sur les bas-reliefs du temple de Denderah. Mais ce sont là des figures hiératiques, d'un art traditionnel, dont le type, fixé longtemps d'avance, ne laissait guère de place à l'imitation de la nature. Dans cette déesse Hathor, dans cette déesse Isis aux cheveux nattés, debout, rigide, la tunique collée au corps, comment reconnaître la folle amoureuse qui courait la nuit avec Antoine les bouges de Rhakotis et se mêlait aux rixes des matelots ivres? Quant au joli moulage que l'on voit souvent dans les ateliers, M. H. Houssaye nous avertit bien de ne pas y chercher le profil de la belle Lagide. « Ce bas-relief, nous dit-il, découvert, je crois, en 1862, ne portait aucune inscription. Un égyptologue s'amusa à y graver le cartouche de Cléopâtre, et c'est ainsi qu'on le vend partout, depuis, comme l'image authentique de la dernière reine d'Égypte. »

Cette supercherie me rappelle une méprise de peu de temps postérieure. Vers 1866, un Italien montrait à Paris, dans un appartement démeublé de la rue Jacob, quelques antiquités égyptiennes et romaines et une peinture à l'encaustique, d'un mauvais dessin et d'un style médiocre, représentant une femme assez belle, la face large, avec un serpent qui lui pique le sein. L'Italien jurait la Vierge et les saints que c'était le portrait authentique de Cléopâtre, celui-là même qui fut porté à Rome devant le char triomphal d'Octave. Cet homme était d'une ardeur vraiment excessive pour les antiquités. Il faisait des bonds de tigre devant cette peinture et la contemplait d'un œil sombre en lui envoyant des baisers. « Quelle est belle! » s'écriait-il. Il était venu la vendre à Paris, et il poussait des hurlements horribles et s'arrachait les cheveux quand on lui disait qu'en réalité c'était un méchant ouvrage de peinture, dû à quelque seigneur cavalier, académicien de Rome ou de Venise, florissant vers 1800 ou 1810. Pourtant rien n'est plus vrai.

Il y a des médailles de Cléopâtre; les numismates en comptent quinze de type différent. Elles sont pour la plupart d'une mauvaise gravure. Toutes représentent Cléopâtre avec des traits gros et durs, un nez extrêmement long. On sait le mot profond de Pascal : « Le nez de Cléopâtre, s'il avait été plus court, toute la face de la terre aurait été changée. » Ce nez était démesuré, si l'on en croit les médailles, mais nous ne les en croirons pas. En vain, on nous mettra sous les yeux tous les médailliers du British Museum et du Cabinet de Vienne. Nous dirons que c'est là comme une de ces illusions de féerie, où tous les nez s'allongent à la fois sur tous les portraits, et nous nous moquerons de la numismatique qui se moque de nous. Le visage qui fit oublier à César l'empire du monde n'était point gâté par un nez ridicule.

Il est certain que César aima Cléopâtre. Le divin Jules avait plus de cinquante ans. Il avait épuisé toute la gloire et tous les plaisirs et tiré de la vie tout ce qu'elle peut donner d'émotions violentes et de joies fortes. Son élégant visage avait pris la pâleur tranquille du marbre. Il semblait qu'un tel homme ne dût plus vivre que par l'intelligence. Pourtant, quoi qu'en dise M. Mommsen, il aima l'Égyptienne jusqu'à la folie. Car c'était une folie que de l'amener à Rome, et une plus grande folie que d'élever dans le temple de Vénus une statue à la divinité de Cléopâtre.

La Lagide habitait, à Rome, avec son fils et sa suite la villa et les jardins de César qui s'étendaient sur la rive droite du Tibre. Le dictateur demeurait dans un des bâtiments publics de la voie Sacrée, mais il faisait de fréquentes visites à la villa, qui était aussi le rendez-vous de ses amis. C'est là que Marc-Antoine vit Cléopâtre pour la première fois. Elle recevait aussi Atticus et Cicéron qui s'était réconcilié avec César. Cicéron était grand amateur de livres et d'antiquités.

Ces trésors étaient rares à Rome et ils abondaient à Alexandrie. Cicéron demanda à Cléopâtre de lui faire venir quelques manuscrits et des vases canopes. Elle le lui promit bien volontiers et elle chargea de la commission un de ses officiers, nommé Ammonius. Mais les livres ne vinrent pas et l'orateur en garda rancune à la reine. Dans ces heures romaines, Cléopâtre nous apparaît sous un aspect inattendu. Discrète, paisible, ayant banni le luxe asiatique, tout occupée des élégants travaux de l'esprit, c'est une belle Grecque, qui converse sous les térébinthes avec Cicéron. Le poignard de Brutus dissipa d'un coup cet enchantement de la villa du Tibre. César assassiné, Cléopâtre s'enfuit au milieu des scènes sanglantes des jours parricides et regagne l'Égypte.

C'est alors que va commencer la plus folle et la plus terrible des aventures d'amour, le roman d'Antoine et de Cléopâtre.

II

Sarah nous l'a montrée (et avec quel charme! avec quelle magie!) sous les traits d'une Égyptienne. Mais c'était une Grecque. Elle l'était de naissance et de génie. Élevée dans les mœurs et dans les arts helléniques, elle avait la grâce, le bien dire, l'élégante familiarité, l'audace ingénieuse de sa race. Ni les dieux de l'Égypte, ni les monstres de l'Afrique n'envahirent jamais son âme riante. Jamais elle ne s'endormit dans la morne majesté des reines orientales. Elle était Grecque encore par son goût exquis et par sa merveilleuse souplesse. Tout le temps qu'elle vécut à Rome, elle observa toutes les convenances, et quand, après sa mort, les amis d'Auguste outragèrent sa mémoire avec la brutalité latine, ils ne purent rien lui reprocher qui eût trait à son séjour dans la villa de César. Elle avait donc été parfaite sous les pins et les térébinthes des jardins du Tibre.

Elle était Grecque, mais elle était reine ; reine et, par là, hors de la mesure et de l'harmonie, hors de cette fortune médiocre qui fut toujours dans les vœux des Grecs et qui n'entra dans ceux des poètes latins que littérairement et par servile imitation. Elle était reine et reine orientale, c'est-à-dire un monstre ; elle en fut châtiée par cette Némésis des dieux que les Grecs mettaient au-dessus de Zeus lui-même, parce qu'elle est en effet le sentiment du réel et du possible, l'entente des nécessités de la vie humaine. Faite pour les arts secrets du désir et de l'amour, amante et reine, à la fois dans la nature et dans la monstruosité, c'était une Chloé qui n'était point bergère.

Que des mouvements d'une chair exquise, que du souffle d'une bouche charmante dépende le sort du monde, c'est cela qui n'est point grec, c'est cela que la Némésis des dieux ne permet point. La mort de la dernière Lagide expia le crime d'Alexandre le Macédonien, ce Grec à demi barbare, ce Grec démesuré qui, soldat ivre, ouvrit à l'hellénisme l'Orient lascif et cruel. Ce n'est point que cette délicate Cléopâtre manquât par elle-même du sentiment de la mesure et de l'harmonie. Elle garda même l'instinct du vrai, du beau, du possible autant que le lui permit sa toute-puissance, le crime héréditaire dans sa maison et l'ivresse du monde plongé autour d'elle dans cette orgie voluptueuse et scélérate où l'hellénisme coudoyait la barbarie. Son malheur singulier, sa gloire effroyable fut d'être charmante étant souveraine, d'être Lesbie, Delie ou Leuconoé et de ne pouvoir ouvrir ses bras adorables sans allumer des guerres.

La morale d'une Lagide était large, sans doute, et les doux antiquaires ont quelque peine à la mesurer sur les textes grecs et latins qu'ils étudient avec méthode. Pour ma part, je ne rechercherai pas ce que Cléopâtre jugeait permis ou défendu. Je pense qu'elle estimait que beaucoup de choses lui étaient permises. Mais j'imiterai, dans sa sagesse, M. Henry Houssaye, qui ne croit pas pouvoir donner la liste des amants de la reine. Aussi bien, pour dresser avec confiance des catalogues de cette nature, il faut être un bibliothécaire entêté comme l'antique Elien ou le bonhomme Peignot, qui croyaient plus que de raison à l'autorité des textes. Ce qui est certain, c'est que quand Antoine l'aima d'un amour orageux, elle opposa à la foudre les éclairs d'un regard qui n'était point terni et les ardeurs d'une chair que la débauche n'avait point fatiguée. Nous savons qu'elle aima le soldat de Pharsale et de Philippes; nous savons qu'elle l'aima jusqu'à la mort. Le reste est à jamais effacé comme les travaux obscurs de tant de milliards d'êtres qui naquirent, qui souffrirent et qui moururent sur cette planète, comme les troubles de tant d'amantes qui, dans le cours infini des âges, servirent ou trahirent l'amour sans laisser même, ainsi que la jeune fille de Pompéi, l'empreinte de leur sein dans la cendre.

Avant Antoine, il semble bien que cette femme intelligente, ambitieuse, vindicative et fière ait été plus reine qu'amante. Grand constructeur, comme les Pharaons et comme les Ptolémées, elle couvrait Alexandrie de monuments magnifiques [1]. Elle tint tête fermement aux intrigues des eunuques, aux séditions domestiques et populaires et rentra par une ruse audacieuse dans sa ville et dans son palais, dont elle avait été chassée. Elle réussit à tenir en suspens les droits de Rome sur son empire, et s'il est vrai qu'elle y employa sa beauté et son charme, il faut songer que cette beauté n'était point incomparable et que ce charme, dont César éprouva la puissance, n'eût pas suffi sans beaucoup d'intelligence et de politique. Ce charme habilement dirigé lui assura Antoine après César. Mais cette fois elle se trouva l'associée d'un soldat condamné à posséder seul le monde ou à n'avoir plus une pierre où poser sa tête. La partie était grande et douteuse. Pour la bien jouer, il fallait du sang-froid. Marc-Antoine n'en n'avait jamais montré beaucoup. Elle lui ôta le peu qu'il en possédait; elle le rendit tout à fait fou, elle devint aussi folle que lui, et tous deux ils luttèrent pour l'empire et la vie

1. Consultez sur ce point une note de M. Maspero dans l'étude de M. Henry Houssaye citée plus haut.

dans les intervalles lucides que leur laissait cette démence que les Grecs ont bien connue, puisqu'ils l'ont décrite comme une maladie des sens et de l'âme, comparable au mal sacré par la violence des accès et par la profondeur de la mélancolie.

Le premier tort d'Antoine et de Cléopâtre fut de mépriser leur ennemi, cet adolescent malingre, bègue, poltron, cruel et plus froid, plus insensible, quand il rasait sa première barbe, que les plus graves politiques blanchis dans les affaires. Il fallut combattre. Ce fut la guerre du renard et du lion. Le lion avait la part du lion, toutes les provinces de l'Orient jusqu'à l'Illyrie, et le petit renard, l'enfant rusé, Octave, ne possédait que l'Italie ruinée et consternée, et l'Espagne, la Gaule, la Sicile, l'Afrique en armes contre lui. Tant de javelots tournés contre un lâche! Mais ce lâche était un ambitieux patient, c'est-à-dire la plus grande force du monde.

Marc-Antoine, dans la maturité de l'âge, était le premier soldat de l'empire, depuis la mort de César. Il avait, pour ses débuts, écrasé les juifs révoltés. Il avait secondé le grand Jules en Gaule, dans la Haute-Italie, en Illyrie. Il commandait l'aile droite des césariens à Pharsale. Battu à Modène, il avait remporté la victoire décisive de Philippes. Bien qu'il n'eût ni la prudence ni la vue claire de César, César l'estimait comme son meilleur lieutenant. Seul et livré à lui-même, Antoine péchait par la méthode. Un soir que nous lisions ensemble, dans Plutarque, le récit pittoresque de la guerre des Parthes, un officier d'artillerie du plus grand savoir, le capitaine Marin, commentant le texte ancien, nous montra sans peine les fautes d'Antoine, le décousu du plan et l'incurable légèreté d'un chef qui, ayant fait la guerre avec César, se laisse surprendre par l'ennemi. Antoine n'en possédait pas moins certaines belles parties de l'homme de guerre. Il avait la grande psychologie militaire, la connaissance de l'âme du soldat. Il se faisait aimer, il se faisait suivre. Il était impétueux, entraînant, irrésistible. La confiance qu'il avait en lui-même, il l'inspirait à ses hommes. Grandement joyeux, il leur communiquait cette gaieté qui fait oublier les souffrances, les dangers, et qui double les forces. Il buvait et mangeait avec eux; il disait des mots qui les faisaient rire. Les légionnaires l'adoraient. Il ne faut pas juger Antoine par les Philippiques que Cicéron prononça contre lui; Cicéron était avocat et, de plus, c'était en politique un modéré de l'espèce la plus violente. A cela près un honnête homme et un grand lettré. Antoine n'était pas le grossier soldat, le belluaire insolent, j'allais dire « la trogne à épée » que l'orateur nous montre. Il avait de l'esprit, précisément dans le sens où nous prenons le terme aujourd'hui, de l'esprit de mots, car, pour ce qui est de l'esprit de conduite, il en manqua toujours, et Cléopâtre ne lui en donna pas. Loin d'être un homme inculte, il avait étudié l'éloquence en Grèce. Sa parole n'avait pas l'élégante correction de celle de César : elle était imagée et disproportionnée. C'était ce que nous appellerions maintenant une éloquence romantique. Il aimait, dit Plutarque, ce style asiatique, alors fort recherché et qui répondait à sa vie fastueuse, pleine d'ostentation, sujette à d'effroyables inégalités.

Plutarque dit bien : en tout, Antoine aimait à la folie le style asiatique et la pompe orientale. Son front bas et sa barbe épaisse, sa mâle et forte structure lui donnaient quelque ressemblance avec les images du fabuleux Hercule de qui il prétendait descendre, mais c'est surtout Bacchus, le Bacchus indien qu'il se plaisait à rappeler par ses riches cortèges et par ses chars attelés de lions. Il entra dans Éphèse précédé de femmes vêtues en Bacchantes et d'adolescents portant la nébride des Pans et des Satyres. On ne voyait dans toute la ville que thyrses couronnés de lierre, on n'entendait que le son des flûtes et des syrinx et les cris qui saluaient le nouveau Bacchus bienfaisant et plein de douceur.

Certes, la large humanité de César fut toujours étrangère au collège d'Octave et de Lépide. Antoine eut sa part de l'atroce férocité commune aux Romains de ces temps scélérats. Mais il ne se montra jamais, comme Octave, froidement cruel. Il était libéral, magnifique et capable de sentiments délicats et généreux. En Grèce, ses ennemis l'avouent, il rendit la justice avec une grande douceur et il se montra jaloux d'être nommé l'ami des Grecs et plus encore des Athéniens. Après la victoire de Philippes, il posa sa propre cuirasse sur le cadavre sanglant de Brutus, afin d'honorer en soldat les funérailles du vaincu. Quand, dans les jours sombres, Ænobarbus, son vieux compagnon, l'abandonna la veille de la bataille, pour passer à Octave, il renvoya à celui qui avait été si longtemps son ami ses équipages et tout ce qui lui appartenait, et l'on dit qu'accablé par cette générosité, Ænobarbus mourut de douleur et de honte.

Cet homme était l'esclave des femmes. Son fastueux amour pour la courtisane Cytheris avait indigné les Romains. L'âcre et violente Fulvie faisait trembler cet Hercule, ce Bacchus indien. Plus tard, il se montra sensible à la chaste beauté d'Octavie. Il les aimait avec violence et il les aimait en même temps avec esprit, ce qui est infiniment plus rare. « Il avait, dit Plutarque, de la grâce et de la gaieté dans ses amours. » Voilà l'homme qui cita Cléopâtre devant son tribunal à Tarse. C'était lui l'Asiatique et l'Oriental. Sans être capable de grands projets longuement suivis, il rêvait vaguement l'empire d'Orient avec quelque immense ville barbare pour capitale. Il aimait tout de l'Orient, ses trésors, ses monstres, ses voluptés, ses splendeurs, ses parfums, sa poésie. Cléopâtre parut. Il la vit ou plutôt il la revit, car il l'avait connue sans doute à Rome, mais discrète, mais réservée, sévère, comme une dame romaine. Cette fois, c'était la reine d'Égypte qui paraissait devant lui dans la pompe hiératique d'une nouvelle Isis. Il adora la Grecque arrangée en idole.

Cette galère de Cléopâtre sur le Cydnus est restée dans le monde l'image de la volupté splendide.

Hier nous l'avons vue dans l'illusion du théâtre [1].

---

[1]. Il est sans doute utile de rappeler que ces deux articles sont écrits, l'un avant, l'autre après la première représentation du drame de MM. Victorien Sardou et Moreau, à la porte Saint-Martin

Nous avons vu couchée, sous les voiles de pourpre, l'actrice charmante qui fait revivre en elle la couleuvre du Nil. Ce n'est pourtant point de ce jour que date ma vision éblouie. Ce n'est pas non plus du jour où j'ai entendu M. José Maria de Heredia réciter son suave et brillant sonnet du Cydnus :

Sous l'azur triomphal, au soleil qui flamboie,
La trirème d'argent blanchit le fleuve noir,
Et son sillage y laisse un parfum d'encensoir,
Avec des chants de flûte et des frissons de soie.

A la proue éclatante où l'épervier s'éploie,
Hors de son dais royal se penchant pour mieux voir,
Cléopâtre, debout dans la splendeur du soir,
Semble un grand oiseau d'or qui guette au loin sa proie.

Voici Tarse où l'attend le guerrier désarmé ;
Et la brune Lagide ouvre dans l'air charmé
Ses bras d'ambre où la pourpre a mis ses reflets roses ;

Et ses yeux n'ont pas vu, présages de son sort,
Auprès d'elle, effeuillant sur l'eau sombre des roses,
Les deux enfants divins, le Désir et la Mort.

Mon trouble vient de plus loin. Il remonte à ces années d'adolescence et de prime jeunesse dont je suis trop enclin, je le sens, à rappeler le souvenir. C'était au collège, l'année de ma rhétorique, l'hiver, un vendredi pendant le repas de onze heures. Jamais je n'avais senti plus péniblement les vulgarités et les inélégances de la vie : une écœurante odeur de friture tiède emplissait le réfectoire ; un courant d'air froid saisissait les pieds à travers les chaussures humides ; les murs suintaient et l'on voyait, derrière le grillage des fenêtres, une pluie fine tomber du ciel gris. Les élèves, assis devant les tables d'un marbre noir et gras, faisaient avec leurs fourchettes un bruit agaçant, tandis qu'un de nos camarades, assis dans une haute chaire, au milieu de la grande salle, lisait, selon la coutume, un passage de l'histoire ancienne de Rollin. Je regardais, sans manger, mon assiette mal essuyée, ma timbale au fond de laquelle l'abondance avait déposé quelque chose comme du bois pourri, et puis je suivais de l'œil les domestiques, qui nous présentaient des grands plats de pruneaux cuits, dont le jus leur lavait les pouces. Tout m'était à dégoût. Dans le tintement de la vaisselle la voix du lecteur, par intervalles, m'arrivait aux oreilles. Tout à coup j'entendis le nom de Cléopâtre et quelques lambeaux de phrases charmantes : *Elle allait paraître devant Antoine dans un âge où les femmes joignent à la fleur de leur beauté toute la force de l'esprit... Sa personne plus puissante que toutes les parures... Elle entra dans le Cydnus... La poupe de son vaisseau était tout éclatante d'or, les voiles de pourpre, les rames d'argent.* Puis les noms caressants des *flûtes*, de *parfums*, de *Néréides* et d'*Amours*. Alors une vision délicieuse emplit mes yeux. Le sang me battit aux tempes ces grands coups qui annoncent la présence de la gloire ou de la beauté. Je tombai dans une extase profonde. Le préfet des études, qui était un homme injurieux et laid, m'en tira brusquement en me donnant un pensum pour ne m'être pas levé au signal. Mais, en dépit du cuistre, j'avais vu Cléopâtre !

Le bon Plutarque n'a pas dû se tromper : Marc-

Antoine avait de l'agrément et de la gaieté dans ses amours. C'est lui qui imagina les folies de la vie inimitable, les déguisements de nuit, les parties de pêche sur le Nil, les fêtes prodigieuses. Oui, certes, c'était lui l'Oriental, c'était lui l'Égyptien. Elle ne voulait que ce qu'il voulait, l'incomparable amante! Et, craignant seulement de le perdre, elle prenait les goûts et les habitudes d'un soldat pour être toujours à son côté. « Elle buvait avec lui, elle chassait avec lui, elle assistait avec lui aux manœuvres [1]. » Plutarque nous dit : « Ils avaient formé une association sous le nom d'Amimétobies; et ils se traitaient mutuellement tous les jours. » Huit sangliers étaient toujours à la broche et, à toute heure, il s'en trouvait un cuit à point. La vie inimitable fut interrompue par la guerre de Pérouse et le mariage d'Antoine et d'Octavie. Elle reprit plus ardente et plus frénétique après trois ans d'absence.

Puis ce fut la guerre : Actium et cette fuite soudaine de Cléopâtre au milieu de la bataille, cette fuite, inexpliquée encore, que l'amiral Jurien de la Gravière considère comme une manœuvre habile et que M. Victorien Sardou nous rend si dramatique quand il nous montre, au contraire, la reine amoureuse consommant par sa fuite la défaite et la honte de son amant pour le garder tout à elle. Ainsi l'amiral veut que Cléopâtre soit un bon marin et le dramaturge veut qu'elle soit très pathétique : ils l'aiment tous deux, surtout le marin. Je l'aime aussi

---

[1]. H. Houssaye *loc. cit.*, p. 120.

depuis le collège. Mais je croirais plutôt qu'elle s'est sauvée, saisie d'une peur folle.

Antoine voit fuir la galère aux voiles de pourpre, l'Antoniade, qui porte Cléopâtre; il la poursuit, abandonnant le combat par une étonnante lâcheté qui, chez un tel soldat, devient héroïque; il accoste l'Antoniade, il y monte et va s'asseoir seul à la proue, la tête dans ses mains. A Alexandrie, Antoine, déshonoré et perdu, montre encore un esprit d'une fantaisie extraordinaire. Il se bâtit, sur une jetée, dans la mer, une cabane qu'il nomme son Timonium et où il veut vivre seul, à l'exemple de Timon d'Athènes. Il se dit misanthrope et c'est un misanthrope pittoresque et romantique, le misanthrope de la passion. Puis sa cabane et la solitude l'ennuient. Il revoit la reine et forme avec elle une société plus mélancolique, mais non pas moins fastueuse que celle des Inimitables : la compagnie de ceux qui veulent mourir ensemble, les Synapothanumènes. C'est un grand artiste, cet Antoine!

Que la reine l'ait aimé jusqu'à la mort et par delà la mort, cela n'est point douteux. Qu'elle ait cependant essayé de séduire Octave, cela non plus ne fait pas de doute; et cela prouve seulement que Cléopâtre n'était pas sûre. Nous en avions, en vérité, quelque soupçon. Si elle ne parvint point à se faire aimer du froid Octave, du moins elle sut tromper cet homme défiant. Elle lui fit croire qu'elle voulait vivre encore; mais elle était résolue à se donner la mort. Elle mourut royalement. Quand les soldats d'Octave entrèrent dans sa chambre, ils la trouvèrent revêtue de ses habits de reine et de déesse et couchée sans vie sur un lit d'or. Iras, l'une de ses femmes, était morte à ses pieds. L'autre, Charmion, se soutenant à peine, lui arrangeait d'une main défaillante, le diadème autour de la tête. Un des soldats d'Octave lui cria avec fureur :

— Voilà qui est beau, Charmion !

— Très beau, en effet, répondit-elle, et digne de la fille de tant de rois !

Et elle tomba morte au pied du lit.

Cette scène est si noblement tragique qu'on ne peut se la représenter sans un frémissement d'admiration. Il faut savoir gré à celle qui en prépara le spectacle et qui en légua la mémoire aux artistes et aux poètes. On aimait Cléopâtre dans Alexandrie et ses statues ne furent point renversées après sa mort. C'est donc qu'elle était moins méchante que n'ont dit ses ennemis. Et puis il ne faut pas oublier que la beauté est une des vertus de ce monde.

JUDITH GAUTIER [1]

I

C'est la fille du poète. Dans cette petite maison de la rue de Longchamp où, comme il est dit des princesses dans les contes de fées, elle grandissait chaque jour en sagesse et en beauté, Judith apprit dès l'enfance à comprendre et à goûter les formes d'art les plus exquises, les plus rares, les plus étranges. Son père, en parlant comme en écrivant, était un incomparable assembleur de merveilles. Au milieu de ses causeries familières, il faisait, sans y songer, des évocations magiques. Cette maisonnette, baignée l'hiver des brumes de la Seine et des vapeurs du Bois, s'emplissait, à la voix du maître, de toutes les poésies de l'Orient rêvé.

Il me souvient d'avoir vu là, un soir, sur une des tablettes de la bibliothèque, le masque d'or d'une momie

---

1. La *Conquête du Paradis*, par Judith Gautier (dans la bibliothèque des romans historiques. Armand Colin, éditeur). 1 vol.

égyptienne qui brillait dans l'ombre, et je n'oublierai jamais l'impression d'harmonie que me donna cette figure sacrée, aux longs yeux ouverts, dans le cabinet de travail du poète qui composa le *Roman de la momie* et son incomparable prologue. C'est là qu'enfant Judith Gautier se nourrit de poésie et apprit à aimer la beauté exotique. Pour que son éducation d'artiste fût complète, il ne lui manqua rien, sinon peut-être le commun et l'ordinaire.

Et la fille du poète était si merveilleusement douée qu'elle écrivit, n'ayant pas vingt ans, un livre parfaitement beau dont le style resplendit d'une pure lumière. Les connaisseurs savent que je veux parler du *Livre de Jade*, recueil de poèmes en prose, inspirés, si l'on en croit l'auteur, des lyriques de la Chine. Judith Gautier avait appris le chinois à l'âge où les petites demoiselles n'étudient ordinairement que le piano, le crochet et l'histoire sainte. Je doute pourtant qu'elle ait trouvé dans Thou-Fou, Tché-Tsi ou Li-Taï-Pé tous les détails des fins tableaux contenus dans le *Livre de Jade*; je doute que les poètes du pays de la porcelaine aient connu avant elle cette grâce, cette fleur qui vous charmera dans tel de ces morceaux achevés, qu'on peut mettre à côté des poèmes en prose d'Aloysius Bertrand et de Charles Baudelaire, dans le petit tableau de l'*Empereur*, par exemple :

L'EMPEREUR

Sur un trône d'or neuf, le Fils du Ciel, éblouissant de pierreries, est assis au milieu des mandarins ; il semble un soleil environné d'étoiles.

Les mandarins parlent gravement de graves choses; mais la pensée de l'empereur s'est enfuie par la fenêtre ouverte.

Dans son pavillon de porcelaine, comme une fleur éclatante entourée de feuillage, l'impératrice est assise au milieu de ses femmes.

Elle songe que son bien-aimé demeure trop longtemps au conseil et, avec ennui, elle agite son éventail.

Une bouffée de parfums caresse le visage de l'empereur.

« Ma bien-aimée, d'un coup de son éventail m'envoie le parfum de sa bouche. » Et l'empereur, tout rayonnant de pierreries, marche vers le pavillon de porcelaine, laissant se regarder en silence les mandarins étonnés.

Dès lors, Judith Gautier avait trouvé sa forme; elle avait un style à elle, un style tranquille et sûr, riche et placide, comme celui de Théophile Gautier, moins robuste, moins nourri, mais bien autrement fluide et léger.

Elle avait son style, parce qu'elle avait son monde d'idées et de rêves. Ce monde, c'était l'Extrême Orient, non point tel que nous le décrivent les voyageurs, même quand ils sont, comme Loti, des poètes, mais tel qu'il s'était créé dans l'âme de la jeune fille, une âme silencieuse, une sorte de mine profonde où le diamant se forme dans les ténèbres. Elle n'eut jamais pleine conscience d'elle-même, cette divine enfant. Gautier, qui l'admirait de toute son âme, disait plaisamment : « Elle a son cerveau dans une assiette. » Judith Gautier a inventé un Orient immense pour y loger ses rêves. Et c'est bien du génie, cela!

Sans être grand critique de soi-même, elle a quelque soupçon de ce qu'elle a fait, s'il est vrai, comme on le dit, qu'elle ait toujours montré la plus grande répugnance à voyager en Orient. Elle n'a pas vu la Chine et le Japon ; elle a fait mieux : elle les a rêvés et elle les a peuplés des enfants charmants de sa pensée et de son amour.

Son premier roman, je devrais dire son premier poème (car ce sont là vraiment des poèmes) est le *Dragon impérial*, un livre tout brodé de soie et d'or, et d'un style limpide dans son éclat. Je ne parle pas des descriptions qui sont merveilleuses. Mais la figure principale, qui se détache sur un fond d'une richesse inouïe, le poëte Ko-Li-Tsin, a déjà ce caractère de fierté sauvage, d'héroïsme juvénile, de chevalerie étrange, que Judith Gautier sait imprimer à ses principales créations et qui les rend si originales. L'imagination de la jeune femme est cruelle et violente dans cette première œuvre, mais elle a déjà et définitivement cette chasteté fière et cette pureté romanesque qui l'honorent.

Peu après le *Dragon impérial* vint l'*Usurpateur*, qui dès son apparition fut emporté dans une grande faillite de librairie. Le public ne le connut guère. Et pourtant c'est une pure merveille, le chef-d'œuvre de madame Judith Gautier, et un chef-d'œuvre de notre langue. Il reparut plus tard, sous un titre qui convient mieux à la splendeur charmante du livre, il s'appela la *Sœur du Soleil*. Je ne sais rien de comparable à ces pages trempées de lumière et de joie, où toutes les formes sont rares et belles, tous les sentiments fiers ou tendres, où la cruauté des hommes jaunes s'efface à demi dans la gloire de cet âge héroïque où le Nippon eut sa chevalerie et la fleur de ses guerriers. Il y a des mois que je n'ai lu la *Sœur du Soleil*, ou pour mieux dire l'*Usurpateur*, car je vois encore ce titre sur la couverture verte de l'édition originale qui était ornée d'un dessin de l'auteur. Il y a même des années, et pourtant je puis citer de mémoire, sans crainte de me tromper, une phrase entière de ce livre, une de ces phrases comme on en trouve dans Chateaubriand et dans Flaubert, qui feraient croire que la prose française, maniée par un grand artiste, est plus belle que les plus beaux vers. Voici cette phrase, détachée de tout ce qui l'entoure :

> Le ciel ressemble à une grande feuille de rose. C'est le dernier pétale du jour qui s'effeuille, du jour qui tombe dans le passé, mais dont notre esprit gardera le souvenir, comme d'un jour de joie et de paix, le dernier peut-être.

Je n'ai pas le livre sous la main. J'en suis fâché, moins encore parce que je ne puis collationner ces lignes d'un sentiment à la fois si gracieux et si mélancolique, que parce qu'il me semble que c'est être privé d'une des délicatesses de la vie que de n'avoir pas sous la main un livre comme la *Sœur du Soleil*.

Il faut citer, avec ces deux ouvrages, *Iskender*, qui est l'histoire légendaire d'Alexandre d'après les traditions de la Perse. Ces trois livres sont les trois plus beaux joyaux de cette reine de l'imagination. On aurait voulu peut-être que la pensée magnifique de madame Judith Gautier, comme la Malabaraise de Baudelaire, ne vînt jamais dans nos climats humides et gris, qui ne sont point faits pour sa beauté rare. L'observation a été faite cent fois : cette danseuse, qui tout à l'heure, sur la scène, donnait à ses mouvements une grâce légère, un rythme, une volupté d'art qui était la poésie même et le rêve, voyez-la maintenant dans la rue : elle marche lourdement et son allure n'a rien qui la distingue de la foule obscure. Quand le poète du *Dragon impérial* et d'*Iskender* quitte le monde féerique de l'Orient qu'elle a rêvé, de son Orient où elle a mis son âme, quand elle entre dans les réalités de la vie moderne, elle perd dans nos brouillards sa grâce divine. Elle est encore un habile et rare conteur, mais adieu la poésie, adieu le charme ! *Lucienne* et *Isoline*, malgré tout leur mérite, sont bien loin de valoir la *Sœur du Soleil* et cette jolie *Marchande de sourires*, qu'on était si content d'admirer à l'Odéon.

II

On retrouve dans la *Conquête du Paradis* cette imagination héroïque et pure, ce je ne sais quoi de noble et de divinement enfantin qui fait le charme des romans de Judith Gautier.

Je parle comme d'un livre nouveau de la *Conquête du Paradis* que M. Armand Colin vient de publier dans sa Bibliothèque de romans historiques. Je n'ignore pas que le livre date de plusieurs années; mais il est tellement changé et accru dans cette dernière édition qu'on peut dire que c'est aujourd'hui seulement qu'il a sa forme parfaite.

C'est un roman historique, puisque l'action nous fait assister à la prise de Madras en 1746, aux démêlés de Dupleix et de la Bourdonnais, à la défense victorieuse de Pondichéry contre l'armée et la flotte anglaises et à l'acquisition que fit cet habile Dupleix pour la France de 900 kilomètres de côtes entre la Krishna et le cap Comorin. C'est un roman historique, puisque le héros en est ce Charles Joseph Patissier, marquis de Bussy-Castelnau, qui défendit Pondichéry avec autant de courage que d'intelligence, et c'est si bien un roman fait sur l'histoire, que l'auteur, après avoir raconté la prise admirable de Gengi, se donne la joie patriotique d'écrire en note, au risque de troubler l'harmonie de sa fiction : « Il est inutile de faire remarquer que le récit de ce fait d'armes extraordinaire, presque invraisemblable, n'est qu'un mot à mot historique, rigoureusement exact. »

Sans doute, c'est un roman historique. Au fond, madame Judith Gautier entend l'histoire à la manière d'Alexandre Dumas père, et je ne dis pas que, pour un romancier, ce soit une mauvaise manière. Elle aime les messages apportés mystérieusement au milieu des fêtes et qui changent soudain les nuits joyeuses en veillées d'armes. Elle aime les grands coups d'épée et les rendez-vous d'amour, quand ils sont très périlleux. Son Bussy est d'une bravoure charmante. On ne sait pas comment il n'est pas mille fois tué. Il échappe par miracle à des dangers dont la seule idée donne le frisson, et c'est ce qu'il faut dans un roman de cape et d'épée. Ce jeune Bussy est un cadet qui pour être de Soissons ne le cède en aventureux courage à aucun cadet de Gascogne, pas même à d'Artagnan.

Il aime Ourvaci, la reine de Bangalore, qui est une de ces figures de rêve que madame Judith Gautier excelle à peindre. Dans sa magnificence étrange et sa grâce exotique, dans sa fureur sauvage et dans sa tendresse héroïque, Ourvaci, la divine Ourvaci ne pouvait être conçue que par la fille de Théophile Gautier. Qu'elle passe à cheval comme une divinité chasseresse et guerrière, ou que, sur la terrasse de son palais, elle sorte d'un nuage de colombes familières et se montre enveloppée d'une gaze d'or, ou bien encore qu'au fond de sa chambre d'ivoire, couchée sur des coussins dans des voiles qui baignent comme une vapeur ses jeunes formes, elle offre à l'amant audacieux un baiser unique qu'il payera de sa vie, Ourvaci apparaît (c'est Judith Gautier elle-même qui parle), comme « l'incarnation de cet Hindoustan splendide et perfide, où les fleurs, au parfum trop fort, font perdre la raison et tuent quelquefois. »

L'amour n'a pas la même figure dans tous les pays. Pour M. de Bussy, qui est capitaine de volontaires, c'était sans doute l'enfant ailé, tout blanc dans les grands parcs français ; le petit archer chanté par Anacréon et par l'abbé de Chaulieu. La reine Ourvaci avait dans ses jardins une image du dieu de l'amour et cette image était beaucoup plus barbare et beaucoup plus hindoue que Bussy ne pouvait le concevoir. C'est pourquoi, sans doute, ils eurent tant de peine à s'entendre et faillirent vingt fois se tuer avant de s'aimer. C'est l'effet des préjugés. Il n'y a pas de chose qui, en tout temps et en tout pays, y soit aussi sujette que l'amour. Voici comment madame Judith Gautier nous décrit l'idole de l'amour telle qu'elle était dans les jardins de la reine de Bangalore :

L'asoka pourpre, qui semble couvert de corail en perles, faisait une ombelle au dieu de l'amour. Il apparaissait, en marbre, peint et doré, chevauchant un perroquet géant, et souriant sous sa mitre à jour, en tendant son arc, fait de bois de canne à sucre, avec une corde d'abeilles d'or. Les cinq flèches, dont-il blesse chaque sens, dépassaient le carquois, armées chacune d'une fleur différente : au trait qui vise les yeux, la tchampaka royale, si belle qu'elle éblouit ; à celui destiné à l'ouïe, la fleur du manguier, aimée des oiseaux chanteurs ; pour l'odorat le ketaka, dont le parfum enivre ; pour le toucher le késara, aux pétales soyeux comme la joue d'une jeune fille ; pour le goût, le bilva, qui porte un fruit suave autant qu'un baiser.

Près de l'Amour on voyait son compagnon, le Printemps, et devant lui, agenouillées, ses deux épouses, Rati, la Volupté, et Priti, l'Affection.

J'aurais voulu mettre plus d'ordre et de clarté dans ces simples notes sur un des talents les plus originaux de la littérature contemporaine. J'aurais voulu du moins vous montrer ce spectacle assez rare et digne d'être considéré d'une femme parfaitement belle, faite pour charmer, insoucieuse de sa beauté, fuyant le monde et n'ayant de goût qu'au travail et qu'à la solitude.

Ce je ne sais quoi de dédaigneux et de sauvage qu'on devine dans tout ce qu'elle écrit, madame Judith Gautier le porte au fond de son âme. Elle vit volontiers toute dans le cortège de ses rêves, et il est vrai qu'aucune cour ne pourrait lui faire une suite aussi magnifique. Elle a le sens de tous les arts. Elle est profondément musicienne. Personne ne connut mieux qu'elle l'oubli des heures dans le monde indéterminé des idées musicales. Elle a écrit sur Wagner un petit livre qui témoigne de sa longue familiarité avec ce grand génie. Elle a le goût et le sentiment de la peinture. Les murs de son salon sont couverts d'animaux bizarres peints par elle, dans la manière des kakémonos japonais, et qui trahissent à la fois son goût enfantin des images et son intelligence mystique de la nature.

Quant à son talent naturel de sculpteur, il étonnait ses amis, bien avant qu'elle signât avec M. H. Bouillon, le buste de Théophile Gautier, qui vient d'être inauguré à Tarbes. Je me rappelle avoir vu la maquette d'une pendule, dans laquelle madame Judith Gautier avait déployé, ce me semble, une habileté merveilleuse à grouper les figures. C'était une sphère terrestre, sur laquelle les douze heures du jour et les douze heures de la nuit, figurées par des femmes, se livraient à tous les travaux de la vie. Il y en avait qui buvaient et qui mangeaient, d'autres lisaient ou méditaient, s'appliquaient à quelque travail, d'autres dormaient, d'autres songeaient aux choses de l'amour. Chacune de ces petites figures était charmante d'attitude, et le groupement en était parfaitement harmonieux. Je ne sais ce qu'est devenue cette jolie maquette, ou plutôt je devine trop qu'elle n'existe plus. Quand je l'ai vue, déjà l'auteur la laissait dédaigneusement périr, et les petites Heures n'agitaient plus que des bras mutilés sur un globe sillonné de crevasses profondes. C'était la fin d'un univers, rejeté par son créateur. Je regrette, pour ma part, cette chose ingénieuse qui fut détruite à peine formée.

On a déjà signalé avec raison l'indifférence presque hostile de madame Judith Gautier, non seulement pour ses œuvres d'art, mais même pour ses plus belles œuvres littéraires. M. Edmond de Goncourt raconte qu'il trouva un jour dans la maisonnette de la rue de Longchamp la jeune Judith qui sculptait l'*Angélique* d'Ingres dans un navet. Le fragile chef-d'œuvre périt en peu de jours. Ce n'était qu'un amusement, le jeu d'une jeune fée; mais ceux qui connaissent le dédain de madame Judith Gautier pour la gloire sont tentés d'y voir un trait de caractère. L'auteur de ces magnifiques livres, écrits avec amour, n'a nul souci de la destinée de ses ouvrages. Comme elle a sculpté Angélique dans un navet, elle tracerait volontiers ses plus nobles pensées sur des feuilles de roses et dans des corolles de lis, que le vent emporterait loin des yeux des hommes. Elle écrit comme

Berthe filait, parce que c'est l'occupation qui lui est la plus naturelle. Mais quand le livre est fini, elle ne s'y intéresse plus et elle demeure parfaitement indifférente à tout ce que l'on en pense, à tout ce que l'on en dit. Jamais femme, je crois, ne laissa voir un si naturel mépris du succès et fut si peu femme de lettres. Et jamais poète n'eut plus que la fille de Théophile Gautier le droit de dire avec le berger de l'Anthologie : « J'ai chanté pour les Muses et pour moi. »

JEAN MORÉAS [1]

L'auteur des *Syrtes* et des *Cantilènes* publie aujourd'hui même, chez le « bibliopole » Léon Vanier, un nouveau recueil de vers, dont l'apparition sera hautement célébrée dans le pays latin, où M. Jean Moréas marche suivi, dit-on, de cinquante poètes, comme un jeune Homère conduisant ses jeunes homérides. On cite le café où chaque soir l'aède du symbolisme enseigne les rhapsodes de l'avenir.

M. Jean Moréas est né à Athènes, il y a trente-quatre ans à peine. Il a dit lui-même, dans un rythme rare qui lui est cher :

> Je naquis au bord d'une mer dont la couleur passe
> En douceur le saphir oriental. Des lys
> Y poussent dans le sable. . . . .

Il descend, si j'en crois ses biographes, du navarque Tombazis, que les marins de l'Archipel nomment encore

---

[1]. Le *Pèlerin passionné*, 1 vol. in-18.

dans leurs chansons, et de Papadiamontopoulos, qui mourut en héros dans Missolonghi. Mais, par son éducation intellectuelle, par son sentiment de l'art, il est tout Français.

Il est nourri de nos vieux romans de chevalerie et il semble ne vouloir connaître les dieux de la Grèce antique que sous les formes affinées qu'ils prirent sur les bords de la Seine et de la Loire, au temps où brillait la Pléiade. Il fut élevé à Marseille et, sans doute, il ranime, en les transformant, les premiers souvenirs de son enfance quand il nous peint, dans le poème initial du *Pèlerin passionné*, un port du Levant, tout à fait dans le goût des marines de Vernet et où l'on voit « de grands vieillards, qui travaillent aux felouques, le long des môles et des quais ». Mais Marseille, colonie grecque et port du Levant, ce n'était pas encore pour M. Jean Moréas la patrie adoptive, la terre d'élection. Son vrai pays d'esprit est plus au nord; il commence là où l'on voit des ardoises bleues sous un ciel d'un gris tendre et où s'élèvent ces joyaux de pierre sur lesquels la Renaissance a mis des figures symboliques et des devises subtiles.

M. Jean Moréas est une des sept étoiles de la nouvelle pléiade. Je le tiens pour le Ronsard du symbolisme.

Il en voulut être aussi le du Bellay et lança, en 1885, un manifeste qui rappelle quelque peu la *Deffense et illustration de la langue françoise*, de 1549. Il y montra plus de curiosité d'art et de goût de forme que d'esprit critique et de philosophie. L'esthète de l'école, c'est bien plutôt M. Charles Morice en qui je devine quelque profondeur, bien que je ne l'entende pas toujours. Car il est nuageux. Mais il faut souffrir quelque obscurité chez les symbolistes, ou ne jamais ouvrir leurs livres. Quant à M. Jean Moréas, tout difficile et (comme ils disent) abscons qu'il soit par endroits, il est poète assurément, poète en sa manière et très artiste à sa façon. Son nouveau livre surtout, son *Pèlerin passionné* vaut qu'on en parle, d'abord parce qu'on y trouve çà et là de l'aimable et même de l'exquis et aussi parce que c'est l'occasion pour le critique de s'expliquer sur quelques questions qui intéressent l'art de la poésie. M. Jean Moréas et son école ont rejeté les règles de la vieille prosodie. Ils se sont débarrassés de la fausse césure que les romantiques, dans le vers brisé, et les parnassiens gardaient encore. Ils repoussent l'alternance systématique des rimes féminines et des rimes masculines. Ce n'est pas tout : ils riment richement quand il leur plaît, et se contentent, quand il leur plaît, de la simple assonance. Ils se permettent l'hiatus ; ils élident parfois l'*e* muet devant une consonne et enfin ils font des vers de toutes mesures, de ces vers, comme l'a dit finement M. Félix-Fénéon, « encore suspects », dont les six pieds et demi inquiètent l'oreille, et de ces vers plus longs encore où la syntaxe se joue avec facilité. Qu'on m'excuse d'entrer ainsi dans la technique de l'art : il s'agit de poésie, et il n'est pas vain de rechercher si ces nouveautés sont heureuses et permises.

Il est certain qu'elles ont l'inconvénient de nous troubler dans nos habitudes. Mais c'est un inconvénient commun à tous les changements. Il faut savoir le souffrir à propos. Si l'on vit, il faut consentir à voir tout changer autour de soi. On ne dure qu'à ce prix, et si la mobilité des choses nous attriste parfois, elle nous amuse aussi. Le conservatisme à outrance est aussi ridicule en art qu'en politique, et je ne sais lequel est le plus vain, à cette heure, de réclamer le rétablissement du cens en matière électorale ou de la césure au milieu du vers alexandrin.

L'incessante métamorphose de tout ne surprend ni n'effraye. Elle est naturelle. Les formes d'art changent comme les formes de la vie. La prosodie de Boileau et des classiques est morte: Pourquoi la prosodie de Victor Hugo et des romantiques serait-elle éternelle? Je ne vois guère que les vieux lions de 1830, s'il en est encore, pour gémir de ce qui se passe aujourd'hui en poésie. Les révolutionnaires s'étonnent seuls qu'on fasse des révolutions après eux.

Oh! si notre prosodie était soumise à des lois naturelles il y faudrait bien obéir; à ces lois. Mais visiblement elle est fondée sur l'usage et non sur la nature. Pour peu qu'on examine les règles on en voit l'arbitraire. Nous sommes un peuple médiocrement musical et qui ne chante pas volontiers. Les commencements de notre vers sont d'une si rude barbarie qu'aucun poète n'oserait y regarder s'il avait le malheur de les connaître. La rime fut originairement un grossier artifice de mnémotechnie et le vers un aide-mémoire pour des gens qui ne savaient pas lire. Et si l'on avait quelque peine à croire qu'un moyen mnémotechnique se soit transformé avec le temps en un bel effet d'art, il suffirait de songer que, dans l'architecture des Grecs, une poutre posée sur des piliers de bois devint l'architrave et que chaque bout de la charpente du toit se changea en un triglyphe de marbre.

Quand on entre dans le détail de la versification on voit que toutes les prescriptions auxquelles obéissent les poètes sont arbitraires et récentes. Elles durent peu. Elles dureraient moins encore si le sentiment de l'imitation n'était très fort chez les hommes et surtout chez les artistes. En fait, une forme de vers ne dure pas beaucoup plus qu'une génération de poètes. Pour peu qu'on étudie les changements nouvellement introduits dans le vers français, on trouvera des raisons suffisantes, je crois, de se résigner et de dire : « C'était fatal. » La suppression de la césure n'est qu'un pas de plus dans une voie dès longtemps suivie. Le vers brisé de nos vieux romantiques est aujourd'hui tenu pour exemplaire et admis par tous les lettrés. Les réformes prosodiques de 1830 sont acceptées par tout barbacole capable de brocher au hasard des morceaux choisis pour les classes, par l'anthologiste le plus machinal, par le plus mécanique collecteur de poésies, par un Merlet. Or le vers brisé devait conduire au vers à césure mobile et multiple : c'était nécessaire. Et Malherbe nous enseigne qu'il ne faut pas chercher de remède aux maux irrémédiables.

J'aurai peu de chose à dire de l'alternance des rimes. C'est une obligation assez nouvelle, qui n'existait pas encore dans toute sa rigueur du temps de Ronsard. J'avoue que je suis choqué quand un poète y manque par mégarde; l'impression pénible que j'éprouve provient moins, peut-être, d'une délicatesse de l'oreille, que du sentiment d'une irrégularité qui me trouble dans mes habitudes. Tout au moins je sais bien que je n'éprouve plus de malaise quand la non-alternance est cherchée et voulue. L'effet, incontestablement, en peut être agréable. C'est le sentiment de M. Théodore de Banville, le plus habile des poètes à manier les rythmes.

M. Jean Moréas et ses amis prennent en outre avec la rime quelques libertés qu'on peut aussi défendre. J'ai jadis récité dévotement, en bon parnassien, les litanies de Sainte-Beuve à Notre Dame la Rime, rime, tranchant aviron, frein d'or, agrafe de Vénus, anneau de diamant, clé de l'arche. Je ne renie pas ma foi. Mais je puis, sans apostasie, reconnaître que la prosodie qui s'en va était bien livresque quand elle exigeait que la rime fût aussi exacte pour les yeux que pour l'oreille. Le poète, à ce coup, accorde trop au scribe. On voit trop qu'il est homme de cabinet, qu'il travaille sur du papier, qu'il est plus grammairien que chanteur. C'est le malheur de notre poésie d'être trop littéraire, trop écrite; il ne faut pas exagérer cela. Et si les symbolistes retranchent quelque chose sur la symétrie graphique de la rime, je ne leur en ferai pas un grief trop lourd. Autre question. Faut-il les blâmer de se permettre l'hiatus quand l'oreille le permet? Non pas : ils ne font là que ce que faisait le bon Ronsard. Il est pitoyable, quand on y songe, que les poètes français se soient interdit pendant deux cents ans de mettre dans leurs vers *tu as* ou *tu es*. Cela seul est une grande preuve de la régularité de ce peuple et de son obéissance aux lois.

Faut-il crier à la barbarie parce que M. Jean Moréas a mis dans un vers :

Dieu ait pitié de mon âme!

Qui ne sent au contraire que certains hiatus plaisent à l'oreille? Ces chocs de cristal que font les voyelles dans les noms de *Néère* ou de *Leuconoé* et qui ne sont en somme que des hiatus charmants au dedans d'un mot, par quel sortilège deviendraient-ils inharmonieux en sonnant aux bords voisins de deux mots d'un vers? Mais il suffit d'avoir lu Ronsard pour savoir comment l'hiatus peut entrer dans la mélodie poétique. A tout prendre, les nouveautés des symbolistes sont plutôt des retours aux usages anciens. C'est ainsi qu'ils comptent dans un vers de cinq pieds, *nommée Mab* pour quatre syllabes, comme on faisait autrefois. On en verra plus loin l'exemple. Et cependant, ils se permettent parfois mais rarement, comme dans les chansons populaires, d'élider à leur fantaisie la muette devant une consonne. Ils disent : *nommé Mab* La licence est grande, mais sans cette licence ou la précédente il est impossible de mettre *prie-Dieu* dans un vers. J'ai, je crois, énuméré toutes les audaces du *Pèlerin passionné* et, à tout prendre, il n'en est pas une seule qui n'ait été appelée et souhaitée et d'avance bénie par Banville, notre père, qui a dit : « L'hiatus, la diphtongue faisant syllabe dans le vers, toutes les autres choses qui ont été interdites et surtout l'emploi facultatif des rimes masculines et féminines, fournissaient au poète de génie mille moyens d'effets délicats, toujours variés, inattendus, inépuisables. » Et Banville, laissant flotter les rênes, n'a-t-il pas dit encore : « J'aurais voulu que le poète, délivré de toutes les conventions empiriques, n'eût d'autre maître que son oreille délicate, subtilisée par les plus douces caresses de la musique. En un mot, j'aurais voulu substituer la science, l'inspiration, la vie toujours renouvelée et variée à une loi mécanique et immobile. »

Les rêves, les désirs du plus chantant de nos poètes, les symbolistes ont essayé de les réaliser. Ils ont assez et trop fait pour lui plaire. On dit que le maître s'étonne et s'effraye aujourd'hui des nouveautés qu'il appelait naguère. Cela est bien naturel. On ne serait point artiste si l'on n'aimait point par-dessus tout et d'un amour jaloux les formes dans lesquelles on a soi-même enfermé le beau. On en devine, on en pressent de nouvelles ; mais celles-ci, dès qu'elles se montrent, sont importunes et font dire : « J'ai assez vécu ! » Hélas ! le critique ne doit pas céder aux charmes des regrets ; il lui faut suivre l'art dans toutes ses évolutions et craindre de prendre pour incorrection et barbarie ce qui est recherche nouvelle et nouvelle délicatesse.

Pour ma part, la prosodie de M. Jean Moréas déconcerte un peu mon goût sans le trop blesser. Elle contente assez ma raison :

Et mon cœur en secret me dit qu'il y consent.

Quant à sa langue, à dire vrai, il faut l'apprendre. Elle est insolite et parfois insolente. Elle abonde en archaïsmes. Mais sur ce point encore, qui est le grand point, je ne voudrais pas être plus conservateur que de raison et me brouiller avec l'avenir. L'expérience montre que la langue change comme la prosodie. Elle s'use même plus vite, puisqu'elle sert davantage. Dans les temps d'activité intellectuelle, elle fait chaque année, et pour ainsi dire chaque jour, de grands gains et de grandes pertes.

Je ne sais si aujourd'hui nous pensons bien ; j'en doute un peu ; mais, certes, nous pensons beaucoup ou du moins nous pensons à beaucoup de choses et nous faisons un horrible gâchis de mots. M. Jean Moréas, qui est philologue et curieux de langage, n'invente pas un grand nombre de termes ; mais il en restaure beaucoup, en sorte que ses vers, pleins de vocables pris dans les vieux auteurs, ressemblent à la maison gallo-romaine de Garnier, où l'on voyait des fûts de colonnes antiques et des débris d'architraves. Il en résulte un ensemble amusant et bizarre. Paul Verlaine l'a appelé :

> Routier de l'époque insigne,
> Violant des vilanelles.

Et il est vrai qu'il est de l'époque insigne et qu'il semble toujours habillé d'un pourpoint de velours. Je lui ferai une querelle. Il est obscur. Et l'on sent bien qu'il n'est pas obscur naturellement. Tout de suite, au contraire il met la main sur le terme exact, sur l'image nette, sur la forme précise. Et pourtant, il est obscur. Il l'est parce qu'il veut l'être; et s'il le veut, c'est que son esthétique le veut. Au reste, tout est relatif; pour un symboliste, il est limpide.

Mais ne vous y trompez pas : avec tous les défauts et tous les travers de son école, il est artiste, il est poète; il a un tour à lui, un style, un goût, une façon de voir et de sentir. Çà et là, il est exquis, comme, par exemple, dans le petit poème que voici, et qui s'entend fort bien de lui-même. Il faut seulement vous rappeler que *coulomb* était, dans l'ancienne langue, le nom du pigeon, et qu'il est resté dans le parler vulgaire, bien que d'un usage assez rare. Voici :

> Que faudra-t-il à ce cœur qui s'obstine;
> Cœur sans souci, ah, qui le ferait battre?
> Il lui faudrait la reine Cléopâtre,
> Il lui faudrait Hélène et Mélusine,
> Et celle-là nommée Mab, et celle
> Que le soudan emporte en sa nacelle.
>
> Puisque Suzon s'en vient, allons
> Sous la feuillée où s'aiment les coulombs.
>
> Que faudra-t-il à ce cœur qui se joue;
> Ce belliqueux, ah, qui ferait qu'il plie?
>
> Il lui faudrait la princesse Aurélie,
> Il lui faudrait Ismène dont la joue
> Passe la neige et la couleur rosine
> Que le matin laisse sur la colline.
>
> Puisqu'Alison s'en vient, allons
> Sous la feuillée où s'aiment les coulombs.

Petit air de viole, mais convenez que cela, comme dit Verlaine, est gentiment violé. Pour le surplus, je vous renvoie au *Pèlerin passionné*. On y trouve des pièces plus originales pour le tour et pour l'image, dont, à vrai dire, je ne pourrai pas citer beaucoup de vers sans glose, commentaire et lexique.

Car, en définitive, M. Jean Moréas est plutôt un auteur difficile. Du moins il n'est point banal, cet Athénien mignard, épris d'archaïsme et de nouveautés, qui combine étrangement dans ses vers le savoir élégant de la Renaissance et le vague inquiétant de la poésie décadente. On dit qu'il va, par le pays latin, suivi de cinquante poètes, ses disciples. Je n'en suis pas surpris. Il a, pour les attacher à son école, l'érudition d'un vieil humaniste, un esprit subtil, le goût des belles et longues disputes et des combats d'esprit.

APOLOGIE POUR LE PLAGIAT

LE « FOU » ET L' « OBSTACLE »

Le Fou et *l'Obstacle*. On dirait le titre d'une fable. Mais il s'agit d'une accusation de plagiat. Nos contemporains se montrent fort délicats à cet endroit, et c'est une grande chance si, de nos jours, un écrivain célèbre n'est pas traité, à tout le moins une fois l'an, de voleur d'idées.

Cette mésaventure, qui ne fut épargnée ni à M. Émile Zola ni à M. Victorien Sardou, advint dernièrement à M. Alphonse Daudet. Un jeune poète, M. Maurice Montégut, s'est avisé que la situation capitale de l'*Obstacle* était tirée d'un sien drame, en vers, le *Fou*, qui fut imprimé en 1880, et il en écrivit aux journaux. Il est vrai qu'il se trouve dans le *Fou* comme dans l'*Obstacle* une mère qui sacrifie son honneur au bonheur de son enfant, qui, veuve d'un fou, révèle une faute imaginaire pour épargner à son fils la menace de l'hérédité morbide et pour écarter l'obstacle qui sépare ce fils de la jeune fille qu'il aime. Nul doute sur ce point. Mais la recherche du plagiat mène toujours plus loin qu'on ne croit et qu'on ne veut. Cette situation que M. Maurice Montégut croyait, de bonne foi, son bien propre, on l'a retrouvée dans une nouvelle de M. Armand de Pontmartin, dont j'ignore le titre; dans l'*Héritage fatal* de M. Jules Dornay; dans le *Dernier duc d'Hallali* de M. Xavier de Montépin et dans un roman de M. Georges Pradel. Il ne faut pas en être surpris; il serait étonnant, au contraire, qu'une situation quelconque ne se trouvât pas chez M. Pradel et chez M. de Montépin.

La vérité est que les situations sont à tout le monde. La prétention de ceux qui veulent se réserver certaines provinces du sentiment me rappelle une histoire qui m'a été contée récemment : Vous connaissez un paysagiste qui, dans sa vieillesse robuste, ressemble aux chênes qu'il peint. Il se nomme Harpignies, et c'est le Michel-Ange des arbres. Un jour, il rencontra, dans quelque village de Sologne, un jeune peintre amateur qui lui dit d'un ton à la fois timide et pressant :

— Vous savez, maître; je me suis réservé cette contrée.

Le bon Harpignies ne répondit rien et sourit du sourire d'Hercule.

M. Maurice Montégut n'est point comparable assurément à ce jeune peintre. Mais il devrait bien se dire qu'une situation appartient non pas à qui l'a trouvée le premier, mais bien à qui l'a fixée fortement dans la mémoire des hommes.

Nos littérateurs contemporains se sont mis dans la tête qu'une idée peut appartenir en propre à quelqu'un. On n'imaginait rien de tel autrefois, et le plagiat n'était pas jadis ce qu'il est aujourd'hui. Au XVIIe siècle, on en dissertait dans les chaires de philosophie, de dialectique et d'éloquence. Maître Jacobus Thomasius, professeur en l'école Saint-Nicolas de Leipzig, composa, vers 1684, un traité *De plagio litterario* « où l'on voit, dit Furetière, la licence de s'emparer du bien d'autrui en fait d'ouvrages d'esprit. » A la vérité je n'ai pas lu le traité de maître Jacobus Thomasius; je ne l'ai vu de ma vie et ne le verrai, je pense, jamais ; si j'en parle, c'est affectation pure et seulement parce qu'il est cité dans un vieil in-folio, dont les tranches d'un rouge bruni et le vieux cuir largement écorné m'inspirent beaucoup de vénération. Il est ouvert sur ma table, à la lumière de la lampe, et son aspect de grimoire me donne, par cette nuit tranquille, l'impression que, dans mon fauteuil, sous l'amas de mes livres et de mes papiers, je suis une espèce de docteur Faust et que, si je feuilletais ces pages jaunies, j'y trouverais peut-être le signe magique par lequel les alchimistes faisaient paraître dans leur laboratoire l'antique Hélène comme un rayon de lumière blanche. Une rêverie m'emporte. Je tourne lentement les feuillets qu'ont tournés avant moi des mains aujourd'hui tombées en poussière, et si je n'y découvre pas le pentacle mystérieux, du moins j'y rencontre une branche séchée de romarin, qui a été mise là par un amoureux mort depuis longtemps. Je déplie avec précaution une mince bande de papier enroulée à la tige et je lis ces mots tracés d'une encre pâlie : *J'aime bien Marie, le 26ᵐᵉ de juin de l'an 1695.* Et cela me retient dans l'idée qu'il y a dans les sentiments des hommes un vieux fonds sur lequel les poëtes mettent des broderies délicates et légères, et qu'il ne faut pas crier au voleur dès qu'on entend dire *j'aime bien Marie*, après qu'on l'a dit soi-même. Nous disions que le plagiat n'était pas considéré jadis tout à fait comme il l'est aujourd'hui. Et je crois que les vieilles idées, à cet égard, valaient mieux que les nouvelles, étant plus désintéressées, plus hautes et plus conformes aux intérêts de la république des lettres.

En droit romain (je trouve cela encore dans mon in-folio relié en veau granit avec ces tranches d'un rouge adouci qui m'enchante), en droit romain, au sens propre du mot, le plagiaire, c'était l'homme oblique qui détournait les enfants d'autrui, qui débauchait et volait les esclaves. Au figuré, c'était un larron de pensées. Nos pères tenaient, en ce second sens, le plagiat pour abominable. Aussi y regardaient-ils à deux fois avant de l'imputer à un homme de bien. Pierre Bayle donne dans son *Dictionnaire* une définition qui n'est pas sans fantaisie mais qui ne s'en fait que mieux comprendre : « Plagier, dit-il, c'est enlever les meubles de la maison et les balayures, prendre le grain, la paille, la balle et la poussière en même temps. » Vous entendez bien, pour

Pierre Bayle comme pour les lettrés de son âge, le plagiaire est l'homme qui pille sans goût et sans discernement les demeures idéales. Un tel grimaud est indigne d'écrire et de vivre. Mais quant à l'écrivain qui ne prend chez les autres que ce qui lui est convenable et profitable, et qui sait choisir, c'est un honnête homme.

Ajoutons que c'est là aussi une question de mesure. Un bel esprit, La Mothe Le Vayer a dit environ le même temps : « L'on peut dérober à la façon des abeilles sans faire tort à personne ; mais le vol de la fourmi, qui enlève le grain entier ne doit jamais être imité. » La Mothe Le Vayer avait un illustre ami qui pensait comme lui et faisait comme l'abeille. C'est Molière. Ce grand homme a pris à tout le monde. Aux modernes comme aux anciens, aux Latins, aux Espagnols, aux Italiens et même aux Français. Il fourragea tout à son aise dans Cyrano, dans Bois-Robert, chez le pauvre Scarron et chez Arlequin. On ne lui en fit jamais un reproche, et l'on eut raison. Que nos auteurs à la mode pillent çà et là. Je le veux bien. Ils auront toujours moins pillé que La Fontaine et que Molière. Je doute fort que la sévérité de leurs accusateurs soit fondée sur une connaissance exacte de l'art d'écrire. Cette rigueur s'explique par des raisons d'un autre ordre, et dont la première est une raison d'argent.

Il faut considérer, en effet, que ce qu'on appelle en littérature une idée est maintenant une valeur vénale. Il n'en était pas de même autrefois. On s'intéresse désormais à la propriété d'une situation dramatique, d'une combinaison romanesque, qui peut rapporter trente mille francs, cent mille francs et plus, à l'auteur, même médiocre, qui la met en œuvre.

Par malheur, le nombre de ces situations et de ces combinaisons est plus limité qu'on ne pense. Les rencontres sont fréquentes, inévitables. Peut-il en être autrement quand on spécule sur les passions humaines? Elles sont peu nombreuses. C'est la faim et l'amour qui mènent le monde et, quoi qu'on fasse, il n'y a encore que deux sexes. Plus l'art est grand, sincère, haut et vrai, plus les combinaisons qu'il admet deviennent simples et, par elles-mêmes, banales, indifférentes. Elles n'ont de prix que celui que le génie leur donne. Prendre à un poète ses sujets, c'est seulement tirer à soi une matière vile et commune à tous. Je suis également persuadé de la sincérité de M. Montégut qui se croit volé et de la surprise de M. Daudet, qui ne sait de quoi on l'accuse. M. Montégut se plaint. Le plaignant doit être écouté. Il trouvera des juges. Pour ma part, je me récuse, n'ayant point les pièces sous les yeux. Mais, si j'eusse été que lui, je n'aurais pas soufflé mot. Il accuse M. Daudet; M. de Pontmartin, me dit-on, s'il était encore vivant, pourrait l'accuser à son tour, et il serait bien extraordinaire qu'on ne dénichât pas quelques douzaines de vieux conteurs obscurs pour montrer que M. de Pontmartin était lui-même un plagiaire. Je ne demande pas quarante-huit heures pour découvrir la situation de la mère généreuse qui s'accuse faussement dans vingt auteurs, depuis les plus vieux contes hindous jusqu'à Madame Cottin, où elle est — j'en suis sûr. En attendant, notre brillant confrère, M. Aurélien Scholl vient de la retrouver tout entière dans l'*Héritage fatal*, drame en trois actes de Boulé et Eugène Fillion, représenté pour la première fois sur le théâtre de l'Ambigu le 28 décembre 1839.

Il y a quelques années M. Jean Richepin fut accusé d'avoir volé une ballade au poète allemand Rückert. Mais M. Richepin prouva sans peine qu'il ne devait rien à Rückert, qu'il avait seulement puisé au même fonds que le poète et fouillé dans un vieux recueil de contes orientaux dont les inventeurs sont aussi inconnus que ceux de *Peau d'âne* et du *Chat botté*.

Je vous conterai à ce sujet l'aventure véritable de M. Pierre Lebrun, de l'Académie française. M. Lebrun avait, en ses beaux jours, vers 1820, tiré convenablement de la *Marie Stuart* de Schiller une tragédie exacte. C'était un honnête académicien et un très galant homme. Il aimait les arts. Un soir de sa quatre-vingtième année, il lui prit envie d'entendre madame Ristori, qui, de passage à Paris, donnait des représentations dans la salle Ventadour. La grande artiste jouait ce soir-là le rôle de Marie Stuart dans une traduction italienne du drame allemand. Tout en écoutant les vers, M. Lebrun, au fond de la loge, passait sa main sur son front et, après chaque scène, il murmurait entre ses dernières dents :

— Je connais cela ! Je connais cela !

Il y avait soixante ans qu'il avait fait sa tragédie, et il ne se la rappelait plus guère; mais il se rappelait bien moins encore le drame de Schiller. Et dans l'intervalle des actes, il se disait :

— Voilà qui est bien; mais où donc ai-je vu cela?

Enfin, au spectacle de Marie Stuart faisant ses adieux à ses femmes, la mémoire lui revint, et il souffla dans l'oreille de son voisin :

— Pardieu! ces gens-là m'ont volé ma tragédie!

Puis il ajouta que c'était une bagatelle et qu'il n'en fallait point parler, car il était homme du monde et ne craignait rien tant que de faire un éclat.

Que l'exemple de M. Pierre Lebrun nous profite, à nous tous qui avons le malheur de barbouiller du papier avec les images de nos rêves! Quand nous voyons qu'on nous vole nos idées, recherchons avant de crier si elles étaient bien à nous. Je ne dis cela pour personne en perticulier, mais je n'aime point le bruit inutile.

Un esprit soucieux uniquement des lettres ne s'intéresse pas à de telles contestations. Il sait qu'aucun homme ne peut se flatter raisonnablement de penser quelque chose qu'un autre homme n'ait pas déjà pensé avant lui. Il sait que les idées sont à tout le monde et qu'on ne peut dire : « Celle-ci est mienne, » comme les pauvres enfants dont parle Pascal disaient : « Ce chien est à moi. » Il sait enfin qu'une idée ne vaut que par la forme et que donner une forme nouvelle à une vieille idée, c'est tout l'art, et la seule création possible à l'humanité.

La littérature contemporaine n'est ni sans richesse ni sans agrément. Mais sa splendeur naturelle est altérée par deux péchés capitaux, l'avarice et l'orgueil. Avouons-le. Nous nous mourons d'orgueil. Nous sommes intelligents, adroits, curieux, inquiets, hardis. Nous savons encore écrire et, si nous raisonnons moins bien que nos anciens, nous sentons peut-être plus vivement. Mais l'orgueil nous tue. Nous voulons étonner et c'est tout ce que nous voulons. Une seule louange nous touche, celle qui constate notre originalité, comme si l'originalité était quelque chose de désirable en soi et comme s'il n'y avait pas de mauvaises comme de bonnes originalités. Nous nous attribuons follement des vertus créatrices que les plus beaux génies n'eurent jamais; car ce qu'ils ont ajouté d'eux-mêmes au trésor commun, bien qu'infiniment précieux, est peu de chose au prix de ce qu'ils ont reçu des hommes. L'individualisme développé au point où nous le voyons est un mal dangereux. On songe, malgré soi, à ces temps où l'art n'était pas personnel, où l'artiste sans nom n'avait que le souci de bien faire, où chacun travaillait à l'immense cathédrale, sans autre désir que d'élever harmonieusement vers le ciel la pensée unanime du siècle.

En ce temps-là, M. Montégut n'aurait point porté de plainte, dans la confrérie, si M. Alphonse Daudet, son maître compagnon, lui avait emprunté, pour achever une figure de pierre, quelque pli de draperie. Mais aussi, dans ce temps-là, que d'insipides chansons, que de plats fabliaux et comme notre art individuel est, avec tous ses défauts, plus pénétrant, plus subtil, plus divers, plus ingénieux et plus aimable ! Nos petites querelles d'auteurs sont agaçantes, mais, pour un esprit curieux, jamais temps ne fut plus intéressant que le nôtre, hormis peut-être l'époque d'Hadrien.

APOLOGIE POUR LE PLAGIAT

MOLIÈRE ET SCARRON

Nous disions, à propos du *Fou* et de l'*Obstacle*, que la recherche du plagiat conduit toujours plus loin qu'on ne croyait aller et qu'on découvre le plus souvent que le prétendu volé était lui-même un voleur. (J'entends voleur innocent et bien souvent voleur sans le savoir.) Un érudit tourangeau, M. P. d'Anglosse, nous en fournit à point un excellent exemple dans une notice que je viens de recevoir. C'est de Molière et de Scarron qu'il s'agit. Et, comme je trouve dans cette notice de quoi compléter et corriger ce que je disais tantôt, comme l'une des œuvres en cause est cette merveilleuse comédie du *Tartufe* dont on ne cesse de disputer passionnément depuis plus de deux siècles, comme enfin les moindres particularités des chefs-d'œuvre intéressent, nous remonterons, en suivant les indices qui nous sont fournis, jusqu'aux véritables sources où le grand comique puisa l'idée de la sixième scène de son troisième acte, cette scène si forte dans laquelle l'imposteur, pour détruire l'effet d'une juste accusation, s'accuse lui-même, loin de se défendre, et feint de ne voir dans la révélation de son infamie qu'une épreuve que Dieu lui envoie et dont il bénit l'humiliation salutaire. Les spectateurs de 1664 avaient bien quelque idée d'avoir déjà vu cela quelque part, chez Scarron, sans doute. A cette date de 1664, le pauvre Scarron avait fini de souffrir et de se moquer. Lui qui n'avait pu dormir de sa vie, il dormait depuis quatre ans dans une petite chapelle très propre de l'église Saint-Gervais. Ses livres faisaient, après sa mort, les délices des laquais, des chambrières et des gentilshommes de province. Ils étaient fort méprisés des honnêtes gens, mais il y avait bien à la ville et même à la cour un petit nombre de curieux qui avouaient avoir lu dans certain recueil de nouvelles tragi-comiques, que le cul-de-jatte avait donné de son vivant, une histoire espagnole des *Hypocrites*, où un Montufar agissait et parlait précisément comme Tartufe, notamment dans ce que Scarron appelle si bien « un acte d'humilité contrefaite ».

Et il n'était point jusqu'au nom qui n'eût une sorte de ressemblance, Tartufe sonnant un peu comme Montufar. Ce Montufar était un dangereux fripon. Associé à une vieille femme galante, il prenait la mine d'un dévot personnage et, sous le nom de frère Martin, faisait de nombreuses dupes à Séville. D'aventure, un gentilhomme de Madrid, qui le connaissait pour ce qu'il était, le rencontra un jour au sortir d'une église. Montufar et la coquine, qui ne le quittait point, étaient entourés d'une foule de personnes qui baisaient leurs vêtements et les suppliaient de ne les point oublier dans leurs prières. Le gentilhomme, ne pouvant souffrir que ces méchantes personnes abusassent de la crédulité de toute une ville, fendit la presse et, donnant un coup de poing à Montufar :

— Malheureux fourbes, lui cria-t-il, ne craignez-vous ni Dieu ni les hommes?

Je cite ce qui suit textuellement :

Il en voulut dire davantage, mais sa bonne intention à dire la vérité, un peu trop précipitée, n'eut point tout le succès qu'elle méritait. Tout le peuple se jeta sur lui, qu'ils croyaient avoir fait un sacrilège en outrageant ainsi leur saint. Il fut porté par terre, roué de coups, et y aurait perdu la vie, si Montufar, par une présence d'esprit admirable, n'eût pris sa protection, le couvrant de son corps, écartant les plus échauffés à le battre et s'exposant même à leurs coups.

« Mes frères, s'écriait-il de toute sa force, laissez-le en paix pour l'amour du Seigneur; apaisez-vous, pour l'amour de la sainte Vierge. »

Ce peu de paroles apaisa cette grande tempête, et le peuple fit place à frère Martin qui s'approcha du malheureux gentilhomme, bien aise en son âme de le voir si maltraité, mais faisant paraître sur son visage qu'il en avait un extrême déplaisir; il le releva de terre où on l'avait jeté, l'embrassa et le baisa, tout plein qu'il était de sang et de boue, et fit une rude réprimande au peuple.

« Je suis le méchant, disait-il à ceux qui le voulurent entendre; je suis le pécheur, je suis celui qui n'a jamais rien fait d'agréable aux yeux de Dieu. Pensez-vous, continuait-il, parce que vous me voyez vêtu en homme de bien que je n'aie pas été toute ma vie un larron, le scandale des autres et la perdition de moi-même? Vous vous êtes trompés, mes frères; faites-moi le but de vos injures et de vos pierres, et tirez sur moi vos épées. »

Après avoir dit ces paroles avec une fausse douceur, il s'alla jeter avec un zèle encore plus faux aux pieds de son ennemi, et, les lui baisant, non seulement il lui demanda pardon, mais aussi, il alla ramasser son épée, son manteau et son chapeau, qui s'étaient perdus dans la confusion. Il les rajusta sur lui, et, l'ayant ramené par la main jusqu'au bout de la rue, se sépara de lui après lui avoir donné plusieurs embrassements et autant de bénédictions. Le pauvre homme était comme enchanté et de ce qu'il avait vu et de ce qu'on lui avait fait, et si plein de confusion qu'on ne le vit pas paraître dans les rues, tant que ses affaires le retinrent à Séville. Montufar cependant y avait gagné les cœurs de tout le monde par cet acte d'humilité contrefaite. Le peuple le regardait avec admiration, et les enfants criaient après lui : *Au Saint! au Saint!* comme ils eussent crié : *au renard!* après son ennemi, s'ils l'eussent rencontré dans les rues.

Voilà bien, ce semble, l'original de la scène VI du troisième acte de *Tartufe* :

> Ah! laissez-le parler, vous l'accusez à tort,
> Et vous feriez bien mieux de croire son rapport.
> Pourquoi, sur un tel fait, m'être si favorable?
> Savez-vous, après tout, de quoi je suis capable?
> . . . .
> Oui, mon cher fils, parlez, traitez-moi de perfide,
> D'infâme, de perdu, de voleur, d'homicide;
> Accablez-moi de noms encore plus détestés;
> Je n'y contredis point, je les ai mérités.
> Et j'en veux à genoux souffrir l'ignominie
> Comme une honte due aux crimes de ma vie.

La ressemblance, étant manifeste, fut signalée dans le *Molière* de la *Collection des grands écrivains* qui, commencé par le regretté E. Despois, se continue et s'achève par les soins du plus consciencieux des éditeurs, M. Paul Mesnard. Cet habile homme, à qui rien n'échappe, ne pouvait négliger un rapprochement déjà signalé par divers critiques et, si je ne me trompe, par M. Charles Louandre, dans ses *Conteurs français*.

On pouvait se demander toutefois si Paul Scarron était bien l'auteur de la nouvelle des *Hypocrites* et s'il ne l'avait pas prise à un conteur d'au delà des monts, comme c'était assez son habitude. « Scarron, dit l'abbé de Longuerue, copiait beaucoup les auteurs espagnols, mais ils gagnaient beaucoup à passer par ses mains. » A l'origine, le volume qui contient les *Hypocrites* avait pour titre, à ce que l'on m'assure, *Nouvelles tragi-comiques, tirées des plus fameux auteurs espagnols*. Cette mention fut retranchée depuis, et j'ai sous les yeux une édition de 1717, chez Michel David, où l'on ne lit rien de semblable. Mais cela n'importe guère. Si l'indication concernant la publication originale est exacte (ce qu'il est très facile de vérifier), Scarron avouait lui-même ses emprunts, sous une forme vague qui ne nous contenterait pas aujourd'hui, mais qui étais très convenable pour un temps où l'auteur d'un livre inspirait moins de curiosité que le livre lui-même. Il se déclarait redevable de ces nouvelles à des conteurs espagnols qu'il ne nommait point et que le lecteur ne se souciait point de connaître par leurs noms. Il semble bien qu'on n'ait point pris garde à cet aveu, qui pourtant était bon à retenir.

Les *Hypocrites* passèrent pour une œuvre originale

de Scarron, jusqu'au jour où M. P. d'Anglosse, de Blois, montra que ce conte était tiré tout entier d'une nouvelle de Alonzo Geronimo de Salas Barbadillo, intitulée la *Fille de Célestine* (la *Hija de Celestina*), qui fût imprimée pour la première fois à Saragosse, chez la veuve de Lucas Sanchez, en 1612.

De la sorte, Molière prit à Scarron un bien qui n'appartenait pas à celui-ci. Cela est certain. Mais il reste à savoir si le grand comique fourragea chez Scarron ou chez Barbadillo lui-même. Les poètes français du XVIIe siècle tiraient quelque vanité des larcins qu'ils faisaient en Espagne, et il y avait plus d'honneur, sans doute, à mettre à contribution le seigneur Barbadillo que ce pauvre diable de Scarron. Corneille ne disait-il pas avec une préciosité superbe : « J'ai cru que, nonobstant la guerre des deux couronnes, il m'était permis de trafiquer en Espagne. Si cette sorte de commerce était un crime, il y a longtemps que je serais coupable. Ceux qui ne voudront pas me pardonner cette intelligence avec nos ennemis approuveront du moins que je pille chez eux. »

Molière, dans le cas que nous examinons, pilla-t-il en Espagne ou chez le cul-de-jatte de la rue des Deux-Portes? C'est ce qu'il n'est pas très facile de discerner tout d'abord. On peut croire qu'il lisait l'espagnol comme la plupart des écrivains français de son temps. Un de ses ennemis disait :

... Sa muse en campagne
Vole dans mille auteurs les sottises d'Espagne.

Et remarquez en passant qu'on lui reproche, dans ce vers, non de voler, mais de voler des sottises. C'est là le plagiat comme on l'entendait au xviie siècle : prendre le mauvais avec le bon, la balle avec le grain.

Quoi qu'on puisse penser de cette censure, à tout le moins impertinente, qui vise surtout les *Plaisirs de l'île enchantée*, imités d'une pastorale de Moreto, on voit que Molière passait, de son temps, pour un auteur très versé dans la littérature espagnole. Il est très possible qu'il ait connu la *Hija de Celestina*.

Et c'est une supposition dans laquelle on est confirmé quand on a lu l'opuscule de M. P. d'Anglosse. Il y a, en effet, dans la nouvelle de Barbadillo un trait que Scarron a rendu très inexactement par cette phrase :
« Il (Montufar) ne bougeait des prisons. »

L'original dit : « Il (Montufar) demandait l'aumône pour les pauvres prisonniers. » Ce qui correspond exactement à ces vers de *Tartufe* :

> Je vais aux prisonniers
> Des aumônes que j'ai partager les deniers.

On a noté aussi dans le texte espagnol un trait excellent qui n'est pas dans la copie française, et que Molière semble avoir connu. Après avoir rapporté l'épisode du gentilhomme madrilène qui pense être écharpé par la foule pour avoir démasqué le traître, Barbadillo ajoute :

« Ce gentilhomme resta confondu et si plein de dépit de cette aventure que, sans terminer les affaires qui l'avaient appelé à Séville, il repartit le soir même pour

Madrid, persuadé que le diable seul pouvait lui avoir joué ce tour et se repentant beaucoup de s'être fié aux apparences. Car, ne pouvant pas concevoir que de pareils sentiments d'humilité se fussent logés dans l'âme de Montufar, il demeura convaincu qu'il avait été la dupe de ses yeux, le sens de la vue étant, comme tous les autres, fort sujet à l'erreur. »

Il y a là une ironie forte, qui passait de beaucoup le génie du pauvre Scarron. On est tenté de voir dans ces dernières lignes l'original des deux vers dits avec un si plaisant sérieux par madame Pernelle :

> Mon Dieu, le plus souvent l'apparence déçoit ;
> Il ne faut pas toujours juger sur ce qu'on voit.
> (Acte V, sc. III.)

Par contre, Scarron, qui traduit très librement, a ajouté au caractère de l'hypocrite un trait qui manquait à l'original. Il dit que Montufar « baissait les yeux à la rencontre des femmes », et on pourrait dire, à la rigueur, que c'est au cul-de-jatte que Molière a pris le mouchoir dont Tartufe veut couvrir le sein de Dorine. Mais il n'en faudrait point jurer.

Il est vrai qu'on retrouve encore une nouvelle de Scarron dans les sources de l'*Avare* de Molière. C'est un conte picaresque intitulé le *Châtiment de l'avarice*. Je ne doute pas qu'un savant versé sur la littérature espagnole, M. Morel-Fatio, par exemple, n'en connaisse l'original. M. Paul Mesnard, qui a relevé dans son excellente édition les emprunts faits par Molière aux anciens et aux modernes ne nomme pas même le *Châtiment de l'avarice*. C'est dédain et non point ignorance, la nouvelle dont je parle étant assez connue. M. Charles Louandre l'a insérée, dans ses vieux conteurs français. Le texte que j'en ai sous les yeux date de 1678, c'est-à-dire de l'année même où parut l'*Avare*.

Que Molière ait connu cette nouvelle ou l'original dont elle est la traduction, cela est très probable. On y rencontre, ce qui ne se trouve point dans la *Marmite* de Plaute et ce qui est le sujet même de la pièce de Molière, le risible amour d'un thésauriseur barbon.

L'avare de Scarron se nomme don Marcos et passe à Madrid pour gentilhomme. Il a coutume de dire « qu'une femme ne peut être belle si elle aime à prendre, ni laide si elle donne ».

En dépit de ces maximes, il tombe dans le panneau que des coquins lui tendent. Un Gamara, « courtier de toutes marchandises », le vient voir et lui vante la beauté, la sagesse et les grands biens de dame Isidore, qui n'est en réalité qu'une vieille courtisane édentée, plus pauvre que Job. L'avare consent à la voir et s'éprend d'elle dans un festin qu'elle lui donne.

À l'issue du festin, don Marcos (je cite littéralement mon auteur) avoua à Gamara, qui l'accompagna chez lui, que la belle veuve lui donnait dans la vue et que de bon cœur il aurait donné un doigt de sa main pour être déjà marié avec elle, parce qu'il n'avait jamais trouvé de femme qui fût plus son fait que celle-là, quoiqu'à la vérité il prétendit qu'après le mariage elle ne vivrait pas avec tant d'ostentation et de luxe.

Elle vit plutôt en princesse qu'en femme d'un particulier, disait le prudent don Marcos au dissimulé Gamara, et elle ne considère pas que les meubles qu'elle a, mis en argent, et que cet argent joint à celui que j'ai nous peuvent faire une bonne rente que nous pourrons mettre en réserve, et, par l'industrie que Dieu m'a donnée, en faire un fonds considérable pour les enfants que Dieu nous donnera.

Don Marcos entretenait Gamara de ces discours ou de semblables, quand il se trouva devant sa porte. Gamara prit congé de lui après lui avoir donné parole que, dès le lendemain, il conclurait son mariage avec Isidore, à cause, lui dit-il, que les affaires de cette nature-là se rompaient autant par retardement que par la mort de l'une des parties.

Don Marcos embrassa son cher entremetteur, qui alla rendre compte à Isidore de l'état auquel il venait de laisser son amant. Et cependant notre amoureux écuyer tira de sa poche un bout de bougie, le piqua au bout de son épée, et, l'ayant allumé à une lampe qui brûlait devant le crucifix public d'une place voisine, non sans faire une manière d'oraison jaculatoire, pour la réussite de son mariage, il ouvrit avec un passe-partout la porte de la maison où il couchait et s'alla mettre dans son méchant lit plutôt pour songer à son amour que pour dormir.

Il se rend le lendemain chez sa future épouse et lui déclare comment il entend vivre :

— Je suis bien aise qu'on se couche de bonne heure dans ma maison et que la nuit elle soit bien fermée. Les maisons où il se trouve quelque chose ne peuvent être trop à couvert des larrons. Et pour moi, je ne me consolerai jamais si un fainéant de larron, sans autre peine que celle qu'il y a à prendre ce qu'on trouve, m'ôtait en un instant ce qu'un grand travail ne m'a donné qu'en beaucoup d'années.

L'avare de Scarron, c'est déjà l'avare de Molière, l'avare amoureux et riche. Ce coquin de Gamara, c'est exactement cette coquine de Frosine. Don Marcos épouse Isidore, qui peu après s'enfuit avec ses complices, emportant l'argent et les meubles du pauvre homme.

Lui aussi, il pleure sa cassette. Mais le reste n'a plus la moindre ressemblance avec la comédie de Molière. C'est une suite d'aventures burlesques ou tragiques, auxquelles manque l'agrément avec la vraisemblance.

Ces recherches, que j'ai résumées de mon mieux, tendaient à rendre au malheureux Scarron le bien que Molière lui avait pris. Mais on s'est aperçu que Scarron, lorsqu'il fut dépouillé, portoit le bagage des autres. Il y a grande chance que le *Châtiment de l'avarice* ne lui appartienne pas plus que les *Hypocrites*. Quant à Molière, tout ce qu'il prend lui appartient aussitôt, parce qu'il y met sa marque.

JULES TELLIER[1]

(1863-1889)

« C'était un grand garçon de vingt-deux ans, maigre et pâle, aux yeux caves et aux moustaches brunes. Il avait dans la physionomie quelque chose de hagard et dans l'allure quelque chose d'abandonné. »

Ainsi Jules Tellier se figurait ce Tristan Noël, étudiant de la Faculté de Rouen[2], à qui il a prêté ses propres doutes et ses propres tristesse. Tel il apparaissait lui-même à ses amis. « Face longue, yeux ardents et sombres, dit l'un ; front obstiné, dit l'autre, regard enfoncé et droit, sourire rare. » Tel je le vis un matin, l'air mélancolique, mais plein d'idées et très aimable. Il m'apportait son livre sur les poètes vivants, un mince petit livre écrit avec finesse, peut-être trop sèchement,

---

1. *Reliques de Jules-Tellier*, 1 vol.
2. On sait qu'il n'y a pas de facultés à Rouen. Tellier place un étudiant imaginaire dans une faculté imaginaire.

et conçu sans grand effort critique. Au reste, il me parut peu occupé de son ouvrage et de lui-même. Les habitudes négligées de sa personne et de son vêtement, son allure courbée, son regard vague, sa parole sourde et comme intérieure, tout en lui trahissait l'homme songeur et méditatif. C'est la poésie qui l'amenait. Je lui parlai tout de suite des poètes, je lui nommai tel ou tel de ceux dont le talent certain n'est connu que des délicats et dont le nom sert de mot de passe aux initiés. Il me répondit en récitant quelques-uns des vers dont sa mémoire était pleine. C'était un intime et violent amant de la poésie. Je n'ai connu que Frédéric Plessis qui goûtât à ce point le vers pour lui-même, pour sa mélodie mystérieuse, pour sa beauté secrète. Tellier convenait lui-même, de bonne grâce, qu'il poussait jusqu'à la superstition le culte de la poésie et des poètes.

« J'ai été, disait-il, l'enfant que fut Ovide, lisant les poètes de Rome et songeant à eux avec vénération et les imaginant pareils aux dieux :

Quotque aderant vates, tot rebar esse deos[1].

Et l'homme ne s'est pas dépouillé tout à fait des illusions de l'enfant. En vérité, quiconque a fait seulement tenir sur pied dix bons vers, celui-là, n'eût-il d'ailleurs, comme il arrive, ni de bon sens, ni d'idées, ni d'esprit,

---

1. Tellier avait mis *quotquot erant vantes*. J'ai rétabli le texte d'Ovide, mais le sens n'est plus tout à fait le même. Ovide ne dit pas que tout poète indistinctement lui semblait un dieu. Il fait allusion au trouble dont il était saisi dans ses premières rencontres avec un poète.

m'apparaît encore parfois comme un être privilégié, aux cheveux ceints d'une auréole et au front marqué d'un signe. »

Cette rencontre date de l'été de 1888. Jules Tellier était alors précepteur des enfants de M. le comte de Martel-Janville, à Neuilly-sur-Seine. Né au Havre, en 1863, il avait grandi dans sa ville natale. Il avait passé sa licence et enseigné la rhétorique en province. Il écrivait dans le *Parti national*. Comme tant d'autres, il quittait l'Université pour le journalisme et la littérature. Il se sentait maître de sa pensée et de sa forme; il était entouré d'admirations intimes et jeunes. Il avait cette joie de contempler sa vie démurée et la voie ouverte. Il pouvait se permettre, on le croyait du moins, les longs espoirs et les vastes pensées. Au retour d'une promenade en Algérie, il fut atteint à Toulouse par la fièvre typhoïde. Il y mourut, après douze jours de maladie, le 29 mai 1889, dans sa vingt-septième année.

Ses amis ont recueilli la prose et les vers qu'il a laissés en un petit volume intitulé *Reliques de Jules Tellier*. M. Paul Guigou a mis en tête de ce recueil une préface qui témoigne d'une exquise délicatesse de cœur et d'un sentiment très haut des choses de l'art. M. Raymond de la Tailhède a élevé, à la manière des lettrés de la Renaissance, un tombeau poétique à son ami.

> Et voilà que les yeux profonds se sont fermés !
> Mais ton âme, où vivaient les sages d'Hellénie,
> Garde toujours, dans une éternelle harmonie,
> Les poètes pareils à des dieux bien-aimés.

A ce recueil posthume ont aussi donné leurs soins MM. Le Goffic, de la Villehervé, Pouvillon, Paul Margueritte et M. Charles Maurras, qui écrivait au lendemain de la mort de Jules Tellier : « Un des premiers et des plus raffinés écrivains d'aujourd'hui a été retiré d'au milieu de nous. »

Les *Reliques* de Jules Tellier sont de sorte à nous donner de cuisants regrets.

Ce jeune homme, si tôt disparu, était assurément un philosophe et un poète, surtout un rare écrivain. Par une délicatesse extrême, avec la pudeur d'une amitié jalouse, qui craignait de livrer les reliques de l'absent aux indifférents et aux profanes, MM. Paul Guigou et Raymond de la Tailhède ont fait imprimer les œuvres posthumes de Jules Tellier pour les seuls souscripteurs, qui n'étaient pas bien nombreux, et ils ont décidé que le livre ne serait point mis en vente. De la sorte, ces pages restent inédite après l'impression. Je prendrai soin d'en citer tout à l'heure quelques lignes. Mais il faudrait tout lire, car l'intérêt de ce petit livre, c'est qu'une âme s'y révèle. Une âme d'abord inquiète et désolée, mais fière, et qui bientôt conquit le calme avec la résignation. Dans maint endroit, daté des mauvais jours, Tellier gémit d'une souffrance indicible. Il est en proie à cette tristesse noire, rançon des âmes exquises. Son mal, il est facile de le reconnaître tout de suite, c'est le mal des chimères, c'est le supplice des jeunes hommes qui ont lu trop de livres et fait trop de rêves.

Il est dangereux, en effet, pour les jeunes hommes

d'une imagination ardente, de souper trop souvent avec les philosophes et les courtisanes dans tous les temps et dans tous les pays, de vivre trop de vies, d'être tour à tour Sénèque et Néron; d'avoir possédé tous les trésors de Crésus, des satrapes et du juif Issachar, quand on est très pauvre, et, courbé sur une table de bois blanc, dans une chambre d'étudiant, de prolonger jusqu'à l'aube les orgies frénétiques des décadences. Au sortir de ces banquets du savoir et de la beauté, quand tombent les couronnes imaginaires, on s'aperçoit que la réalité est étroite et triste. On souffre plus que de raison de la médiocrité des hommes et de la monotonie des choses. On regarde la nature avec des yeux mornes et vides, comme au lendemain de l'ivresse. On ne voit plus la beauté du monde, parce qu'on a épuisé dans le rêve le trésor des illusions, qui est notre meilleure richesse. Et, comme ce Tristan Noël, qui ressemble tant à Jules Tellier lui-même, on veut mourir.

Mais, par bonheur, on ne meurt pas toujours, et cela passe. La vie elle-même, à la longue, se charge de vous guérir du mal des illusions. Et ce mal serait encore supportable, presque doux, du moins très cher, s'il ne s'y mêlait pas d'ordinaire, chez ces adolescents imaginatifs, les troubles des sens et les peines du cœur. Le rêve dispose à la molle tendresse et à la volupté, et vraiment c'est une chose cruelle, quand on a vu de si près l'ombre de Cléopâtre et l'ombre de Ninon, d'être rebuté par une jeune modiste qui n'a point de littérature.

Tellier nous apprend que pareille mésaventure advint à

l'écolier Juan de Pontevedra, que Carmen n'aimait point et qu'elle n'aimerait jamais « parce qu'il était farouche et gauche et qu'il ne savait que ses livres ». L'écolier Juan aurait dû s'en consoler. Il ne s'en consola point, parce que, s'étant promené sous les myrtes de Virgile, il lui en restait une langueur mortelle. M. Nicole soutenait que les poètes sont des empoisonneurs publics, et il avait raison jusqu'à un certain point. Mais ils n'empoisonnent que les poètes. Ils n'empoisonnèrent jamais M. Nicole.

Les poètes et les philosophes mêmement avaient beaucoup troublé la jeunesse de Jules Tellier. Après avoir désespéré de ce monde, il désespéra de l'autre. Il connut l'illusion des paradis après avoir connu l'illusion des paysages (car il était logicien), et il lui vint le désir et la peur de la mort.

Dans les pages qu'il a laissées on trouve les traces de sa lassitude et de son ennui et l'on s'aperçoit que, plus d'un jour, il trouva à la vie un goût plus amer que la cendre. Mais on se ferait une idée bien fausse de ce jeune homme en voyant en lui un désespéré qui veut à toutes forces mourir. Connaissons mieux l'ennui doré des poètes. Les poètes souffrent du mal des chimères. Tous en sont atteints, mais ils guérissent tous. Tellier, comme les autres, guérissait à l'air de Paris, au milieu de ses amis, dans le travail rapide et fécond.

Il n'était pas devenu sans doute un homme hilare, une convive facétieux, un jovial compagnon. Mais c'était un galant homme de lettres, un élégant rhéteur, prêt à goûter doucement les plaisirs de l'esprit et à converser avec grâce parmi les honnêtes gens. M. Maurice Barrès avec qui il était lié d'une étroite amitié nous le montre poli dans ses propos, facile, amène et sage.

« Il ressentait violemment, dit M. Barrès, les insuffisances de la vie, mais il les acceptait, et nul moins que lui ne fut un révolté. Nous rendions en commun un culte à Sénèque, qui fut peut-être le thème le plus fréquent de nos entretiens. La constitution délicate, l'inquiétude et l'indulgence de ce grand calomnié nous enchantaient. Bien supérieur à ces stoïciens dont il affectait de se réclamer, Sénèque accepte la vie de son siècle sans rien en bouder ; simplement toutes ses relations avec les choses et avec les hommes étaient commandées par le sentiment intense qu'il faudra mourir et que nous vivons au milieu de choses qui doivent périr. Mieux qu'aucun, Sénèque enseigne la résignation. Mais chez lui jamais elle ne prend de lasses attitudes. Son ascétisme très réel n'est pas de se priver, mais de mésestimer ce dont il use. Il fut le maître de Jules Tellier. »

Voilà donc Jules Tellier devenu, dans le particulier, un doux stoïcien, sachant pardonner à l'homme et à la nature, ce qui est la science la plus nécessaire, et montrant à tous un visage pacifique et bienveillant.

C'est exactement ce visage qu'il laissait voir au public quand il travaillait pour les journaux. Tellier s'annonçait comme un excellent critique. Il avait à un très haut point l'esprit de finesse et une pénétration singulière. M. Jules Lemaître, qu'il avait connu de bonne heure, avait eu sur lui l'aimable autorité d'un jeune ancien. Et peut-être Tellier devait-il, pour une certaine part, au maître qui fut son camarade, cette manière souple et facile qu'il eut dès le début, et qui n'est point ordinaire à la jeunesse. Il s'essaya dans une petite revue obscure, les *Chroniques*, que ses deux amis, Maurice Barrès et Charles Le Goffic, avaient fondée un peu à son intention. Il y donna les *Notes de Tristan Noël* et les *Deux paradis d'Abd-er Rhaman*, mais c'est dans le *Parti national*, où il écrivit de 1887 à 1889, qu'il se répandit aisément en fantaisies, en chroniques, en variétés littéraires, en notes de voyage. Il y a des écrivains qui croient que leur supériorité seule les empêche d'écrire dans les journaux. Peut-être découvriraient-ils quelques autres causes à cet empêchement, s'ils s'appliquaient à les rechercher. Il faut, pour parler au public dans l'intimité fréquente du journal, s'intéresser d'un esprit agile et bienveillant à beaucoup de choses. Il faut avoir l'esprit largement ouvert sur la vie et sur les idées. Il faut enfin avoir ce don de sympathie qui est rare et que Tellier possédait si pleinement.

Dans le journal, il était très à l'aise et tout à fait aimable, un peu bizarre parfois, et têtu, mais sincère, mais bon, point banal, point dédaigneux et corrigeant à propos la tristesse par l'ironie.

Il est impossible de mesurer sur ce qu'il laisse la

grandeur de son esprit, mais on peut dire que lorsqu'il mourut un bel instrument de pensée et de rêve fut brisé.

Il laisse des vers, dont quelques-uns seront placés dans les anthologies, à côté de ceux de Frédéric Plessis, qu'il admirait. Et Jules Tellier sera accueilli parmi les petits poètes qui ont des qualités que les grands n'ont point. Si les *minores* de l'antiquité étaient perdus, la couronne de la muse hellénique serait dépouillée de ses fleurs les plus fines. Les grands poètes sont pour tout le monde ; les petits poètes jouissent d'un sort bien enviable encore : ils sont destinés au plaisir des délicats. Il ne ne convient pas d'être tranchant en matière de goût. Mais il me semble que la *Prière* de Jules Tellier [1] à la

---

1. Voici la pièce entière.

PRIÈRE

Fantôme qui nous dois dans la tombe enfermer,
Mort dont le nom répugne et dont l'image effraie,
Mais qu'à force de crainte on finit par aimer,
Puisque la vie est vaine et que toi seule es vraie ;

O Mort, qui fais qu'on vit sans but et qu'on est las,
Et qu'on rejette au loin la coupe non goûtée,
Mort qu'on maudit d'abord et dont on ne veut pas,
Mais qu'on appelle enfin quand on t'a méditée ;

O la peur et l'espoir des âmes, bonne Mort
Dont le souci nous trouble un temps, et puis nous aide,
Mystérieux écueil où se blottit un port,
Et poison merveilleux où se cache un remède ;

O très bonne aux vaincus et très bonne aux vainqueurs
Qui sur leurs fronts à tous baises leurs cicatrices,

mort est un poème que nos anthologistes pourraient dès aujourd'hui recueillir. Ils seraient bien avisés;

O des douleurs des corps ou de celles des cœurs
La sûre guérisseuse et la consolatrice!

Puisque tant de ferveur pour toi s'élève en lui,
Qu'il veut te préférer à tout, même à l'Aimée,
Sois clémente à l'enfant qui t'invoque aujourd'hui,
Bien qu'il t'ait méconnue et qu'il t'ait blasphémée.

Ma haine s'est changée en un amour profond :
Voici croître en mon cœur guéri de ses chimères
L'ennui des voluptés dont on touche le fond
Et le morne dédain des choses éphémères.

Vivre dans l'instant n'est que trembler et souffrir.
Songe à l'horrible attente et fais-toi moins tardive!
Il suffit que tu sois pour qu'on veuille mourir :
Le temps laissé par toi ne vaut pas qu'on le vive.

Donne-moi le Repos et l'Oubli, les seuls biens!
Endors-moi dans la paix de ta couche glacée!
Mais avant le moment où tu clôras les miens,
Ferme les yeux par qui mon âme fut blessée!

Périsse avant moi l'Etre éphémère et charmant,
Apparence flottant parmi les apparences,
Dont la grâce a troublé mon cœur profondément,
Et par qui j'ai connu de si dures souffrances!

Car, dût-elle aussitôt disparaître à son tour
De ce monde où tout n'est que mirage et que leurre,
Quand même pour la vie elle n'aurait qu'un jour,
Et quand pour le plaisir elle n'aurait qu'une heure,

Cette heure-là, rien que cette heure, en vérité,
Quand j'y songe un instant, m'est à ce point cruelle,
Que je n'en conçois plus même la vanité,
Et qu'à mon cœur jaloux elle semble éternelle,

Janvier 1888.

à mon gré, de ne point oublier non plus le sonnet que voici :

LE BANQUET

Au banquet de Platon, après que tour à tour,
Coupe en main, loin des yeux du vulgaire profane,
Diotime, Agathon, Socrate, Aristophane,
Ont disserté sur la nature de l'amour,

Apparaît entouré comme un roi de sa cour,
De joueuses de flûtes en robe diaphane,
Ivre à demi, sous sa couronne qui se fane,
Alcibiade, jeune et beau comme le jour.

— Ma vie est un banquet fini, qui se prolonge,
Seul, parmi les causeurs assoupis, comme en songe,
J'ouvre et promène encor un regard étonné ;

Les fronts sur les coussins ont fait de lourdes chutes :
Verrai-je survenir, de roses couronné,
Alcibiade avec ses joueuses de flûtes ?

Cela est d'un tour facile et gracieux, avec un air de mélancolie riante qui me plaît beaucoup. Mais je n'hésite pas à mettre, d'accord avec M. Paul Guigou, la prose de Jules Tellier bien au-dessus de ses vers. En prose sa phrase est forte et souple. Elle a le nombre, et Tellier lui-même s'oublie à dire une fois qu'il la cadençait « suivant un rythme plus subtil que celui des vers ». On en jugera par le fragment que voici, intitulé *Nocturne :*

Nous quittâmes la Gaule sur un vaisseau qui partait de Massalia un soir d'automne, à la tombée de la nuit.

Et cette nuit-là et la suivante, je restai seul éveillé sur le pont, tantôt écoutant gémir le vent sur la mer et songeant à des regrets, et tantôt aussi contemplant les flots nocturnes et me perdant en d'autres rêves.

Car c'est la mer sacrée, la mer mystérieuse où il y a trente siècles le subtil et malheureux Ulysse agita ses longues erreurs; le subtil Ulysse qui, délivré des périls marins, devait encore, d'après Tirésias, parcourir des terres nombreuses, portant une rame sur l'épaule, jusqu'à ce qu'il rencontrât des hommes si ignorants de la navigation qu'ils prissent ce fardeau pour une aile de moulin à vent [1].

C'est la mer que sillonnaient jadis sur les galères et les trirèmes les vieux poètes et les vieux sages; et comme ils se tenaient debout à la poupe, au milieu des matelots attentifs, attentive elle-même, elle a écouté, en des nuits pareilles, les chansons d'Homère et les paroles de Solon.

Et c'est aussi la mer où, dans les premiers siècles de l'erreur chrétienne, alors que le règne de la sainte nature finissait et que commençait celui de l'ascétisme cruel, le patron d'une barque africaine entendit des voix dans l'ombre, et l'une d'entre elles l'appeler par son nom et lui dire : « Le grand Pan est mort ! Va-t'en parmi les hommes et annonce-leur que le grand Pan est mort ! »

Et par la mystérieuse nuit sans étoiles, sur le chaos noir de la mer et sous le noir chaos du ciel, il y avait quelque chose de triste et d'étrange à songer que peut-être l'endroit innomé, mouvant et obscur que traversait notre vaisseau avait vu passer tous ces fantômes et qu'il n'en avait rien gardé.

Et c'est parce que cette pensée me vint, et qu'elle me parut étrange et triste, et qu'elle troubla longtemps mon cœur de rhéteur ennuyé, qu'il m'est possible encore, entre tant d'heures oubliées, d'évoquer ces lointaines heures noires où je rêvais seul sur le pont du

---

[1]. Voir sur cette phrase l'article suivant intitulé *la Rame d'Ulysse*.

navire parti de Massalia, un soir d'automne, à la tombée de la nuit.

Puisque les *Reliques* de Jules Tellier ne se trouvent pas chez l'éditeur, nous avons dû donner cette page à la suite de notre article, *en preuve*, comme on dit dans les ouvrages d'érudition.

LA RAME D'ULYSSE

Nous avons cité (à la fin du précédent article) une belle page intitulée *Nocturne*, dans laquelle le regretté Jules Tellier retraçait les rêveries dont il s'était enveloppé naguère sur le pont d'un navire parti de Marseille et qui gagnait le large à la tombée de la nuit. Tandis qu'il glissait dans l'ombre sur cette petite mer qui semblait si grande aux anciens, le poète ressentait dans son imagination d'humaniste enthousiaste les étonnements de la jeune âme hellénique devant la mer « aux bruits sans nombre », et il se prit à songer à Ulysse. Pour nos esprits formés aux études classiques, la Méditerranée, c'est la coupe d'Homère. Nous entendrons toujours, sur ces perfides eaux bleues, chanter les Sirènes. Donc, Tellier invoquait la figure d'Ulysse, le marin. Il était trop intelligent pour ne pas sentir combien elle est singulière, mystérieuse, effrayante. L'*Iliade* et l'*Odyssée* ne nous ont pas tout dit de cet homme-là. Soyez certains que les pêcheurs de Dulichium, les pirates de Zacinthe les bonnes vieilles occupées à raccommoder les filets sur les rivages d'Epire, en savaient sur le compte d'Ulysse bien plus long qu'Homère. Il y avait bel âge que tout ce petit monde des îles et de la côte était familier avec les aventures du roi d'Ithaque, quand les rapsodes en firent des chansons épiques. L'Ulysse de la légende, l'Ulysse primitif était charmant et terrible comme la mer où il avait si longtemps erré. Ses aventures, rapportées dans des contes, des chansons, des devinettes, étaient innombrables et merveilleuses. Elles formaient un cycle énorme dont l'épopée n'a gardé que peu de chose. Entrevu dans l'ombre des traditions préhomériques, ce voyageur, qu'un bonnet en forme de cône protège contre le vent, la pluie, le soleil et l'embrun, apparaît d'une étonnante grandeur. On le devine tel que l'ont rêvé ces marins et ces pêcheurs habitués à entendre pleurer dans l'ombre le Vieillard des mers; on l'imagine ingénieux, impie, luttant de ruse et d'audace avec les dieux, partageant, dans des îles, le lit des femmes étrangères, ayant vu ce qu'on ne doit pas voir, horrible, poursuivi par une inexorable fatalité, condamné à errer sans fin sur cette mer dont il a violé la divinité mystérieuse, destiné à des voluptés indicibles et à ces rencontres qui font dresser les cheveux sur la tête, l'homme enfin le plus digne d'envie et de pitié, le vieux roi des pirates, le père des navigateurs. Tel est, ce semble, l'Ulysse primitif formé par l'imagination populaire.

La colère divine est sur ce contempteur des dieux, que les hommes aiment pour son audace et pour sa ruse merveilleuse. Comme l'Isaac Laquedem des chrétiens, c'est un réprouvé, c'est un maudit. Je ne crois pas me tromper en disant que, dans cette rêverie dont je parlais tout à l'heure, Jules Tellier avait du roi d'Ithaque une vision qui se rapproche beaucoup de celle que je tente de préciser. Aussi bien l'aventure, qu'il a soin de rappeler préférablement à toutes les autres, porte-t-elle les caractères d'une antiquité enfantine et profonde. On me permettra de remettre sous les yeux du lecteur, pour plus de clarté, l'endroit dont il est question.

Nous quittâmes (c'est Tellier qui parle) la Gaule sur un vaisseau qui partait de Massalia, un soir d'automne, à la tombée de la nuit.
Et cette nuit-là et la suivante je restai seul éveillé sur le pont, tantôt écoutant gémir le vent sur la mer et songeant à des regrets, et tantôt aussi contemplant les flots nocturnes et me perdant en d'autres rêves.
Car c'est la mer sacrée, la mer mystérieuse où, il y a trente siècles, le subtil et malheureux Ulysse agita ses longues erreurs; le subtil Ulysse qui, délivré des périls marins devait encore, d'après Tirésias, parcourir des terres nombreuses, portant une rame sur l'épaule, jusqu'à ce qu'il rencontrât des hommes si ignorants de la navigation qu'ils prissent ce fardeau pour une aile de moulin à vent.

Je n'apprendrai rien à personne en disant que Jules Tellier rappelle ici la prédiction que le devin Tirésias fit à Ulysse, chez les Cimmériens, toujours enveloppés de brumes et de nuées. On la trouve dans le XIe chant de l'*Odyssée*, et ce morceau, si l'on en peut juger par la pauvreté du sens moral et par la gaucherie enfantine du récit, semble un des plus anciens et partant un des plus vénérables de ce beau recueil de contes populaires qui nous est parvenu sous le nom du fleuve des poètes.

Ce XIe chant que dans l'antiquité on nommait la Nékuia, c'est-à-dire le sacrifice aux morts, nous fait assister à une scène de magie sauvage empruntée sans doute aux traditions d'une humanité toute primitive. Ulysse, échappé aux charmes de Circé et parvenu au bord de l'Océan sur un rivage couvert de ténèbres éternelles, évoque les ombres des morts selon des rites d'une simplicité barbare. Il creuse dans la terre, avec son épée, un trou sur lequel il fait des libations de lait, de vin et d'eau. Il y jette une poignée de farine blanche. Puis il égorge au bord de la fosse qu'il a creusée un bélier et une brebis noire.

Ainsi évoquées, les âmes des morts sortent en foule de la terre et se jettent avidemment sur le sang qui dégoutte des victimes égorgées. Toutes s'efforcent de boire de ce sang, car c'est seulement après y avoir trempé leurs lèvres qu'elles auront la force de parler et de répondre aux questions de l'évocateur. La mère du roi d'Ithaque, la vénérable Anticlée, s'élève dans cette nuée d'ombres. Ulysse la reconnaît et pleure. Mais il l'écarte avec son épée pour l'empêcher de boire. Car il veut entendre, avant toutes les autres âmes, celle de Tirésias, qui doit lui révéler l'avenir et lui enseigner des choses utiles à connaître. Cette brutalité ne contribue pas peu au sentiment de rudesse répandu sur toute cette scène de nécromancie. Mais, en bonne critique, il ne faut pas en faire un trait significatif du caractère d'Ulysse. Nous sommes ici en présence d'un conte populaire entré probablement sans beaucoup de retouches dans l'épopée. Tous les héros des vieux contes montrent, dans des circonstances analogues, une semblable dureté. Ils sont tous extrêmement positifs et aussi éloignés que possible de tout ce que nous appelons les sentiments naturels et qui sont au contraire des sentiments cultivés. D'ailleurs, le récit est tout à fait incohérent. Et il semble, par ce qui suit, qu'Anticlée était restée muette et qu'Ulysse ne savait pas comment faire parler cette ombre vénérable.

Bientôt Tirésias paraît, un scepte d'or à la main. Il boit le sang noir qui le ranime et lui délie la langue. Il prédit à Ulysse l'arrivée prochaine du héros dans l'île de Thrinacrie, où paissent les bœufs du Soleil, le retour à Ithaque et le meurtre des prétendants. Puis, dévoilant un avenir plus lointain, il annonce des aventures étranges, dont l'*Odyssée* ne parle pas, et qui se rapportent à des traditions à jamais perdues. C'est cette partie de la prophétie que Jules Tellier rappelle dans le passage que nous avons cité plus haut. Voici à peu près comment s'exprime Tirésias :

Lorsque tu auras tué les prétendants en ta maison, tu devras partir de nouveau, portant une rame sur l'épaule, jusqu'à ce que tu rencontres des hommes qui ne connaissent point la mer, qui ne mangent point de mets salés et qui n'ont jamais vu les navires aux proues rouges ni les rames qui sont les ailes des navires. Et je te donnerai un signe manifeste, qui ne t'échappera pas. Quand tu verras venir à toi un autre voyageur qui croira que tu portes un fléau (ἀθηρηλοιγόν) sur l'épaule, alors, plante ta rame en terre, offre à Poseidon un bélier, un taureau et un verrat. Et il te sera donné de retourner dans ta maison.

Tirésias termine en révélant qu'Ulysse vivra un long âge d'homme et « que la douce mort lui viendra de la mer ». Paroles ambiguës par lesquelles le devin annonce que le fils qu'Ulysse eut de la terrible Circé viendra de la mer et tuera son père sans le connaître. Ce qui signifie peut-être que l'avenir est fait du passé, que nous tissons chaque jour notre destinée comme le filet qui nous enveloppera, que les conséquences de nos actes sont inéluctables et que les baisers des magiciennes réapparaissent comme des fantômes au lit de mort des vieux rois à la barbe de neige.

Dante, dont le noir génie assombrit encore l'Ulysse antique, ne connut point ce fils de la magicienne. Il suivit une tradition barbare d'après laquelle le fils de Laerte, très vieux, naviguait dans l'Océan, sous les étoiles du ciel austral, quand tout à coup la mer, s'étant entr'ouverte, engloutit le vaisseau de l'audacieux. L'âme d'Ulysse fut plongée dans l'enfer où elle souffre les tourments réservés aux chevaliers félons et aux hommes impies. Mais je m'éloigne beaucoup de mon sujet, qui est de considérer seulement l'étrange rencontre du voyageur qui n'a jamais vu la mer et qui ne sait ce que c'est qu'un navire. Ce terrien, destiné merveilleusement à marquer à l'aventureux voyageur la fin de ses erreurs, de ses travaux et de ses peines, prend ingénûment la rame qu'Ulysse porte sur ses épaules pour un instrument à battre le blé. A la seule vue de cet homme, le terrible goéland des rochers d'Ithaque, le vieux pirate, est purifié, lavé de ses crimes, pardonné, sauvé. Rencontre qui, dans sa fantaisie naïve, semble enseigner aux hommes qu'ils trouveront dans la vie pastorale la paix et l'innocence, tandis qu'on offense les dieux à courir la mer. C'est dans ce sens idyllique que Chateaubriand, qui a emmagasiné toute l'antiquité classique dans ses *Martyrs*, prend cette fable quand il fait dire à un de ses personnages : « Arcadiens, qu'est devenu le temps où les Atrides étaient obligés de vous prêter des vaisseaux pour aller à Troie et où vous preniez la rame d'Ulysse pour le van de la blonde Cérès? »

Donc le terrien croit voir un van ou un fléau. C'est par ce mot de *fléau* que nous avons traduit provisoirement le mot ἀθηρηλοιγός, lequel signifie, en effet, *van* ou *fléau*, ou plutôt quelque chose d'approchant. C'est un terme poétique et composé qui renferme proprement l'idée de détruire les barbes de l'épi.

Si Jules Tellier a substitué à l'ἀθηρηλοιγός dont parle Tirésias une aile de moulin à vent, c'est peut-être par mégarde et parce qu'il n'avait pas le texte de l'*Odyssée* sous les yeux. C'est peut-être aussi par envie d'imaginer un objet qui ressemblât à une rame. Un fléau se compose de deux bâtons de longueur inégale, liés l'un au bout l'un de l'autre avec des courroies. Cela n'a pas beaucoup la figure d'une rame ou d'un aviron. Si, comme Chateaubriand, nous mettons un van au lieu d'un aviron, c'est pis encore. Un van est une corbeille d'osier. Qui pourrait prendre une rame pour une corbeille?

Il y a une difficulté. J'avoue qu'elle est petite et que, pour ma part, je n'y songeais guère quand j'ai reçu une lettre de M. Paul Arène où cette difficulté semble résolue. Cette lettre est charmante et d'un rustique parfum. Je la veux placer dans mon vieil Homère in-folio, en regard des vers qu'elle commente avec une ingénuité gracieuse et un sens de la nature qu'on rencontre rarement et que, d'ailleurs, on ne cherche guère (il faut en convenir) chez les grammairiens de profession.

Puisque cette lettre est aimable et qu'on y parle d'Homère et de Mistral, je me permets de l'imprimer bien qu'elle soit familière et privée. Paul Arène, quand il l'écrivit, ne se doutait pas de l'usage que j'en ferais. Je sens que je suis indiscret. Surtout, ne lui dites pas que je l'ai citée. La voici tout entière et mot pour mot :

Paris, 11 février 1891.

Mon cher ami,

Je comptais vous rencontrer l'autre jour pour conférer sur une affaire d'importance.

Il n'y a pas de Tellier qui tienne, et Homère n'est pas un imbécile. Homère n'eût jamais imaginé qu'on pût prendre une rame pour une aile de moulin à vent — lesquels moulins à vent n'existaient pas d'ailleurs au temps d'Homère.

En Provence — et ceci prouve que vous devriez y venir

pour être tout à fait Grec — en Provence, après la moisson, nous jetons le blé au van avec des pelles qui, en effet, ressemblent pas mal à des rames.

Il est donc naturel que des populations montagnardes, ne connaissant ni la mer, ni les choses de la mer, aient pris pour nos pelles à vanner la rame qu'Ulysse portait sur le dos.

Il est doux d'illuminer Homère à travers les brouillards des commentateurs ingénus. — D'ailleurs, c'est à Mistral que revient l'honneur de la *contribution*. Nous trouvâmes la chose en riant, comme des paysans, un jour que nous récitions l'*Odyssée* sous les cyprès noirs de Mailanne.

Les dieux vous tiennent en joie !

Votre,

PAUL ARÈNE.

La glose, on en conviendra, est du moins élégante et fraîche. Je n'en savais qu'une seule qui eût cette rusticité vivante. C'est un paysage de George Sand que le regretté M. E. Benoist a mis en note, dans son Virgile, pour expliquer un endroit des *Églogues*.

Je dédie la lettre de Paul Arène aux commentateurs d'*Homère*. Il a raison, mon poète. Il n'y a pas de Tellier qui tienne, Homère est divin. Si, comme je le crois, l'*Iliade* et surtout l'*Odyssée* sont un assemblage de contes populaires, de mythes enfantins, et, pour parler le langages des traditionnistes, de *Mærchen*, si, pour le fond, ces deux poèmes relèvent du folk-lore, ils n'en sont pas moins les monuments les plus sacrés de la poésie de nos races. Les traditions orales du peuple y sont traitées avec une noblesse gracieuse, une sagesse souveraine et dans un grand style qui procèdent d'un puissant instinct du beau. Ces poèmes, où le merveilleux grossier des mythologies primitives s'humanise, s'harmonise et s'épure, attestent, comme l'a si bien dit M. Andrew Lang, « l'inconsciente délicatesse et le tact infaillible » du génie hellénique à sa naissance. Rien n'est plus beau au monde.

Vous en savez quelque chose, mon cher Paul Arène, puisque vous êtes poète et Provençal, et que la Provence, c'est la Grèce encore. Vous ne m'avez pas laissé le temps de vous le dire. Dans votre belle joie d'avoir retrouvé l'ἀθηρηλοιγός d'Homère au pied des Alpilles, vous me faites songer à Mistral qui, lorsqu'on lui vantait un jour l'ayoli provençal, répondit simplement :

— Les Grecs en faisaient manger aux soldats pour leur donner du courage.

Je vous promets bien, cher ami, d'aller visiter un jour avec vous vos campagnes élyséennes, vos champs d'asphodèles, vos bois de pins, de chercher le Cythéron dans les rochers de la Crau et de contempler

> Arles, la belle Grecque aux yeux de Sarrasine.

En attendant, je pense comme vous que les âges homériques n'ont pas connu les moulins à vents.

M. Encausse, chef de clinique à la Charité, et qui se nomme Papus chez les mages, a écrit un livre pour établir que toutes les inventions modernes, même le télégraphe, le téléphone et le phonographe, étaient connues des anciens. Je crois toutefois avec vous, mon cher Arène, que Tellier a eu tort de mettre des ailes de moulin à vent dans l'imagination d'un voyageur exposé à rencontrer sur son chemin Ulysse coiffé de son bonnet de matelot et portant une rame sur l'épaule. Et quelle rencontre! songez y! Se trouver face à face avec l'homme qui avait vu les Cicones, les Lotophages, les Cyclopes, et les Lestrygons, que les magiciennes avaient reçu dans leur lit et qui avait évoqué les morts! Vous avez raison, mon poète : Il n'y a pas de Tellier qui tienne. Ce sont les Arabes qui ont inventé les moulins à vent. Du moins les dictionnaires le disent. Ils disent aussi que les moulins ne furent connus en Europe qu'après les Croisades. J'ajouterai même, par pédantisme pur, qu'un de vos compatriotes, M. Fraissinet, auteur d'un petit livre publié en 1825 sous le titre de *Panorama*, affirme que le premier moulin à vent fut construit en France dans l'année 1251. Il se peut que cette affirmation ne soit pas aussi exacte qu'elle est précise. Mais cela ne touche en rien à notre grand affaire. Le point important, c'est que l'ἀθηρηλοιγός homérique est maintenant expliqué, à supposer qu'il ne l'était point déjà par quelque commentateur, car j'avoue que je n'y suis pas allé voir. Ce n'est précisément ni un fléau, ni un van, c'est une pelle à vanner qui ressemble à une rame. Les moissonneurs des campagnes de la Grèce et des Iles s'en servaient il y a quarante siècles et la voilà retrouvée aux mains des paysans de cette Grèce française qui est la Provence. Frédéric Mistral et Paul Arène l'ont reconnue, et ils ont récité des vers de l'*Odyssée* sous les cyprès de Maillanne. Quelle aimable scolie à mettre en marge du XIe chant de l'Odyssée!

Imprimée dans le journal le *Temps*, cette causerie sur la rame d'Ulysse, qui n'avait de mérite assurément que celui d'encadrer le billet exquis de M. Paul Arène, a amusé beaucoup plus de lecteurs que je n'aurais cru. Il y a encore en France des esprit amoureux des lettres antiques. L'ἀθηρηλοιγός m'a valu quelques lettres intéressantes. Je crois devoir le donner ici.

Monsieur;

Permettez à un de vos lecteurs très assidus, qui fait du grec par métier, de réclamer pour ses anciens maitres au sujet de la signification à donner au mot ἀθηρηλοιγός dans le chant XI de l'*Odyssée*, vers 128. Ce ne peut être qu'une mauvaise traduction française qui a fourni le sens de *fléau* ou de *van* à vos amis et à vous-même ; et depuis fort longtemps, dans les éditions savantes des poèmes homériques, on a déterminé la véritable signification de ce terme, telle que la propose M. Paul Arène dans la jolie lettre qu'il vous écrit. Voici ce que vous trouverez, par exemple, dans l'édition classique de la maison Hachette, par Alexis Pierron. *Odyssée*, tome I, p. 467, note 128. « Ἀθηρηλοιγόν, *une pelle à vanner le grain.* Le voyageur, qui n'a jamais vu de rame, prend pour un πτύον la rame qu'Ulysse porte sur son épaule. La question prouve à Ulysse une complète ignorance des choses de la mer. — Le mot ἀθηρηλοιγός signifie destruction des barbes de l'épi, et non destruction de la paille. Ce n'est donc pas du *fléau* qu'il s'agit. Homère ne connaît pas le fléau. D'ailleurs un fléau ne ressemble pas à une rame. Il s'agit donc de la pelle avec laquelle on jetait en l'air le grain dépiqué, mais encore mêlé de balle... etc. ».

Cette édition de M. Pierron date de 1875. Du reste, Pierron ne pouvait même pas s'attribuer l'honneur de cette explication, car elle date de l'antiquité elle-même. Dans les scolies homériques on trouve sous le nom d'Hérodien (voir Pierron, même note) Ἀθηρηλοιγόν ὀξυτόνως. Δηλοῖ δὲ τὸ πτύον. Maintenant ouvrez un dictionnaire grec-français, comme celui d'Alexandre que j'ai entre les mains, et vous trouverez : Πτύον, *pelle à vanner*. Vous voyez que la scolie que vous demandiez à mettre en marge existe déjà.

Ces observations d'ailleurs n'enlèvent rien au mérite de votre exégète provençal. On ne s'étonnera pas qu'à défaut de savoir livres que un poète du midi ait eu l'intuition de ce qu'avait voulu dire le vieil aède ionien. Mais il faut bien aussi laisser quelque chose aux pauvres érudits qui depuis si longtemps pâlissent et vieillissent sur ces pages éternellement jeunes.

Recevez, je vous prie, l'assurance de mes sentiments très distingués.

E. POTTIER.

14 février 1891.

Poitiers, 15 février 1891.

Monsieur,

L'interprétation du mot ἀθηρηλοιγός dans le vers

φήη ἀθηρηλοιγὸν ἔχειν ἀνὰ φαιδίμῳ ὤμῳ

(*Od.* XI, 128), proposée par M. Arène et adoptée par vous est ingénieuse et gracieuse, mais fort suspecte, à mon sens. Il est certain qu'il y a cinquante ou soixante ans on vannait encore les blés battus avec de larges pelles en bois ; j'ai vu cet usage pratiqué dans ma jeunesse, même dans la Beauce ; il n'est pas moins certain que dans quelques-unes de nos provinces, on se sert, pour nager dans les rivières de longues rames dont l'extrémité inférieure, qui plonge dans l'eau, est très large et ressemble à une pelle. Un habitant de l'intérieur des terres pourrait donc confondre une rame de cette forme, avec une pelle à vanner. Mais il faut remarquer que cette forme de rame n'est ni pratiquée, ni praticable en mer, où l'on se sert de l'aviron allongé qui ne s'aplatit que doucement et légèrement vers son extrémité. Or Ulysse est un marin qui a battu toute la Méditerranée, et les rames de ses navires n'ont jamais pu avoir la forme d'une pelle, même aux yeux du plus ignorant des garçons de ferme. De plus traduire ἀθηρ (η) λοιγός par pelle à vanner, c'est faire une trop grande violence au sens naturel du mot. ἀθήρ signifie *épi de blé*; λοιγός, *destruction*; G. Curtius le rattache à la R. sanskr. Rug. Rug-à-mi, frango. — C'est clairement un instrument qui sert à détruire, à briser, à broyer l'*épi*, un instrument à battre le blé. Le van, quelle qu'en soit la forme ne sert qu'à le monder une fois qu'il a été battu, à débarrasser le grain de la paille broyée de l'épi et de son enveloppe brisée : c'est un fléau. Or il y avait, j'en ai vu dans le Maine et l'Anjou, il y a peut-être encore, dans les petites closeries, des fléaux qui peuvent prendre la forme de la rame allongée. Le battoir n'est pas rond, mais très aplati à peu près comme l'aviron ordinaire; et lorsque les batteurs s'en vont à la grange, le battoir replié et attaché sur le manche, l'ensemble, à distance, paraît à tous les yeux très semblable à une rame.

Pardonnez, monsieur, à un vieil helléniste — l'espèce en devient rare — cette intervention peut-être inopportune, dont vous ferez l'usage qui vous conviendra, et avec mes remerciements pour le plaisir que me font toujours vos articles, même quand je ne partage pas vos opinions, agréez l'assurance de ma considération la plus distinguée.

A.-ED. CUAIGNET,

Recteur honoraire de l'Académie de Poitiers, correspondant de l'Institut.

Monsieur,

. . . .

La démonstration, que l'aile de moulin ou le fléau dont Tirésias parle à Ulysse au chant XI de l'*Odyssée* n'est qu'une pelle à vanner, est décisive. Mais quand on vous a annoncé qu'Homère avait dû attendre les commentaires du scoliaste Mistral et du scoliaste Paul Arène, pour devenir intelligible, n'avez-vous pas éprouvé quelques doutes?

Il n'y a pas de Mistral qui tienne. Il n'y a pas de Paul Arène qui tienne. Ces Messieurs arrivent trop tard.

Il me paraissait bien étonnant que l'érudition allemande, que l'érudition française (sans parler de l'érudition anglaise) se fussent laissé devancer par l'école du plein air. J'ai eu immédiatement la preuve du contraire en ouvrant une traduction de l'*Odyssée* qui cependant n'est pas d'un helléniste de marque, mais d'un homme consciencieux.

Vous trouverez page 201 de la traduction de l'*Odyssée* par Eugène Bareste, illustrée par Theod. de Lemud et Titeux (Paris, Lavigne, 1842, in-8°) la note qui se termine ainsi :

« .... *Celui dont il est question est tout simplement une pelle en bois* pour jeter le blé en l'aire et en détacher la menue paille. On conçoit très bien qu'une rame puisse être prise pour cet instrument par des hommes qui n'avaient aucune idée de navigation; car, disaient les anciens, *le van de la mer c'est la rame, et la rame de la terre, c'est le van.* »

Vous voyez que malgré la meilleure volonté du monde, cette scolie qui a été pour vous l'occasion et le prétexte de développements..., *n'est pas* à mettre en marge du XIe chant de l'*Odyssée*, du moins dans la traduction de Bareste, et sous peine de faire double emploi avec la note que j'ai transcrite à votre intention.

Veuillez agréer, monsieur, l'expression de ma considération la plus distinguée.

P. LALANNE.

Erchen (Somme) 15 février 1891.

Dijon, 16 février 1871.

Et moi aussi, monsieur, je lis Homère! Voilà trente ans que cela dure sans que j'en sois encore rassasié. Que voulez-vous, nous avons les manies tenaces en province! — Vous devez comprendre par cet aveu le plaisir que j'ai ressenti à voir que des maîtres comme vous et l'aimable Arène trouvaient encore le temps, à Paris, de s'amuser aux vers du vieux chanteur.

Excusez-moi donc si je me mêle à la conversation, et permettez-moi un peu de pédantisme.

J'ai été élevé à la campagne; aussi quand j'ai lu pour la première fois ce passage de l'*Odyssée* ou Tirésias prédit à Ulysse « qu'un voyageur lui demandera, en montrant sa rame, pourquoi il porte un van sur son épaule », j'ai été furieusement choqué, indigné aussi contre le traducteur, car mon dieu ne pouvant faillir, il avait dû être bien trahi par son prêtre! — Lorsque plus tard, je pus lire le texte, je revins à cette prédiction de Tirésias et je fus assez heureux pour éclaircir tout seul la pensée mal traduite.

Je m'aperçus d'abord qu'ἀθηρηλοιγός ne veut pas dire van; ce n'est pas là son sens exact; c'est πτύον, qui signifie *van*, l'ustensile d'osier à deux anses, secoué par un homme, comme Homère, d'ailleurs, nous le montre dans ce passage du XIIIe chant de l'*Iliade* (vers 588 et suivants).

Ὡδ' ὅτ ἀπὸ πλατέος πτυό φιν μεγάλην κατ' ἀλωὴν
θρώς κωσιν κύαμοι μελανόχροες, ἢ ερεβίνθοι,
πνοιῇ ὕπο λιγυρῇ καὶ λικμητῆρος ἐρωῇ.

Comme dans une aire étendue les noires fèves ou les pois s'élancent du large van sous le souffle bruyant et l'effort du vanneur.

Il n'y a pas de synonymes absolus, en grec, ni ailleurs, il est donc clair que les deux mots ἀθηρηλοιγός et πτύον désignent des instruments différents, tous deux connus du poète, qui sait ce qu'il dit. Le van est le premier, πτύον. — Je découvris promptement le second, ἀθηρηλοιγός : c'est la pelle de grenier, la pelle en bois, large et longue, semblable à la rame assez pour qu'un homme ignorant la navigation s'y trompe, la pelle avec laquelle on remue souvent le blé entassé, afin de l'aérer pour qu'il ne s'échauffe pas, et aussi pour le débarrasser de la poussière.

C'est là un vannage comme l'autre; d'ailleurs, peu après cette première découverte, j'eus la joie d'en contrôler l'exactitude en en faisant une seconde, qui fut de constater que nos paysans de Bourgogne appelaient fort bien van cette pelle de grenier, tout comme le véritable van d'osier, faute d'avoir deux mots, comme Homère, un pour chacun des ustensiles.

Sauf pour quelques vers manifestement tronqués par des copistes ignorants, il n'y a, voyez-vous, jamais d'obscurité dans le pur texte d'Homère. Il est vrai que pour bien le comprendre, il faut connaître à fond la vie agricole, la vie du paysan, qui n'a pas changé depuis l'*Odyssée* jusqu'au milieu de notre siècle, et qui a toujours été la même par tous les pays.

Veuillez, je vous prie, monsieur, me pardonner cette longue indiscrétion et croyez bien aux sentiments, etc.

CUNISSET-CARNOT.

Monsieur,

Permettez à un grammairien de profession de vous communiquer une observation à propos du mot ἀθηρηλοιγός. Le mot par lui-même est très vague (*ce qui fait disparaître les barbes du blé*), et n'indique pas la forme de l'instrument. Aussi le trouve-t-on traduit par *van* dans le dictionnaire d'Alexandre, et par *fléau* dans la traduction de l'*Odyssée* de Leconte de Lisle, sens qui n'est pas satisfaisant. Je crois que la traduction de MM. Paul Arène et Mistral est la bonne. Seulement, elle n'est pas nouvelle. Le dictionnaire grec-allemand e Pape, répandu même en France, traduit très bien ἀθηρηλοιγός par pelle à vanner (*Worsschaufel*).

Quant à l'usage de vanner complètement le blé à la pelle, et non pas seulement de se servir de la pelle pour le jeter dans le van, vous le trouverez décrit et figuré dans un livre classique, traduit en français depuis longtemps, le dictionnaire des antiquités romaines et grecques d'Antony Rich, article *pala* n° 2. Par un hasard curieux, à la même page (*pala* n° 1), vous pouvez voir figuré un travailleur cheminant sa bèche sur l'épaule. Il ne faut pas un grand effort d'imagination pour voir dans cette bèche une rame, et cette figure pourrait presque représenter Ulysse, sa rame sur l'épaule.

Où M. Paul Arène a encore bien raison, c'est quand il conseille de faire le voyage de Provence pour comprendre les auteurs anciens. Pour moi, je vous assure que toutes les épithètes homériques de la mer, qui m'avaient paru vagues et quelquefois étranges, lorsque j'expliquais Homère étant élève, m'ont paru très claires et très vraies lorsque j'ai vécu sur les côtes de Provence. Tel rocher isolé, près de la presqu'île de Giens, m'a fait comprendre le Philoctète de Sophocle mieux que les commentaires des éditions les plus savantes.

Veuillez agréer, monsieur, l'assurance de mes sentiments distingués.

P. CLAIRIN,
Professeur au lycée Louis-le-Grand.

Paris, 17 février 1891.

Paris, 21 février 1891.

Monsieur,

Ayant lu avec un très vif intérêt votre dernier article de la vie littéraire (le *Temps*, 15 février 1891), je prends la liberté de vous écrire au sujet de la phrase des *Martyrs*, que vous avez citée.

A Pleudihen et au Minihic-sur-Rance, les paysans se

servent de pelles « qui ressemblent pas mal à des rames », en guise de vans. Je dis bien : ils vannent, ils nettoient leur blé avec des pelles. Les paysans munis de *pelles* se placent la figure contre le vent et lancent le grain en demi-cercle devant eux. C'est ce qui a sans aucun doute, permis à Chateaubriand d'écrire la phrase dont il s'agit et dans laquelle le mot van est la traduction littérale d'ἀθηρηλοιγός.

Votre très assidu,

GUSTAVE FRITEAU.

BLAISE PASCAL

ET M. JOSEPH BERTRAND [1]

Une étude sur Blaise Pascal par M. Joseph Bertrand ne pouvait manquer d'intéresser. On était curieux de savoir la pensée du savant à qui les mathématiques doivent leurs derniers progrès sur le génie qui contribua à créer le calcul des probabilités et qui résolut de difficiles problèmes sur le cycloïde.

Ceux qui sont assez heureux pour pouvoir juger des travaux de M. Joseph Bertrand en physique mathématique et dans ce même calcul des probabilités, dont Huyghens et Pascal marquèrent les beaux commencements, s'accordent à louer la fécondité géniale du secré-

---

[1]. *Blaise Pascal*, par Joseph Bertrand, de l'Académie française, secrétaire perpétuel de l'Académie des sciences, 1 vol. in-8°. — *Le dogmatisme et la foi dans Pascal*, par Sully Prudhomme (dans la *Revue des Deux Mondes* du 15 octobre 1891).

taire perpétuel de notre Académie des sciences. Cela ne m'est pas permis; je dois m'arrêter, plein de regret, au seuil du sanctuaire où les initiés recherchent les seules vérités qu'il soit donné à l'homme d'atteindre absolument, et je ne puis que gémir d'être exclu des temples de la certitude. Mais il suffit d'une vue générale sur l'histoire des mathématiques pour reconnaître la grande place qu'y tient l'œuvre de M. Joseph Bertrand et savoir que ce maître a porté dans l'analyse cette clarté rapide, cette élégante concision qui donnent la grâce à l'évidence et montrent la vérité avec tous les rayons de sa couronne. L'algèbre et la géométrie ont leur style, comme la musique et la poésie, et c'est au grand style qu'on reconnaît le génie dans les sciences comme dans les arts.

La supériorité certaine de M. Joseph Bertrand dans la science des nombres et des figures nous rend infiniment précieux tout ce qu'il nous dit des découvertes et des expériences que Pascal nous a laissées. Soit qu'il définisse la part de Blaise dans l'établissement du calcul des probabilités, soit qu'il montre par quelles incertitudes ce génie a passé avant de constituer la théorie de la pesanteur de l'air, soit qu'il nous conte cette histoire du cycloïde où l'ennemi des jésuites montra plus de zèle pour la vérité que d'indulgence pour ceux qui la cherchaient avec lui, soit qu'il nous donne pour un incomparable chef-d'œuvre la théorie de la presse hydraulique, je m'instruis et j'admire de confiance; mais il y a un point qui touchera tout le monde. C'est cette simple phrase : « Pascal fit à seize ans sa première découverte sur les sections coniques. » Car on ne pourra oublier que celui qui rapporte cet exemple de précocité merveilleuse fut aussi, voilà presque soixante ans, un enfant prodigieux. Joseph Bertrand concourut à onze ans avec les jeunes gens qui se présentaient à l'École polytechnique et satisfit à toutes les épreuves. Ce souvenir suffira, je pense, à rendre assez touchante la page qui commence par ces mots : « Les courbes étudiées par Pascal étaient les sections du cône à base circulaire, c'est-à-dire la perspective d'un cercle. »

En résumé, et pour ne pas tourner plus longtemps autour d'un sujet dans lequel je ne saurais entrer, voici de quelle manière M. Joseph Bertrand juge Pascal comme géomètre et comme physicien, en le comparant à l'esprit le plus étendu et le plus embrassant des temps modernes :

Pour Pascal, comme pour Leibniz, dans l'histoire des sciences, la renommée est supérieure à l'œuvre, et c'est justice ; car le génie est supérieur à la renommée ; l'abondance chez eux n'égale pas la richesse. Les mathématiques furent pour eux un divertissement, et un exercice, jamais l'occupation principale de leur esprit et moins encore le but de leur vie.

Avec même profondeur et égale aptitude, leurs esprits étaient dissemblables. Leibniz, curieux de tout, excepté des détails, proposait des méthodes nouvelles, laissant à d'autres le soin et l'honneur de les appliquer. Pascal, au contraire, veut tout préciser ; les résultats seuls l'intéressent. Leibniz découvre l'arbre, le décrit et s'éloigne. Pascal montre les fruits sans dire leur origine. Si les difficiles problèmes résolus par Pascal s'étaient offerts à l'esprit de Leibniz, après en avoir résolu quelques-uns, les plus simples sans doute, il n'aurait pas manqué d'y signaler un grand pas accompli dans le calcul intégral. Pascal promet les solutions, les donne sans rien cacher, mais sans faire valoir sa méthode, souvent sans la laisser paraître.

Si Pascal, dont le génie n'a pas eu de supérieurs, avait rencontré comme Leibniz le principe des différentielles, sans parler de révolution dans la science, il aurait choisi, pour les produire, les conséquences précises les moins voisines de l'évidence, s'il n'avait préféré, comme il l'a fait souvent, laisser disparaître avec lui la trace de ses méditations. On pourrait comparer Leibniz à une montagne sur laquelle les pluies ne s'arrêtent pas, Pascal à une vallée qui rassemble leurs eaux, en ajoutant, peut-être, que la montagne est immense, la vallée profonde et cachée.

Il s'en faut de beaucoup que M. Joseph Bertrand ait considéré surtout, dans son étude, Pascal comme géomètre et comme physicien. Ces considérations n'emplissent que peu de pages; au contraire de longs chapitres sont consacrés à l'homme, au polémiste, au penseur, à l'écrivain, et personne ne sera surpris que l'auteur des belles biographies de Poinsot, de Gariel, de Michel Chasles, d'Élie de Beaumont, de Foucault, pour ne citer que celles-là, ait voulu épuiser tout son sujet, ce sujet fût-il Pascal. M. Joseph Bertrand a l'esprit ouvert sur toutes choses et sa curiosité s'étend sur les secrets de la nature. Il a bien soin de nous dire que la géométrie n'exclut rien. Et c'est ce qu'on lui accordera sans peine. La géométrie est à la base de tout, ou plutôt elle est dans tout comme le squelette dans l'animal. Elle est l'abstraction et elle est la réalité. Le monde visible la recouvre. Mais dans le jeu infiniment varié des formes sous lesquelles l'univers apparaît à notre âme étonnée, ses lois, toujours certaines, gouvernent la matière qui sommeille et la matière qui s'anime, le cristal et l'homme, la terre et les astres. Elle règne dans la beauté des femmes, dans l'harmonie des musiques, dans le rythme des poésies et dans l'ordre des pensées. Elle est la mesure de tout. En elle est le mouvement; en elle la stabilité. Heureux qui suit longtemps le bel ordre de ses figures, qui en découvre les propriétés immuables, et qui sait l'art

De poursuivre une sphère en ses cercles nombreux!

Mais que dis-je? ne sommes-nous pas tous géomètres en quelque manière? Sans la géométrie, l'enfant pourrait-il marcher, l'abeille faire son miel?

Non certes, la géométrie n'exclut rien, pas même les poètes que M. Joseph Bertrand cite volontiers. Il a des idées sur toutes choses. On croit, je ne sais sur quels fondements, qu'il n'est point opposé, tout savant qu'il est, à quelqu'une des religions révélées qui se partagent aujourd'hui la foi de l'humanité. Je me hâte de dire que, pour surprendre cet état d'âme dans son livre sur Pascal, il faut une subtilité d'esprit que je n'ai pas. S'il est libre penseur ou catholique, il promet, en commençant, qu'on n'en saura rien; il est aussi discret que Fortunio. Je confesse qu'après l'avoir lu je n'en sais pas plus qu'il n'a voulu et que je n'ai pas deviné sa pensée de derrière la tête. Il avait pourtant de belles occasions de se trahir en traitant de la vie, des idées, de l'œuvre de Pascal.

Vie, œuvre, idées, tel est en effet le sujet qu'il s'est proposé. Et il l'a traité sans doute, mais à sa fantaisie, sans souci des proportions, sans nulle envie de former un ensemble. La négligence est voulue, et ce n'est point une faiblesse. Il n'achève pas la biographie qu'il avait commencée; il court et bondit dès qu'il lui en prend envie; il s'arrête quand il lui plaît. Il est merveilleusement agile et capricieux. Son esprit, accoutumé aux méthodes transcendantes, se rit de nos trop simples procédés d'exposition et de critique. A l'occasion il est admirable dans la casuistique; il y prend goût, il s'y attarde pour son plaisir et pour le nôtre. Il n'en sort plus. Il est là dedans comme le lièvre dans le serpolet. Mais en deux bonds il remplit le reste de sa carrière et touche le but. Car La Fontaine a beau dire : le lièvre arrive toujours avant la tortue, comme le génie l'emporte toujours sur la bonne volonté.

Ce que c'est que d'avoir calculé le nombre des valeurs qu'acquiert une fonction quand on permute les lettres! Après cela, dès qu'on s'en donne la peine, on se montre plus grand casuiste qu'Escobar et Sanchez. Je vous assure que M. Joseph Bertrand est incomparable pour décider des cas difficiles. Il a pour confrères à l'Académie deux grands directeurs de consciences. M. Alexandre Dumas, qui est sévère, et M. Ernest Renan, qui est indulgent. Si M. Bertrand se mêle comme eux de guider les âmes, je lui prédis qu'il y réussira parfaitement, aujourd'hui surtout qu'il y a beaucoup d'inquiétude et toutes sortes de scrupules chez les pécheurs. Il est subtil. C'est ce qu'on veut

Je le dis maintenant sans sourire, il a déployé dans l'examen des *Provinciales* les plus rares facultés d'analyse. Et il est visible après cela que les *Petites lettres* ne sont qu'une œuvre de parti. Ce n'est point que Pascal ait altéré les textes, dont il ne connaissait d'ailleurs que les extraits que ces messieurs lui donnaient : il n'avait rien lu. Ses citations, au contraire, ont été trouvées généralement exactes. Mais M. Bertrand nous montre qu'il eût rencontré dans saint Thomas beaucoup de décisions qu'il reproche aux jésuites. Ordinairement, il fait un grief à la Compagnie tout entière de ce qui appartient à un seul membre et a été parfois combattu par un autre. Enfin, il est homme de parti.

A la vérité, nous n'en doutions guère. Et il ne faudrait pas dire que M. Joseph Bertrand a montré la partialité de Louis de Montalte pour faire plaisir aux jésuites; on risquerait fort de dire une sottise.

Ces querelles de la grâce sont aussi mortes que celles des réalistes et des nominaux. Les distinctions anciennes d'esprit et de doctrine ne subsistent plus dans le clergé, qui est devenu tout entier romain. Les jésuites d'aujourd'hui ne ressemblent point aux jésuites d'autrefois. Ils ont peut-être une morale plus sévère; ils sont, je le sais, moins polis. Je doute qu'ils s'inquiètent beaucoup de ce que Pascal a dit de leurs prédécesseurs oubliés.

D'ailleurs, M. Joseph Bertrand n'est pas le premier à montrer la partialité de Pascal. Dans un livre célèbre, qui date de 1768, vous trouverez sur les *Provinciales* le jugement que voici :

« Il est vrai que tout le livre portait sur un fondement faux. On attribuait adroitement à toute la société des opinions extravagantes de plusieurs jésuites espagnols et flamands. On les aurait déterrées aussi bien chez les casuistes dominicains et franciscains; mais c'est aux seuls jésuites qu'on en voulait. On tâchait, dans ces lettres, de prouver qu'ils avaient un dessein formé de corrompre les mœurs des hommes, dessein qu'aucune secte, aucune société n'a jamais eu et ne peut avoir; mais il ne s'agissait pas d'avoir raison, il s'agissait de divertir le public. »

Et cela n'est ni de Nonnotte, ni de Patouillet. C'est de Voltaire, dans le *Siècle de Louis XIV*.

Il y a dans un roman de Tourguénef un personnage à qui l'on dit : « Il faut être juste, » et qui répond : « Je n'en vois pas la nécessité. » Cet homme montrait une espèce de franchise. Mais, sans nous l'avouer à nous-mêmes, nous avons grand'peine à rendre justice à nos ennemis. Les fanatiques y ont plus de difficulté que les autres. Et Pascal était un fanatique. Il accabla de moqueries et de soupçons injurieux le jésuite Lalouère, qui méritait un meilleur traitement, pour s'être appliqué à résoudre des problèmes ardus sur le cycloïde. Mais il en eût trop coûté à Pascal de convenir qu'un jésuite peut être bon géomètre. C'est une extrémité qu'il évita par l'injure et la calomnie.

Il ne fut jamais au monde un plus puissant génie que celui de Pascal. Il n'en fut jamais de plus misérable. Géomètre il est l'égal des plus grands, bien qu'il ait détourné son esprit le plus possible de la géométrie. Il fait d'importantes découvertes en physique, sans la moindre curiosité de pénétrer les secrets de la nature. Il ne s'intéresse qu'à ceux qu'il découvre et ne se soucie nullement de ceux que les autres ont découverts. Il écrit, d'après les extraits que ses amis lui font, un livre de circonstance qui ne devait pas survivre à la querelle de moines dont il traite et que la perfection de l'art rend immortel. Et il méprise tous les arts, même celui d'écrire, et il n'est pas un seul genre de beauté qui ne lui fasse horreur, comme un principe de concupiscence. Malade, sans sommeil, il jette, la nuit, sur des chiffons de papiers des notes pour une apologie de la religion chrétienne ; et ces notes qu'on publie après sa mort, suspectes aux catholiques, font depuis deux cents ans les délices des penseurs libres et des sceptiques. Si bien que cet apologiste est surtout publié et commenté par ses adversaires : Condorcet (1776), Voltaire (1778), Bossuet (1779), Cousin et Faugère (1842-1844), Havet (1852). Et c'est là, il faut en convenir, un étrange génie et une bizarre destinée.

Il faut prendre garde d'abord que cet homme prodigieux était un malade et un halluciné. De l'âge de dix-huit ans à celui de trente-neuf auquel il mourut, il ne passa pas un jour sans souffrir. Les quatre dernières années de sa vie, nous dit madame Périer, « n'ont été qu'une continuelle langueur ». Son mal dont il sentait les effets dans la tête, intéressait les nerfs et produisait des troubles graves dans les fonctions des sens. Il croyait toujours voir un abîme à son côté gauche et il semble par l'étrange amulette qu'on trouva cousue dans son habit qu'il vit parfois des flammes danser devant ses yeux.

Et si l'on songe que ce malade était le fils d'un homme qui croyait aux sorciers et en qui le sentiment religieux était très exalté, on ne sera pas surpris du caractère profond et sombre de sa foi. Elle était lugubre ; elle lui inspirait l'horreur de la nature et en fit l'ennemi de lui-même et du genre humain.

Il vivait dans l'ordure et s'opposait à ce qu'on balayât sa chambre. Il se reprochait niaisement le plaisir qu'il pouvait trouver à manger d'un plat, et, n'étant point indulgent, il ne pardonnait pas aux autres ce qu'il ne se pardonnait point à lui-même. « Lorsqu'il arrivait que quelqu'un admirait la bonté de quelque viande en sa présence, dit madame Périer, il ne le pouvait souffrir ; il appelait cela être sensuel. »

L'excès de sa pureté le conduisait à des idées horribles. Si madame Périer, sa sœur, lui disait : « J'ai vu une belle femme, » il se fâchait et l'avertissait de retenir un tel propos devant des laquais et des jeunes gens, de peur de leur faire venir des pensées coupables. Il ne pouvait souffrir que les enfants fissent des caresses à leur mère. Redoutant les amitiés les plus innocentes, il ne témoignait que de l'éloignement à ses deux sœurs Jacqueline et Gilberte, afin de ne point occuper un cœur qui devait être à Dieu seul. Pour la même raison, loin de s'affliger de la mort de ses proches, il s'en réjouissait quand cette mort était chrétienne. Il gronda madame

Périer de pleurer sa sœur, Jacqueline, et de garder quelque sentiment humain.

Certes, Pascal était sincère. Il pensait comme il parlait. Il observait les leçons qu'il donnait, mais ces leçons ne sont-elles pas littéralement celles que recevait Orgon du dévot retiré dans sa maison?

Je pense que, pour beaucoup de raisons, Molière n'a pas songé à peindre les jésuites dans son *Tartufe*. La meilleure est qu'il eût fâché le roi, à qui il était très empressé de plaire. Mais qu'il ait songé aux jansénistes, en faisant sa comédie, c'est ce que je suis bien tenté de croire, et chaque jour davantage.

On dira que du moins Pascal considérait les pauvres comme les membres de Jésus-Christ et qu'il faisait de grandes aumônes. Oui, sans doute, il aimait les pauvres, et il en logeait chez lui. Mais faites attention qu'il les aimait comme les libertins aiment les femmes, pour l'avantage qu'il espérait en tirer; car c'est en aimant les pauvres qu'on gagne le ciel et qu'on fait son salut. Il trouvait la pauvreté trop bonne pour vouloir la supprimer. Il l'aimait du même amour dont il aimait la vermine et les ulcères.

On a dit que ce chrétien avait été tourmenté par le doute. C'est là une imagination de quelques esprits troublés du XIXe siècle qui ont voulu mirer leur âme dans celle du grand Pascal.

M. Joseph Bertrand a l'esprit trop exact et trop sûr pour croire aux doutes de Pascal. Sur ce point il est très assuré. Et dans le même temps que paraissait le livre du secrétaire perpétuel de l'Académie des sciences, M. Sully-Prudhomme, son confrère de l'Académie française, publiait, dans la *Revue des Deux Mondes*, une étude parfaitement déduite dans laquelle il montrait aisément que Pascal avait placé sa foi dans des régions que le raisonnement ne peut atteindre. Si quelqu'un ne mit jamais sa foi en délibération, c'est bien Pascal. Il l'a répété vingt fois : la raison ne conduit pas à Dieu ; le sentiment seul y mène.

« S'il y a un Dieu, il est infiniment incompréhensible. Nous sommes incapables de connaître ce qu'il est ni s'il est. »

Et ailleurs :

« Voilà ce que c'est que la foi : Dieu sensible au cœur, non à la raison. »

Et M. Sully-Prudhomme conclut excellemment :

« Pour lui, la preuve de l'existence de Dieu n'est pas confiée à la faculté de comprendre, mais à celle de sentir, à l'intuition du cœur, en un mot à un acte de foi. »

A propos, je crois, d'un philosophe contemporain qui unit à une rare puissance spéculative la foi du charbonnier, on a dit qu'il y avait des cerveaux à cloisons étanches. Le fluide le plus subtil qui remplit un des compartiments ne pénètre point dans les autres.

Et comme un rationaliste ardent s'étonnait devant M. Théodule Ribot qu'il y eût des têtes ainsi faites, le maître de la philosophie expérimentale lui répondit avec un doux sourire :

— Rien n'est moins fait pour surprendre. N'est-ce pas, au contraire, une conception bien spiritualiste que celle qui veut établir l'unité dans une intelligence humaine? Pourquoi ne voulez-vous pas qu'un homme soit double, triple, quadruple?

Il n'y a pas même besoin pour expliquer la foi de Pascal de recourir au cerveau à cloisons étanches et à l'homme double. Pascal raisonnait tout ce qui lui semblait du domaine du raisonnement, et jamais homme ne fit de la raison un plus violent usage. Il ne raisonnait pas de Dieu, ayant tout de suite connu que Dieu n'est pas sujet au raisonnement. Il ne donna pas sa créance à Dieu. Cela lui eût été bien impossible. Il lui donna sa foi, ce qui est tout autre chose que de donner sa raison : les mystiques et les amoureux le savent; il lui donna son cœur. Il le lui donna comme le cœur se donne, sans raisonner, sans savoir, sans vouloir ni pouvoir aucunement savoir. Les œuvres des mystiques, et tout particulièrement les méditations de sainte Thérèse, éclairciraient assez ces difficultés psychologiques. Mais, par une singularité dont je parlais tout à l'heure, les commentateurs de Pascal sont le plus souvent des philosophes qui n'étudient guère les mystiques. Aussi le croient-ils unique et singulier, faute de pouvoir le réunir à sa grande famille spirituelle.

En définitive, ce ne sont pas les moins bien avisés, ces fidèles qui, comme Pascal, n'appellent jamais leur raison au secours de leur foi. Une telle aide est toujours périlleuse. Chez Pascal, la raison, qui était formidable, eût, d'un seul coup, tout détruit dans le sanctuaire; mais elle n'y entra jamais.

Cette bonne et douce madame Périer, qui a écrit avec de si belles et discrètes façons la vie de son frère Blaise, y rapporte une pratique du grand homme qui m'a toujours donné beaucoup à penser. Pascal, retiré du monde, recevait dans sa chambre sans tapisseries et sans feu toutes les personnes qui venaient l'entretenir sur la religion. Les unes lui confiaient leurs projets de retraite. Les autres lui soumettaient leurs doutes sur les matières de la foi. A celles-là, par charité chrétienne, il ne refusait pas ses avis. Et parfois, comme on ne se rendait pas à ses premières raisons, il fallait en venir à une dispute en règle. Pascal n'aimait guère ces colloques dans lesquels on lui opposait la raison à la foi. Pour soutenir de telles discussions, il prenait soin de mettre sous ses vêtements une ceinture de fer garnie de clous dont les pointes étaient tournées en dedans. A chaque raison de son contradicteur, il enfonçait les pointes dans sa chair. Par ce moyen, il évitait tout péril et servait le prochain sans crainte de nuire à soi-même.

Il ne douta jamais. Mais il avait de la prudence, et sa grande appréhension était que la raison n'entrât par surprise dans les choses de la foi.

MAURICE BARRÈS

LE « JARDIN DE BÉRÉNICE »[1]

Vous connaissez sans doute la *Vita nuova* de Dante Alighieri. C'est un petit roman allégorique, où se sentent la nudité grêle et la fine maigreur du premier art florentin. Sous les formes sèches et comme acides des figures se cachent des symboles nombreux et compliqués. Cette *Vita nuova*, du moins par sa subtilité, peut, à la rigueur, donner quelque idée de la manière de M. Maurice Barrès qui est, en littérature, un préraphaélite. Et c'est grâce, sans doute, à ce tour de style et d'âme qu'il a séduit M. Paul Bourget ainsi que plusieurs de nos raffinés.

L'inertie expressive des figures, la raideur un peu gauche des scènes qui ne sont point liées, les petits paysages exquis tendus comme des tapisseries, c'est ce

---

[1]. 1 vol. *in-18*. Perrin édit.

que j'appelle le préraphaélisme et le florentinisme de M. Maurice Barrès. Mais il ne faut pas trop insister. Le *Jardin de Bérénice* est aussi éloigné de la symétrie naïve de la *Vita nuova* que la métaphysique de M. Barrès est distante de la scolastique du XIII° siècle. Loin d'être arrangé avec exactitude et déduit selon les règles du syllogisme, le livre nouveau est flottant et indéterminé. C'est un livre amorphe. Et l'indécision de l'ensemble fait un curieux contraste avec la sobriété précise des détails.

Les ouvrages de notre jeune contemporain trahissent, comme la toile de l'antique Pénélope, l'effroi mystérieux de la chose finie. M. Barrès ne défait pas la nuit la tâche du jour. Mais il met partout de l'inachevé et de l'inachevable. Car il sait que c'est un charme, et il est fertile en artifices. Ses deux premiers livres, *Sous l'œil des barbares* et *un Homme libre*, étaient conçus dans cette manière. Par malheur, ils étaient d'un symbolisme compliqué et difficile. Aussi ne furent-ils goûtés que par les jeunes gens. La jeunesse a cela de beau qu'elle peut admirer sans comprendre. En avançant dans la vie, on veut saisir quelques rapports des choses, et c'est une grande incommodité. Le *Jardin de Bérénice*, qui est une suite à ces deux ouvrages, et comme le troisième panneau du triptyque, semblera bien supérieur aux autres par la finesse du ton et la grâce du sentiment. Toutefois, j'avertis les personnes austères qui voudraient lire ce petit livre qu'elles risquent d'en être choquées de diverses façons. Car beaucoup de sentiments qui passent pour respectables parmi les hommes y sont moqués avec douceur, et M. Maurice Barrès est incomparable pour la politesse avec laquelle il offense nos pudeurs ; je le tiens un rare esprit et un habile écrivain, mais je ne me fais pas du tout son garant auprès du chaste lecteur.

J'eus pour professeur, en mon temps, un prêtre très honnête, mais un peu farouche, qui punissait les fautes des écoliers non pour elles-mêmes, mais pour le degré de malice qu'il jugeait qu'on y mettait. Il était indulgent à l'endroit des instincts et des mouvements obscurs de l'âme et du corps, et il y avait parmi nous des brutes à qui il passait à peu près tout. Au contraire, s'il découvrait un péché commis avec industrie et curiosité, il se montrait impitoyable. L'élégance dans le mal, voilà ce qu'il appelait malice et ce qu'il poursuivait rigoureusement. Si jamais M. Maurice Barrès éprouve le besoin de se confesser, comme déjà M. Paul Bourget le lui conseille, et qu'il tombe sur mon théologien, je lui prédis une pénitence à faire dresser les cheveux sur la tête. Jamais écrivain ne pécha plus tranquillement, avec plus d'élégance, plus d'industrie et de curiosité, par plus pure malice que l'auteur du *Jardin de Bérénice*.

Il n'a point d'instincts, point de passions. Il est tout intellectuel, et c'est un idéaliste pervers.

Retournant un mot fameux de Théophile Gautier, il a dit de lui-même : « Je suis un homme pour qui le monde extérieur n'existe pas. » Ce qui doit s'entendre au sens métaphysique, et si on lui fait remarquer qu'il a tracé çà et là de bien jolis paysages, il répondra qu'il les a vus en lui et qu'ils marquaient les états de son âme. Il a dit encore : « La beauté du dehors jamais ne m'émut vraiment. » Et c'est un aveu de perversité intellectuelle. Car il y a de la malice à ne point aimer les choses visibles et à vivre exempt de toute tendresse envers la nature, de toute belle idolâtrie devant la splendeur du monde. M. Maurice Barrès nous répond encore : « Il n'y a de réalité pour moi que la pensée pure. Les âmes sont seules intéressantes. » Ce jeune dédaigneux qui a méprisé l'instinct et le sentiment, est-il donc un spiritualiste, un mystique exalté? Quelle philosophie ou quelle religion lui ouvre les demeures des âmes? Ni religion ni philosophie aucune. Il ne croit ni n'espère. Il entre dans l'empire spirituel sans appui moral. Voilà encore de la perversité. Son jeune maître, M. Paul Bourget, qui tente de le catéchiser un peu, lui disait naguère : « Anxieux uniquement des choses de l'âme, vous n'acceptez pas la foi, qui seule donne une interprétation ample et profonde aux choses de l'âme. » Et M. Paul Bourget prêche d'exemple : il se spiritualise beaucoup en ce moment, me dit-on, au soleil de cette blonde Sicile qui n'est plus païenne.

Cependant, il ne faut pas s'imaginer que M. Maurice Barrès erre absolument sans règle et sans guide dans les corridors de la psychologie. Cet homme curieux n'est pas tout à fait impie, encore qu'il le soit beaucoup. Je disais qu'il n'a point de religion. J'avais tort. Il en a une, la religion du MOI, le culte de la personne intime, la contemplation de soi-même, le divin *égotisme*. Il s'admire vivre, et c'est un bouddha littéraire et politique d'une incomparable distinction. Il nous enseigne la sagesse mondaine et le détachement élégant des choses. Il nous instruit à chercher en nous seuls « l'internelle consolation » et à garder notre *moi* comme un trésor. Et il veut que cela passe pour de l'ascétisme, et qu'il y ait de la vertu à défendre le *moi* avec un soin jaloux contre les entreprises de la nature. Un Français qui fut élevé en Allemagne et qui y resta homme d'esprit, Chamisso, a écrit un conte d'un sens profond. On y voit qu'il est criminel de vendre non pas seulement sa pensée, mais même son ombre. M. Maurice Barrès est pénétré de la vérité de ce symbole : il nous avertit qu'il faut se garder, s'appartenir, demeurer stable dans l'écoulement des choses, se réaliser soi-même obstinément dans la diversité des phénomènes, et, fût-on seulement une vaine ombre, ne vendre cette ombre ni à Dieu, ni au diable, ni aux femmes.

C'est là une morale, et une morale considérable, une vieille morale. Guillaume de Humboldt la professait et la pratiquait. Selon lui, le principe des mœurs est que l'homme *doit* vivre pour lui-même, c'est-à-dire pour le développement complet de ses facultés.

Je crois avoir assez bien compris l'évangile du jeune apôtre. M. Barrès semble nous dire : Homme, je suis le rêveur du rêve universel. Le monde est le grain d'opium que je fume dans ma petite pipe d'argent. Tout ce que je vous montre n'est que la fumée de mes songes. Je suis le meilleur et le plus heureux de tous. La sagesse de mes frères d'Occident est vraiment incertaine et courte. Ils se croient sceptiques, lorsqu'ils sont au contraire d'une crédulité naïve. On m'appelle mademoiselle Renan. Je suis effrayé du poids des lourdes croyances qui pèsent sur l'âme de mon père spirituel. M. Renan, que d'ailleurs j'ai beaucoup inventé pour ma part, est opprimé sous toutes sortes de fidélités, et de confessions, et de professions, et de symboles. Moi, je ne crois qu'à Moi. Cela seul m'embarrasse, que le *moi* suppose le *non moi*, car enfin, si le monde se réflète en moi, il faut bien que le monde ait tout de même une espèce de vague réalité. Mais qu'il existe, c'est son affaire et non la mienne. Je suis bien assez occupé d'entretenir la réalité de mon *moi*, qui tente sans cesse à se dissoudre.

Il a raison, M. Maurice Barrès. Son *Moi* a une tendance singulière à se répandre dans l'infini. Il est exquis, ce moi, mais d'une délicatesse, d'une subtilité, d'un vague extrêmes. Il est fait d'affaissements, de troubles, d'hésitations et si compliqué, que c'est un héroïque travail de le contenir. Une perpétuelle ironie le subtilise et le dévore. C'est un moi fluide et charmant, d'une inquiétante ténuité. Ce moi pensant a l'éclat des nébuleuses et fait songer à ces astres frêles, à ces comètes pour lesquelles la sollicitude des astronomes redoute sans cesse quelque terrible aventure céleste. Et ces craintes ne sont point vaines. Plusieurs de ces astres subtils se sont perdus dans leur course hyperbolique, d'autres ont été coupés en deux. Ils ont maintenant deux *Moi* qui ne peuvent se rejoindre.

Pour conjurer une semblable disgrâce, M. Maurice Barrès a recours à divers procédés. Il ne se contente pas de concentrer son *moi* dans d'élégants romans psychiques tels que l'*Homme libre* et le *Jardin de Bérénice*. Il agit, il institue des expériences. Je ne crois pas le fâcher en disant que sa candidature heureuse à la députation fut une de ces expériences de scepticisme pratique, et que le député de Nancy est un essayiste en action.

Doutons de tout, je le veux bien. Mais le doute ne change pas les conditions de la vie.

Sceptiques et croyants, nous sommes soumis impérieusement aux mêmes nécessités, qui sont les nécessités de l'existence. Cette nuit même, une des premières nuits douces de l'année, en finissant de lire votre livre, mon cher Barrès, j'ouvris ma fenêtre, je regardai les étoiles qui tremblaient dans le ciel allégé de ses brumes d'hiver. Et le mystère de ces brillantes inconnues me troubla une fois de plus et aussi amèrement que jamais, car je venais de faire une lecture qui n'était pas consolante. Et je songeai : peut-être que la vie telle que nous la voyons et telle que nous la concevons ici-bas, la vie organique, celle des bêtes et des hommes, n'est qu'un accident tout à fait particulier à ce petit monde insignifiant que nous appelons la terre. Peut-être que cette infime planète s'est gâtée, pourrie, et que tout ce que nous y voyons et nous-mêmes n'est que l'effet de la maladie qui a corrompu ce mauvais fruit. Le sens de l'univers nous échappe totalement ; nous sommes peut-être des bacilles et des vibrions en horreur à l'ordre universel. Peut-être... Mais, comme dit Martin, qui était un sage, cultivons notre jardin. Il ne s'agit point d'expérimenter la vie. Il faut la vivre. Ayons le cœur simple et soyons des hommes de bonne volonté. Et la paix divine sera sur nous.

M. Maurice Barrès a plus d'une fois fait froncer le sourcil aux personnes graves. Mais il a exercé sur beaucoup de jeunes gens une sorte de fascination. Il ne faut pas s'en étonner. Cet esprit si troublé, si malade, si perverti et gâté, comme nous l'avons dit, par ce que les théologiens appellent la malice, n'est certes ni sans grâce ni sans richesse. Il a présenté artistement une réelle détresse morale. Et cela lui a gagné des sympathies dans la jeunesse, cela lui a valu une sorte d'admiration tendre et mouillée. Un poète de son âge qui a écrit un bien joli livre de critique, M. Le Goffic, constate cette influence profonde de M. Maurice Barrès et il l'explique en bons termes. « C'est qu'en effet, dit-il, ces livres maladifs d'art et de passion mettent dans le jour le plus vif les habitudes morales d'une jeunesse d'extrême civilisation, clairsemée dans la foule assurément, mais qui, si l'on en réunissait les membres épars, apparaîtrait plus compacte qu'on ne croit. »

Et puis enfin (aucun lettré ne s'y trompera) M. Maurice Barrès possède l'arme dangereuse et pénétrante : le style. Sa langue souple, à la fois précise et fuyante, a des ressources merveilleuses. Tel paysage du *Jardin de Bérénice*, d'un trait rapide et d'une perspective infinie, est inoubliable.

THÉODORE DE BANVILLE

Il était charmant! Nous ne le rencontrerons plus, les jours d'été, sous les platanes du Luxembourg, qui lui parlaient de sa jeunesse chevelue; nous ne le verrons plus pâle, glabre, l'œil agile et noir, marchant à pas menus au soleil, roulant sa cigarette et vous disant bonjour avec des petits mouvements courts et si gentils qu'on ne croyait pas tout à fait que ce fussent des mouvements humains et que ceux qui aiment les marionnettes y trouvaient quelque chose de la grâce qu'on rêverait à d'idéales figurines de la comédie italienne; nous ne le verrons plus se coulant sans bruit, discret et tranquille, et pourtant laissant deviner dans toute sa personne je ne sais quoi de rare et d'exquis, de chimérique aussi, qui faisait de ce vieux monsieur un personnage de fantaisie, échappé d'une fête à Venise, au temps de Tiepolo.

Nous ne l'entendrons plus conter des histoires avec l'esprit le plus fin et le plus vif, parlant, les dents un peu serrées, d'une voix qui montait à la fin des phrases et amusait étrangement l'oreille. Nous ne l'entendrons plus nous dire avec une gaieté étincelante et délicate des aventures anciennes de lettres, d'amour et de théâtre et rappeler en longs propos, pleins de lyriques hyperboles, les funambules et Pierrot qu'il aimait plus que tout au monde. Les jeunes poètes n'iront plus, dans ce beau jardin de la rue de l'Eperon où fleurissaient en tout temps les camélias bleus, saluer le vieux maître si poli, dont l'âme était fleurie comme son jardin. Il était charmant et c'est le plus chantant des poètes de son âge.

On a remarqué que le mot qu'il employait le plus souvent et qui trahit par conséquent son état d'esprit habituel est le mot *lyre*. C'est qu'il fut beaucoup lyrique en effet. Il s'est rendu témoignage à lui-même quand il a dit, dans l'*envoi* d'une ballade :

> Prince, voilà tous mes secrets,
> Je ne m'entends qu'à la métrique.
> Fils du Dieu qui lance les traits,
> Je suis un poète lyrique.

Baudelaire qui fut son contemporain et son ami a très bien dit que les poésies de l'auteur des *Cariatides* et des *Stalactites* témoignent de « cette intensité de vie où l'âme chante, où elle est contrainte de chanter, comme l'arbre, l'oiseau et la mer ». Etat d'âme merveilleux et rare dans lequel, par un singulier privilège, M. de Banville demeura sans effort durant un demi-siècle. Dieu, dans sa bonté, l'avait fait naître avec une âme de rossignol. On nous dit qu'à la Font-Georges, près de Moulins, où s'écoula son enfance, quand il était fatigué de jouer, il accompagnait sur un violon rouge le ramage des oiseaux. Il grandit, heureux, sous l'œil d'une sœur aînée, dans cet Eden dont il a rappelé depuis le souvenir en strophes renouvelées des poètes de la Renaissance.

> O champs pleins de silence,
> Où mon heureuse enfance
> Avait des jours encor
>   Tout filés d'or!
>
> O ma vieille Font-Georges,
> Vers qui les rouges-gorges
> Et le doux rossignol
>   Prenaient leur vol!
>
> Maison blanche où la vigne
> Tordait en longue ligne
> Son feuillage qui boit
>   Les pleurs du toit!

Mais ce qui est merveilleux c'est que le violon rouge de la Font-Georges, Théodore de Banville en ait joué jusqu'à son dernier soupir. Pendant près de cinquante ans, le poète nous a fait entendre le violon écarlate, à l'âme sonore, qui ne sait de la vie que la joie. Le plus habile critique du symbolisme a dit excellemment du chanteur qui vient de mourir : « Poète il a la joie, la joie des idées, la joie de la couleur et des sons, la joie suprême des rimes et de l'ode. » Et l'on peut ajouter à une telle louange, décernée par M. Charles Morice, que jamais la réflexion n'a troublé cette joie d'enfant et d'oiseau chanteur.

Théodore de Banville est peut-être de tous les poètes celui qui a le moins songé à la nature des choses et à la condition des êtres. Fait d'une ignorance absolue des lois universelles, son optimisme était inaltérable et parfait. Pas un moment le goût amer de la vie et de la mort ne monta aux lèvres de ce gentil assembleur de paroles.

Sans doute il aima, il chercha, il trouva le beau. Mais le beau ne résultait pas pour lui de la structure intime des êtres et de l'harmonie des idées, c'était à son sens un voile ingénieux à jeter sur la réalité, une housse, une nappe brillante pour couvrir le lit et la table de Cybèle. Sa jolie infirmité fut de toujours nuer, nacrer, iriser l'univers et de porter sur la nature un regard féerique qui l'inondait d'azur et de rose tendre. Il faut croire qu'un jour du temps jadis, dans un parc cher aux amants, un petit Cupidon, blotti sous un myrte où se becquetaient des colombes, avait frotté du bout de son aile les lunettes dont la Providence devait chausser ensuite le nez de M. de Banville; car sans cela M. de Banville n'aurait pas vu en ce monde seulement des choses agréables; certains spectacles lui auraient donné l'idée du mal et de la souffrance qu'il ignora toujours; sans ces lunettes galantes, M. de Banville n'aurait pas vu l'œuvre formidable des sept jours sous l'aspect gracieux qu'il lui découvre sans cesse; il ne l'aurait pas vue brillante et légère comme le ballet d'Armide. Si, dans son ciel biblique, l'antique Iaveh prend jamais la fantaisie de lire les vers descriptifs de M. de Banville, il ne reconnaîtra pas, sous tant d'ornements, sa rude création, nourrie de sang et de larmes. Il fermera le livre à la dixième page et s'écriera : « Par Lucifer! je n'ai pas créé la terre si aimable. Ce poète, qui chante mieux que mes séraphins, exagère visiblement l'élégance de mes ouvrages. » Je vous ai parlé souvent de mon professeur de rhétorique, et c'est un ridicule où je tombe généralement après quelque songerie un peu prolongée. Il faut que j'aie rêvé en écrivant ces notes nécrologiques. Car voici que je me rappelle avec exactitude que mon professeur de rhétorique, homme instruit et fort sensé, nous lut un jour en classe un endroit du *Génie du Christianisme* dans lequel Chateaubriand dit qu'il vit trois œufs bleus dans un nid de merle. Mon professeur s'arrêta au milieu de sa lecture pour nous demander, avec cette bonne foi qui faisait le fond de son caractère, si les œufs de merle nous paraissaient bleus..

— A mes yeux, ajouta-t-il, ils sont gris.

Il resta pensif un moment, répéta plusieurs fois :

— Ils sont gris, ils sont gris !...

Puis il reprit avec un soupir :

— Chateaubriand était bien heureux de les voir bleus !

Mon professeur avait raison : les poètes sont heureux ; ils vivent dans un univers enchanté ; ils voient tout en bleu et en rose. Autant et plus qu'un autre, M. de Banville eut ce bonheur-là.

En ce monde, où s'agitent tant de formes ramentables ou vulgaires, M. Théodore de Banville distingua surtout des dieux et des déesses. Les Vénus qu'il sut voir ont des chevelures « aux fines lueurs d'or, et leurs beaux seins aigus montrent des veines d'un pâle azur ».

Ce ne sont point des Grecques. La Vénus des Hellènes est trop pâle. Et puis elle a le tort d'être géomètre et métaphysicienne. La pensée roule dans sa belle tête avec l'exactitude d'un astre lumineux parcourant son zodiaque. Elle médite sur la force qui crée les mondes et en maintient l'harmonie. Les Vénus de M. de Banville sont vénitiennes. Elles ne savent pas un mot de mythologie. Ce sont de ces figures dont les peintres disent qu'elles plafonnent.

L'olympe du poète est un Olympe de salle de fêtes. En habit de carnaval héroïque, les dames et les cavaliers vont par couples et dansent avec grâce sous la coupole peinte, au son d'une molle musique. Et c'est là le monde poétique de M. Théodore de Banville.

Rien n'y parle au cœur; rien n'y trouble l'âme. Aucune amertume n'y corrompt la douceur qu'on y boit par les yeux et par les oreilles. Parfois la fête se donne dans la Cythère de Watteau, parfois à la Closerie des lilas, et il y vient des funambules et des danseuses de corde; parfois même elle se donne dans la baraque de la foire. C'est là qu'après mille tours merveilleux

> Enfin, de son vil échafaud
> Le clown sauta si haut, si haut,
> Qu'il creva le plafond de toile,
> Au son du cor et du tambour,
> Et le cœur dévoré d'amour,
> Alla rouler dans les étoiles.

Théodore de Banville, qui plaçait ainsi un clown dans le ciel comme une constellation nouvelle, à côté d'Andromède et de Persée, estimait en ces virtuoses de la dislocation des qualités de souplesse et de fantaisie qu'il possédait lui-même au plus haut degré, comme poète funambule. Car ce lyrique fut en poésie, quand il lui plut, un clown sans égal. Notre vieux Scarron n'est, à côté de lui, qu'un grossier matassin. Que Théodore de Banville ait inventé le comique particulier du rythme et de la rime, on l'a nié, et sans doute avec raison. D'ailleurs, personne n'invente jamais rien. Mais que ce rare poète ait si heureusement et si abondamment pratiqué cet art de bouffonnerie lyrique, c'est ce qu'on ne saurait contester. Et la vérité est que cette manière oubliée qui, dans notre vieille littérature s'appelait le burlesque, il l'a renouvelée, transformée, embellie, faite sienne de toutes les manières, si bien qu'on peut dire qu'il a créé un genre. Les *Odes funambulesques* et les *Occidentales* sont peut-être ce qu'il y a de plus original dans l'œuvre de Théodore de Banville. Qui ne connaît parmi les lettrés, qui n'essaye encore de goûter cette satire innocente, aimable, riante qui prête de la grâce à la caricature et du style à la frivolité, cette folie qui garde après vingt et trente ans un air de jeunesse, cette muse qui est bien encore un peu celle des chœurs d'Aristophane et qui, tout en s'amusant à des espiègleries d'écolière déploie des ailes de Victoire?

Quand Théodore de Banville n'est pas le poète funambule, il est le poète virtuose par excellence. On a dit justement qu'il fut le dernier des romantiques et le premier des parnassiens. Il prit le vers de Hugo, l'assouplit, le rompit encore, l'étira à l'excès et y alluma des rimes éclatantes.

Dans la seconde partie de sa vie et de son œuvre, M. de Banville s'est attaché à restaurer les vieux poèmes à forme fixe, rondeau, ballade, chant royal, lai et virelai. Il a déployé dans ces restitutions une adresse peu commune et toute l'habileté de main d'un Viollet-le-Duc poétique. Rien n'empêcherait de philosopher longtemps sur les tentatives de ce genre. Ce n'est peut-être qu'un amusement. Mais on ne peut nier qu'il soit délicat.

Il a exposé ses théories poétiques dans un petit manuel de poésie qu'on lit avec agrément, mais qui ne témoigne pas de beaucoup de savoir ni de réflexion. C'est de la métaphysique de rossignol. Au demeurant, la théorie du vers français est obscure et difficile et ce n'est peut-être pas affaire aux poètes à la constituer.

Il ne serait pas permis, même dans ces notes nécrologiques, d'oublier que M. de Banville a donné au théâtre des pièces qui ont été applaudies. *Gringoire* est resté au répertoire de la Comédie-Française.

Il importe de dire aussi que M. de Banville a écrit des contes en prose et même tout récemment un petit roman *Marcelle Rabe*. Je trouve à propos dans un élégant recueil de critique, qui vient de paraître, *Profils et Portraits*, quelques remarques fort justes sur ces *Contes héroïques et féeriques*, de Théodore de Banville. « Dans ces contes, dit M. Marcel Fouquier, il arrive que la pensée soit trop bien mise, avec une élégance un peu tapageuse. Le clinquant des broderies ou la richesse de l'étoffe, fait qu'on ne distingue plus la trame fine et forte du récit. Mais cette trame existe quand même, et la psychologie de ces contes, quand ils ne sont pas seulement de modernes contes de fées, est parfois d'un dramatique curieux ou d'un intérêt nuancé. » J'ajouterai que cette psychologie en est parfois étrangement déraisonnable. Mais ce n'est point un reproche à la mémoire de Théodore de Banville qui fut une si belle créature de Dieu, qu'il n'avait pas besoin d'avoir raison pour être aimable. Il est mort jeune à soixante-huit ans : c'était un poète. Que sa tombe soit blanche et riante, qu'on y sculpte une lyre et qu'on y plante un jeune laurier!

M. GASTON BOISSIER

L'ÉGLISE ET LES LETTRES AU IVᵉ SIÈCLE [1]

Après avoir étudié, dans une suite d'ouvrages justement estimés, le monde romain depuis César et Cicéron jusqu'à Marc-Aurèle et Fronton [2], M. Gaston Boissier a été amené naturellement à considérer le mouvement des esprits dans la période agitée qui va de Constantin à la chute de l'empire. C'est le sujet de son nouveau livre, la *Fin du paganisme*, qui ne le cède aux précédents ni pour l'intérêt des questions qui y sont traitées, ni pour le bon sens ingénieux des idées, ni pour l'agréable faci-

---

1. *La fin du paganisme, étude sur les dernières lettres religieuses en Occident au quatrième siècle*, par Gaston Boissier, 2 volumes in-8°. — Hachette, édit.
2. *Cicéron et ses amis*, 1 vol.; *Promenades archéologiques, Rome et Pompéï*, 1 vol.; *Nouvelles Promenades archéologiques, Horace et Virgile*, 1 vol.; l'*Opposition sous les Césars*, 1 vol.; la *Religion romaine, d'Auguste aux Antonins*, 2 vol.

lité du style, et qui offre au grand public des lettrés et des curieux beaucoup de parties nouvelles. Prenant l'Église chrétienne à son triomphe, c'est-à-dire au point à peu près où M. Renan l'avait laissée dans le septième et dernier tome des *Origines*, M. Gaston Boissier la suit dans ses rapports avec le vieil empire auquel elle s'est enfin imposée, dans sa lutte avec le paganisme qui périt non sans majesté, et surtout dans l'accommodation, qui s'opéra alors, des idées anciennes au culte nouveau. Il a laissé volontairement dans l'ombre les événements politiques, renvoyant, pour la suite des faits, aux histoires de M. le duc de Broglie et de M. Victor Duruy; par contre, il s'est attaché à montrer les relations de l'Église et de l'École, à marquer, si je puis dire, la latinisation des galiléens. Pour mener à bien cette enquête importante et, dans son ensemble, nouvelle, il a interrogé surtout les écrivains qui pouvaient le mieux le renseigner, poètes chrétiens ou païens, philosophes, polémistes, apologistes, et demandé selon son expression, à la littérature des leçons d'histoire. Il l'a fait avec une adroite curiosité. Chez lui l'humaniste précède l'historien et apporte avec bonheur à l'histoire la contribution des lettres. C'est par l'examen des livres qu'il pénètre dans le vif des mœurs, des idées et des sentiments. Il excelle à tirer des écrits qu'il analyse le secret des âmes. Faire ainsi sortir la vie de ces pages qui semblaient mortes, c'est charmant cela! Et si ensuite on s'aperçoit que ces fines analyses ne sont pas reliées entre elles par des liens très solides, si l'on sent parfois le manque de suite et de continuité, si l'on reconnaît à la longue qu'on ne voyage pas sur un large continent, mais que plutôt on saute d'île en île, il faudra reconnaître encore que M. Gaston Boissier a si bien jeté ses cyclades, les a semées avec tant de raison et de goût, que le voyage n'en est ni moins instructif ni moins agréable. Voilà une louange que tout le monde lui donnera. Il en mérite une autre encore plus grande et plus haute. Il est tolérant et modéré; mais c'est ce dont les modérés et les tolérants sauront seuls le féliciter. Pour ma part, je goûte infiniment la bienveillante fermeté de son esprit. Il n'est en histoire, ni païen ni chrétien, et n'a d'autre parti que celui de la sagesse et de la modération. Sans lui donner toujours raison, je le trouve toujours raisonnable, et la grande marque qu'il est un historien honnête homme, c'est qu'on s'en veut presque à soi-même de n'être pas toujours de son avis. Je ne puis m'empêcher pourtant de trouver qu'il est trop indulgent pour Constantin, bien qu'il le soit moins que M. le duc de Broglie. Au contraire, il m'a semblé dur pour Julien. C'est un sujet sur lequel je ne puis trop m'étendre.

J'y reviendrai, car il me tient au cœur. Il y a aussi les manichéens pour lesquels M. Boissier montre, en passant, un mépris excessif, sans doute parce qu'ils soutenaient çà et là quelques absurdités trop sensibles. Il ne considère pas assez qu'ils étaient théologiens. Il s'étonne que saint Augustin ait pu être manichéen, comme s'il n'y avait pas dans le manichéisme de quoi séduire un rhéteur africain d'un esprit barbare et subtil, jamais plus heureux que quand il lui fallait raisonner en dépit de toute raison, au reste le plus fier génie de son temps et l'une des plus grandes âmes de toute l'humanité. Mais laissons les manichéens qui n'ont guère affaire ici. Si M. Gaston Boissier use de ménagements à l'endroit de Constantin, on voit bien pourtant que Constantin n'est pas un prince selon son cœur ; on voit bien qu'il n'approuve pas les mesures violentes qui ont suivi l'édit de Milan. L'empereur dont la politique a toutes ses préférences c'est Valentinien Ier qui assura la paix religieuse à l'empire. Valentinien était un chrétien zélé, un homme ignorant et dur, qui vivait, dit-on, dans la compagnie de deux ourses domestiques. Mais il ne persécuta point ses sujets pour leur foi, hors peut-être les ariens. La paix qu'imposa la sagesse de ce prince dura dix-huit années, pendant lesquelles chrétiens et païens avaient également accès aux grands emplois. Collègues dans les mêmes magistratures, associés aux mêmes affaires, assis dans les mêmes conseils, ils apprenaient à se souffrir les uns les autres et ils oubliaient leurs querelles religieuses. La tolérance avait très vite ramené la concorde. Cette trêve de Valentinien a inspiré à M. Gaston Boissier des réflexions excellentes qu'il faut citer tout entières.

Le conseil de Valentinien devait ressembler à celui de beaucoup de princes de nos jours. On y voyait siéger ensemble des personnes de religion différente, occupant des magistratures semblables, associées aux mêmes affaires. Nous regardons comme une grande victoire du du bon sens, qui a coûté des siècles de combats, qu'on ait fini par ne plus demander compte à ceux qu'on admet aux emplois publics du culte qu'ils professent et par croire qu'ils peuvent être séparés sur tout le reste, pourvu qu'ils soient unis par le désir d'être utiles à leur pays. Les Romains du ive siècle y étaient arrivés du premier coup. La nécessité leur avait fait trouver une sorte de terrain commun sur lequel les gens de tous les partis pouvaient se réunir : c'était le service de l'État, auquel les païens résolus, comme Symmaque ou Ricomer, et des chrétiens pieux, comme Probus ou Mallius Theodorus, consacraient leur vie avec un dévouement, une fidélité qui ne se sont jamais démentis.

Au fond, ces grands personnages ne s'aimaient guère; mais l'habitude de se fréquenter, d'être assis dans les mêmes conseils, de travailler à la même œuvre, avait amené entre eux une sorte d'accord et de tolérance réciproque dont l'empire aurait tiré un grand profit, s'il avait su s'en servir. On a cru longtemps qu'un pays ne peut subsister dans sa force et dans son unité que si tous les citoyens partagent les mêmes croyances. On pense aujourd'hui que, même divisés entre des religions différentes, ils peuvent s'entendre et s'unir quand il s'agit du bien commun et que la diversité des cultes n'est pas une cause nécessaire d'affaiblissement pour le sentiment national. C'est la condition de la plupart des États modernes; elle ne nuit pas à leur prospérité et il n'y avait pas de raison pour que l'empire romain s'en trouvât plus mal qu'eux.

L'esprit de tolérance dont témoigne cette page anime tout le livre. Mais M. Gaston Boissier est visiblement satisfait quand cet esprit l'incline du côté des chrétiens. Car, tout cicéronien qu'il est, il les aime et c'est peut-être eux qu'en secret il préfère, à condition toutefois qu'ils ne manquent pas trop de grammaire et de prosodie.

Les grands évêques patriciens et lettrés du ive siècle, à qui ne faisait défaut ni la politesse ni la politique, lui plaisent entre tous, et il en fait d'excellents portraits. S'étant avisé que l'un deux, saint Ambroise, soutint un jour, d'aventure, la liberté de conscience, il ne manque pas de mettre cette attitude en relief, d'une manière d'ailleurs assez piquante. C'était dans la fameuse polémique avec Symmaque au sujet de cette statue de la Victoire que l'empereur avait fait enlever du Sénat. Les sénateurs païens qui avaient coutume de brûler de l'encens sur un autel placé devant la déesse, demandaient le rétablissement de la statue. Ils étaient nombreux et même ils formaient parfois la majorité.

Saint Ambroise, très honnête homme mais un peu iconoclaste à mon sens, déclarait au contraire que, si l'idole avait été enlevée, c'était au nom de la liberté des croyances que le pouvoir avait pris cette mesure équitable. « Était-il juste en effet, disait-il, que les sénateurs chrétiens fussent forcés d'assister à des cérémonies dont ils avaient horreur? Pourquoi voulait-on à toute force les en rendre témoins, si ce n'était pour les en faire complices? »

Et, après avoir cité ces paroles, notre historien prend plaisir à montrer que l'évêque de Milan invoque là une raison qui a été beaucoup reprise de nos jours par nos libres penseurs qui ne souffrent point d'emblèmes religieux en dehors des églises, sous prétexte qu'ils sont une injure pour ceux qui professent d'autres croyances ou même qui n'en professent aucune. Et il met ainsi saint Ambroise un peu malicieusement du côté des défenseurs les plus modernes et les plus impétueux de la liberté de conscience.

On voit, par ces exemples, que M. Gaston Boissier ne craint pas ces rapprochements du présent et du passé qui abondent dans les livres historiques de M. Ernest Renan et qui sont permis même aux archéologues les plus sévères, car on en retrouve plusieurs jusque dans le *Mithridate* de M. Théodore Reinach.

Nous avons indiqué l'esprit du livre. Il est temps d'en préciser le sujet principal, qui est, autant qu'on peut l'énoncer en si peu de mots, l'appropriation de la culture antique et païenne aux besoins de la chrétienté triomphante. Les premières générations chrétiennes n'avaient de culture d'aucune sorte. La foi au Crucifié s'était répandue d'abord parmi les humbles et les simples, parmi de très petites gens que dédaignait une société vieille et fière. Ces ignorants possédaient, il est vrai, de petits livres exquis. Les évangiles canoniques ont une saveur délicieuse dont nous sommes très friands aujourd'hui, mais qui eût soulevé le cœur d'un Pline ou d'un Sénèque. L'aristocratie du monde romain formée à l'Ecole, experte en rhétorique, nourrie des chefs-d'œuvre de l'antiquité, n'aurait pas entendu sans dégoût le langage barbare et bas d'un Luc ou d'un Matthieu. Cela nous paraît bien étrange. Pourtant, si nous recherchions depuis combien de temps on a reconnu le mérite littéraire des Evangiles, il nous arriverait peut-être de découvrir que c'est depuis quatre-vingt-dix ans environ. Au moyen âge, on ne prenait pas garde à cette sorte de mérite. Et l'on aurait bien surpris un homme pieux du xviie siècle ou du xviiie, si on lui avait dit que ces livres sacrés étaient aussi des monuments littéraires de quelque valeur. Le beau monde méprisait ces pauvres gens qui goûtaient en secret le rafraîchissement du Christ et attendaient le règne de Dieu sur la terre. « Il y a, disait Celse, une nouvelle race d'hommes, nés d'hier, sans patrie ni traditions antiques, ligués contre toutes les institutions civiles et religieuses, poursuivis par la justice, généralement notés d'infamie et se faisant gloire de l'exécration commune : ce sont les chrétiens. » Des malheureux ainsi traités ne pouvaient pas beaucoup souffrir de l'humilité de leur littérature. Mais quand le christianisme eut pénétré dans les hautes classes de la société et fait des prosélytes parmi les avocats et les rhéteurs, ceux qui le dirigeaient se trouvèrent dans un grand embarras. Le nouveau culte n'avait point d'écoles et il n'en pouvait avoir. Comment instruire la jeunesse chrétienne? L'envoyer aux écoles des païens? On y commentait des livres tout pleins de l'histoire abominable des dieux. Mais laisser les fils des riches familles chrétiennes dans l'ignorance des lettres profanes, c'était les abaisser au niveau de la plèbe, leur ôter l'espoir de parvenir aux dignités, les abattre du rang où les plaçait leur naissance et remettre ainsi aux païens l'avantage des emplois et du pouvoir. Une telle conduite eût été insensée. Aucun docteur, pas même Tertullien, ne conseilla de la tenir. Les petits chrétiens riches allèrent à

l'école, et ils y apprirent, sous la férule du maître, à côté des petits païens, les mensonges des poètes. On imagine difficilement ce qu'était alors l'école, et l'importance que la belle société romaine attachait à la grammaire, à la rhétorique et à la poésie. Ces Romains de la décadence, qui étaient en réalité beaucoup plus polis, plus honnêtes, plus candides, plus vertueux que nous ne croyons, gardaient avec une sorte de piété le trésor intellectuel qu'ils ne pouvaient plus accroître. Ils étaient très littéraires et croyaient de bonne foi qu'il n'y a pas d'occupation plus digne d'un honnête homme que de faire de longues phrases ou de petits vers. Au ive siècle, le beau style et la rhétorique menaient à tout, même à l'empire. On n'y pouvait résister quand on était honnête homme, et précisément les chrétiens étaient devenus honnêtes gens. « L'Eglise, toute-puissante (je cite M. Boissier), ne fit aucune tentative pour créer une éducation nouvelle qui fût entièrement conforme à ses doctrines. »
Sortis des écoles païennes, les chrétiens n'eurent point une façon particulière d'écrire, et, hors le cas où ils affectaient un langage populaire pour être entendus des ignorants, ils continuèrent comme les païens la vieille littérature de Rome. Ils imitèrent Cicéron dans leurs dialogues et Virgile dans leurs poèmes. Au iiie siècle, il est vrai, un chrétien, peut-être un évêque, le poète Commodien, avait composé des ouvrages populaires en vers où le rythme remplaçait la mesure et qui ne devaient rien à l'école. Mais il ne fut pas suivi et la poésie chrétienne se coula dans le moule antique, comme

M. Boissier le montre par l'exemple de saint Paulin de Nole et de Prudence.

On peut dire que l'Eglise triomphante fut vaincue par l'Ecole. Cette victoire des lettres et du génie antique eut des conséquences incalculables. Elle sauva une part précieuse des richesses de l'esprit humain. Elle n'empêcha pas la barbarie et la longue rudesse des sociétés nouvelles. Mais, en conservant la tradition, elle assura la revanche des Muses pour le jour où l'antique Apollon devait l'emporter, une fois encore, sur le Galiléen dans l'Italie, à Rome et jusque dans le palais du pape, converti lui-même au paganisme des arts. Elle rendit possibles la Renaissance italienne et la Renaissance française, et les chefs-d'œuvre de ce siècle classique où un évêque conta les aventures du fils d'Ulysse.

Qu'est-ce donc que cette beauté antique que rien n'a pu vaincre et qui n'est qu'endormie quand on la croit morte? On raconte qu'à Rome, le 18 avril 1485, des ouvriers lombards, qui creusaient la terre sur la voie Appienne, découvrirent un tombeau de marbre blanc. Le couvercle étant soulevé, on trouva une jeune vierge qui, par l'effet des aromates ou par un prodige de la magie antique reposait toute fraîche dans cette couche fidèle. Ses joues étaient roses et souriaient, sa chevelure coulait à longs flots sur sa blanche poitrine. Le peuple, ému d'enthousiasme et d'amour, porta la vierge dans son lit de marbre au Capitole où la ville entière vint la contempler longuement en silence, car, dit le chroniqueur, sa beauté était plus grande mille fois que celle des femmes de nos temps. Enfin, Rome fut si fort agitée à la vue de cette vierge, dont la forme divine triomphait de la mort, que le pape en prit de l'inquiétude; et, craignant qu'un culte païen et impie ne vînt à naître aux pieds de la belle exhumée, il la fit dérober nuitamment et ensevelir en secret. Mais ce n'était pas en vain que les hommes avaient un moment contemplé son visage.

Elle était la beauté antique : pour l'avoir seulement entrevue, le monde se mit à refleurir. Et aussitôt commença la renaissance des lettres et des arts. M. Gaston Boissier, qui est avant tout un humaniste, me pardonnera si ce beau symbole a passé dans mon esprit encore tout occupé de la *Fin du paganisme*

L'EMPEREUR JULIEN [1]

Nous avons, la dernière fois, considéré dans son ensemble le livre de M. Gaston Boissier. Je voudrais aujourd'hui rouvrir cet excellent ouvrage et m'arrêter un peu sur les pages consacrées par l'historien humaniste à l'œuvre politique et religieuse de l'empereur Julien. Julien est un homme vraiment extraordinaire. Il était tout enfant quand mourut Constantin, son oncle; échappé seul avec Gallus, son frère, au massacre de toute sa famille, il grandit dans la triste et molle prison de Césarée, où le retenait Constance qui ne pouvait se résoudre ni à le laisser vivre ni à le faire périr. Cette existence de prince oriental aurait dû le rendre imbécile et cruel. Gallus n'y résista pas : il en fut abêti. Julien en sortit intelligent et bon, actif et chaste comme s'il avait été nourri parmi des stoïciens. Rien de plus capricieux que

1. A propos du livre étudié dans le précédent article : *La Fin du paganisme. Étude sur les dernières luttes religieuses en Occident, au IV⁰ siècle*, par Gaston Boissier, 2 vol. in-8⁰.

le despotisme. Constance permit à Julien, parvenu à l'âge d'homme, d'étudier à Athènes et à Constantinople. Mais la vie du jeune prince était sans cesse menacée : il devait s'attendre à tout moment à recevoir la mort ou la pourpre. C'est la pourpre qu'il reçut. Il la dut à l'impératrice, la belle et sage Eusébie, qui l'aimait. Elle sut obtenir pour lui du faible Constance le titre de César et le gouvernement des Gaules. La nature du sentiment qui unissait Eusébie et Julien n'est guère douteuse. Mais de tous les hommes qui durent leur fortune à l'amour, Julien est peut-être celui qui prit le moins de soin de plaire aux femmes. Il fallait qu'Eusébie eût des goûts assez rares dans son sexe pour s'attacher à un jeune homme si austère. Julien, petit et trapu, n'était pas beau, et il affectait, par sa négligence volontaire, de rendre sa personne plus disgracieuse qu'elle n'était naturellement. Il portait une barbe de bouc où le peigne ne passait jamais. Sa faiblesse était de croire qu'une barbe est philosophique quand elle est sale. Il négligeait de se faire tailler les cheveux. Il avait les ongles noirs et les mains tachées d'encre, et il s'en vantait. Son affectation, après tout innocente, était de paraître rude, gauche et rustique. Il se comparait lui-même complaisamment au bourru de la comédie. Comme sa famille était originaire de Mésie, il aimait à dire qu'il était un sauvage, un vrai paysan de l'Ister. Tel qu'il était, Eusébie l'aima. C'est à elle qu'il dut la vie et le pouvoir. Et quand il partit pour les Gaules, elle lui fit un présent dont il fut plus satisfait que de la pourpre. Elle lui donna des livres, toute une vaste bibliothèque de poètes et de philosophes. Julien lui en fut reconnaissant et lorsqu'il composa le panégyrique de l'impératrice, il n'eût garde d'oublier une libéralité qui lui avait été si douce. « Eusébie, dit-il, me donna une telle quantité de livres que j'eus de quoi satisfaire pleinement mon désir, quelque insatiable que fût mon avidité pour ce commerce de l'esprit, et qu'ainsi, la Gaule et la Germanie devinrent pour moi un musée de lettres helléniques. Sans cesse attaché à ce trésor, je ne saurais oublier la main qui me l'a donné. Quand je suis en expédition, un de ces livres ne manque point de me suivre comme partie de mon bagage militaire. »

Ce jeune César, bibliothécaire et philosophe, qui n'avait quitté qu'à regret le manteau court des Athéniens, faisait d'abord un plaisant soldat. Marchant courbé, les yeux à terre comme un écolier, il avait grand'peine à marquer le pas sur l'air de la pyrrhique, et tandis que, ceint de la cuirasse, il s'exerçait au métier militaire, il murmurait entre les dents : « Voilà qui me va comme une selle à un bœuf! » Et, par intervalles, il soupirait : « O Platon! » Enfin, c'était, comme le dit le bon Ammien Marcellin, un jeune élève des Muses, nourri, nouvel Erechtée, dans le giron de Minerve, sous les pacifiques ombrages de l'Académie. Mais il avait l'âme ingénieuse et forte; après quelques semaines, il devint un dur soldat, un capitaine habile. Ses campagnes de Germanie sont dignes d'un Trajan. En quatre années, Julien passa trois fois le Rhin, délivra vingt mille prisonniers romains, réduisit quarante villes fortes et se rendit maître de tout le pays. Cependant il restait l'écolier d'Athènes, le disciple des philosophes. Il allait de ville en ville montrant aux barbares sa douceur et sa simplicité. Dans sa chère Lutèce, où il avait établi ses quartiers, il menait cette vie de méditations et d'austérités qui, selon ses maîtres néo-platoniciens, est la vie excellente. Il jeûnait et priait pour être digne d'avoir commerce avec les dieux, et, en effet, il eut des visions qu'Ammien Marcellin a rapportées. C'est là, dans le palais des Thermes, dont les ruines entendent aujourd'hui, chaque soir, les chansons des étudiants, que Julien fut proclamé Auguste par ses soldats. A défaut de couronne mieux appropriée, ils offrirent à Julien un diadème de femme, qu'il repoussa avec le doux mépris d'un philosophe. On lui tendit ensuite un frontail de cheval, dont il ne voulut pas non plus. Les soldats étaient fort embarrassés, quand un hastiaire, détachant son collier de porte-dragon, le mit sur la tête du nouvel Auguste.

La mort de Constance étant survenue à propos pour éviter la guerre civile, Julien, reconnu par tout l'empire, n'eut pas à combattre l'Auguste, mais à l'ensevelir.

On raconte qu'un jour, dans une ville dont j'ai oublié le nom, tandis que Julien, nouvellement revêtu de la pourpre, traversait les rues au milieu des acclamations du peuple, une vieille femme aveugle, levant le bras vers le jeune César, s'était écriée d'une voix prophétique : « Voilà celui qui rétablira les temples des dieux! » Alors Julien était chrétien comme son père. Par les ordres de Constance, il avait été formé dès l'enfance à la piété galiléenne; même il avait reçu les ordres mineurs et lu l'Évangile au peuple, dans l'église de Césarée. Pourtant, cette femme avait raison, et quelque pieux ennemi des chrétiens, Libanius ou Maxime d'Éphèse, pouvait la proclamer inspirée du ciel, ou croire que Minerve elle-même, comme au temps d'Homère, avait pris le visage d'une mortelle pour encourager son ami à la sagesse. Julien, élevé à l'empire, devait accomplir dans son illustre règne de quelques mois ce qu'avait annoncé la vieille aveugle. Il n'avait jamais été galiléen que par force et, tout jeune, il détestait le christianisme comme la religion de ses oppresseurs et des meurtriers de toute sa famille. Tandis qu'il fréquentait à Nicomédie les tombeaux des martyrs, il méditait sur les mystères de la bonne déesse et sur la divinité du Soleil. Chrétien en apparence, il était helléniste dans son cœur. « C'était, dit Libanius, au contraire de la fable, le lion qui prenait la peau de l'âne. ». Et Libanius dit encore que Julien, devenu Auguste, brisa comme un lion furieux tous les liens qui l'attachaient au christianisme.

Il n'est pas possible de faire le dénombrement exact des chrétiens et des païens de l'empire à l'avènement de Julien. On peut croire qu'en Égypte et dans toute la province d'Afrique les forces numériques des galiléens et celles des hellénisants étaient à peu près égales. Il est certain qu'en Asie, au contraire, la population des villes était chrétienne en grande majorité. En Syrie, dans le Pont, en Cappadoce, en Galatie, les paysans eux-mêmes étaient chrétiens. En Europe, le christianisme n'avait guère pénétré dans les campagnes; là, le *pagus*, le village, demeuré idolâtre, devait donner son dernier nom à la vieille religion abolie. Mais les cultes rustiques de l'Italie et de la Gaule n'avaient rien de commun avec le mysticisme savant des rhéteurs et des philosophes hellénisants. Quant aux villes d'Occident, celles de langue grecque étaient plutôt galiléennes et celles de langue latine plutôt païennes. Mais c'est là une distinction qu'on n'oserait pas maintenir avec beaucoup de rigueur. En résumé, les chrétiens l'emportaient sans doute par le nombre sur les hellénistes et les païens réunis.

Ils tenaient les charges et les emplois, ne le cédant aux hellénistes que dans l'École qui était, il est vrai, une grande puissance dans la société du IVe siècle. En l'état des choses, un politique n'eût pas relevé les autels renversés par Constantin. Mais Julien n'était pas un politique. C'était un croyant et même un illuminé. Il rétablit le culte et les sacrifices pour l'amour des dieux et non point en considération des hommes. Théologien profond et moraliste austère, il agit d'après les suggestions de sa conscience et les mouvements d'une foi exaltée par le jeûne et l'insomnie. Il ne dormait pas. La nuit, à peine étendu sur sa natte grossière, il se relevait pour écrire ou pour méditer. On frémit à la pensée d'un empereur qui ne dort jamais. Ses écrits témoignent de son exaltation mystique. Voici ce qu'il nous dit dans un de ses petits traités de théologie :

« Dès mon enfance, je fus pris d'un amour violent

pour les rayons de l'astre divin. Tout jeune, j'élevais mon esprit vers la lumière éthérée; et non seulement je désirais fixer sur elle mes regards pendant le jour, mais la nuit même, par un ciel serein et pur, je quittais tout pour aller admirer les beautés célestes. Absorbé dans cette contemplation, je n'entendais plus ceux qui me parlaient et je perdais conscience de moi-même. »

Personne ne contestera la sincérité de ces effusions. Julien était un homme religieux. Cela ne fait point de doute. On s'accorde moins bien sur le caractère de la religion qu'il professait. M. Gaston Boissier y veut voir un culte nouveau, artificiel, dont Julien était l'inventeur et qu'il tirait tout entier, dogme par dogme, de son cerveau échauffé. Mais on ne conçoit pas comment un culte de ce genre aurait pu être instauré en quelques mois. Je crois, au contraire, que Julien rétablit la vieille religion dans les formes qu'elle avait prises alors.

Cette religion n'était point le paganisme si l'on entend par ce mot l'idolâtrie populaire; ce n'était pas non plus le polythéisme, depuis longtemps remplacé, dans l'esprit des Romains lettrés, par la notion du dieu unique et de la providence divine. C'était l'hellénisme, pour la désigner par le nom qu'on lui donnait alors. Julien était un théologien subtil; à l'exemple de ses maîtres, il interprétait ingénieusement les mythes anciens. Il n'était pas novateur le moins du monde. Ses idées sur le Soleil et sur la mère des dieux sont tirées de Porphyre et de Jamblique. Il manifeste en divers endroits de ses écrits son dessein de ne point s'écarter des doctrines de

Jamblique. « Suivons, dit-il, les traces récentes d'un homme, qu'après les dieux je révère et j'admire à l'égal d'Aristote et de Platon. » Et ailleurs : « Prends les écrits du divin Jamblique et tu y trouveras le comble de la sagesse humaine ». Or Porphyre et Jamblique n'étaient pas seulement des philosophes néoplatoniciens, c'étaient aussi des thaumaturges et des mages. Quand ils priaient, leur corps s'élevait du sol à plus de dix coudées, et leur visage comme leurs vêtements prenaient une éclatante couleur d'or. Ces néoplatoniciens donnèrent aux religions de la Grèce leur dernière forme savante et bizarre. C'est cette forme que rétablit Julien. Il la restitua, mais ne l'inventa pas. On est amené à reconnaître qu'à ce moment de l'humanité un esprit religieux était contraint de choisir entre le mysticisme des néoplatoniciens et le dogmatisme chrétien. Et si l'on compare ces deux manières d'envisager le divin, on s'aperçoit bien vite qu'elles ne diffèrent pas autant que les théologiens l'ont cru. Sans prétendre, avec l'habile et singulier Émile Lamé, que Julien ait été plus chrétien que les chrétiens, il faut reconnaître que l'apostat se rapprochait beaucoup par la doctrine et par les mœurs de l'Église qu'il voulut détruire et qui, triomphante, jeta pendant quatorze siècles l'anathème à sa mémoire. Il n'est pas vrai que Julien ait laissé aux chrétiens; comme dit M. Boissier, « l'avantage de ce dieu unique et universel qui veille sur toutes les nations sans distinction et sans préférence ». Le dieu un et triple de Julien ressemble, au contraire, beaucoup à la trinité de saint Athanase et des chrétiens hellénisants. Julien et Libanius étaient platoniciens; les Basile et les Athanase l'étaient aussi. Que fit, en somme, cet honnête entêté de Julien sinon remplacer la trinité chrétienne par la triade alexandrine, le dieu unique des chrétiens par le dieu unique des philosophes, le Logos ou Verbe fils par le roi soleil, l'Écriture et la révélation par l'explication des mythes, le baptême par l'initiation aux mystères, la béatitude éternelle des saints par l'immortalité des héros et des sages? Ces idées vues à distance sont comme des sœurs qui se ressemblent et ne se reconnaissent pas. Et si l'on regarde à la morale de Julien, on est encore plus frappé de voir qu'un même idéal de pauvreté, de chasteté et d'ascétisme coule des sources alexandrines et des sources galiléennes. L'apostat vécut comme un saint. Ammien Marcellin, témoin de toute sa vie, nous apprend qu'après la mort de sa femme Hélène, il resta étranger à tout commerce charnel. « Cette continence, ajoute le doux Ammien, était grandement favorisée par les privations de nourriture et de sommeil qu'il s'imposait et qu'il observait dans son palais avec la même rigueur que dans les camps. »

Comme un père de l'Église, Julien fit profession de haïr et de fuir les jeux du cirque. Il tenait pour honteux de regarder danser des femmes et des jeunes garçons beaux comme des femmes. Il couchait sur une natte, ainsi qu'un ascète, et jusqu'à la négligence où il laissait sa barbe et ses ongles sent en lui la vertu chrétienne.

Pourtant l'hellénisme, souple dans ses dogmes, ingénieux dans sa philosophie, poétique dans ses traditions, eût coloré peut-être l'âme humaine de teintes variées et douces, et c'est une grande question de savoir ce qu'eût été le monde moderne s'il avait vécu sous le manteau de la bonne déesse et non à l'ombre de la croix. Par malheur, cette question est insoluble. Julien n'a pas réussi. Son œuvre a péri avec lui. Avec lui sont tombées les espérances que Libanius exprimait avec un noble et candide enthousiasme, alors qu'il s'écriait :

« Nous voilà vraiment rendus à la vie ; un souffle de bonheur court par toute la terre, maintenant qu'un dieu véritable, sous l'apparence d'un homme, gouverne le monde, que les feux se rallument sur les autels, que l'air est purifié par la fumée des sacrifices. »

Il serait permis du moins de rechercher si la tentative de Julien était aussi insensée qu'on a dit. Il semble qu'elle n'eut pas de commencements malheureux. L'enthousiasme était grand dans les villes et l'empereur fut obligé d'interdire par édit les applaudissements qui accueillaient son entrée dans les temples. Comme sous Constantin, mais en sens contraire, il y eut de nombreuses conversions et entre autres celle de Pégase, évêque d'Ilion. Ces résultats furent obtenus dans un règne si court qu'il en faut compter le temps non par années, mais par mois. Il est certain, par contre, que des difficultés nouvelles surgissaient de jour en jour et que la situation était à la mort de Julien moins bonne qu'à son avènement. Mais il ne faut pas affirmer que la tentative était impossible. Nous n'en savons rien. Était-elle d'ailleurs si inopportune dans une société qui sentait le besoin impérieux d'une religion universelle et que les disputes incessantes des sectes chrétiennes commençaient à lasser?

Si Julien s'est trompé (et il s'est trompé en définitive, puisqu'il n'a pas réussi), du moins s'est-il trompé comme un honnête homme. Nous avons vu qu'il était sincère. Il unissait la tolérance à la foi et c'est une rare et belle alliance. Il est vrai que cette modération lui a été contestée. M. le duc de Broglie a voulu faire de Julien un persécuteur; mais l'embarras qu'il y éprouve est l'indice, chez un historien si habile, d'une situation fausse. Julien s'est toujours montré contraire aux mesures violentes et à cet égard il est unique dans le monde romain.

« J'ai résolu, dit-il, d'user de douceur et d'humanité envers les galiléens; je défends qu'on ait recours à aucune violence et que personne soit traîné dans un temple ou forcé à commettre aucune autre action contraire à sa volonté. »

Il n'a jamais démenti ces belles paroles et il disait encore peu de temps avant sa fin :

« C'est par la raison qu'il faut convaincre et instruire les hommes, non par les coups, les outrages et les supplices. J'engage donc et toujours ceux qui ont le zèle de la vraie religion à ne faire aucun tort à la secte des galiléens, à ne se permettre contre eux ni voies de fait ni violences. Il faut avoir plus de pitié que de haine envers des gens assez malheureux pour se tromper dans des choses si importantes. »

Et ce qu'il y a d'intéressant chez Julien, c'est qu'il est à la fois un croyant exalté et un philosophe plein d'humanité. Il a donné au monde ce spectacle unique d'un fanatique tolérant.

Partial et débonnaire, cet empereur recourt pour défendre l'orthodoxie aux subtilités du raisonnement et à l'ironie philosophique. Il raille ceux qu'il pourrait mettre à mort et, comme il se moque avec esprit, on dit qu'il est intolérant. Nourri dans la violence romaine et dans la cruauté byzantine, il semble n'avoir appris que le respect de la vie humaine et le culte de la pensée. Il est empereur, et pour punir ses sujets qui l'ont offensé, lui et les dieux, il écrit contre eux une satire dans le goût des traités de Lucien. Et c'est un adversaire très dangereux, car tout mystique qu'il est et, malgré son astrologie, il a l'esprit acéré.

Au début de son principat, sa clémence ingénieuse rappelle les évêques exilés par Constance. Ce sont des ariens qu'il déchaîne sur l'Église. « Car il savait, dit Ammien, que les chrétiens sont pires que des bêtes féroces quand ils disputent entre eux. » Sans persécuter les chrétiens, il leur fit beaucoup de mal en leur retirant le droit d'enseigner la rhétorique : Qu'ils laissent aux hellénistes, disait-il, le soin d'expliquer Homère et Platon et qu'ils aillent dans les églises des galiléens interpréter Luc et Mathieu. Il eut l'idée, un peu trop piquante, de relever le temple de Jérusalem pour faire mentir les prophéties de Jésus-Christ. Il mourut chez les Perses sans avoir réalisé ce projet. Il avait soumis l'Arménie, la Mésopotamie, passé le Tigre et pris Ctésiphon quand il fut frappé mortellement d'une flèche au foie. Ammien Marcellin, témoin de sa mort, a conservé ses dernières paroles. Il n'est pas probable que Julien les ait prononcées telles que l'historien les rapporte, et le discours est peut-être entièrement supposé. Il n'en exprime pas moins les pensées véritables de Julien que son biographe avait surprises dans une longue et constante intimité. C'est le testament de cet homme extraordinaire. Il lui fait trop d'honneur pour que je ne le cite pas tout entier.

« Mes amis et mes compagnons; la nature me redemande ce qu'elle m'avait prêté; je le lui rends avec la joie d'un débiteur qui s'acquitte et non point avec la douleur ni les remords que la plupart des hommes croient inséparables de l'état où je suis. La philosophie m'a convaincu que l'âme n'est vraiment heureuse que lorsqu'elle est affranchie des liens du corps et qu'on doit plutôt se réjouir que s'affliger lorsque la plus noble partie de nous-mêmes se dégage de celle qui la dégrade et qui l'avilit. Je fais aussi réflexion que les dieux ont souvent envoyé la mort aux gens de bien comme la plus grande récompense dont ils pussent couronner leur vertu. Je la reçois à titre de grâce; ils veulent m'épargner des difficultés qui m'auraient fait succomber, peut-être, ou commettre quelque action indigne de moi. Je meurs sans remords, parce que j'ai vécu sans crime, soit dans les temps de ma disgrâce, lorsqu'on m'éloignait de la cour et qu'on me retenait dans des retraites obscures et écartées, soit depuis que j'ai été élevé à l'empire. J'ai regardé le pouvoir dont j'étais revêtu comme une émanation de la puissance divine; je crois l'avoir conservée pure et sans tache, en gourvernant avec douceur les peuples confiés à mes soins, et ne déclarant ni ne soutenant la guerre que par de bonnes raisons. Si je n'ai pas réussi, c'est que le succès dépend de la volonté des dieux. Persuadé que le bonheur des peuples est la fin unique de tout gouvernement équitable, j'ai détesté le pouvoir arbitraire, source fatale de la corruption des mœurs et des États. J'ai toujours aimé la paix; mais dès que la patrie m'a appelé et m'a commandé de prendre les armes, j'ai obéi avec la soumission d'un fils aux ordres absolus d'une mère. J'ai regardé le péril en face, je l'ai affronté avec allégresse. Je ne vous cacherai point qu'on m'avait prédit, il y a longtemps, que je mourrais d'une mort violente. C'est pourquoi je remercie le Dieu éternel de n'avoir pas permis que je périsse ni sous les coups des conspirateurs, ni dans les souffrances d'une longue maladie, ni par la cruauté d'un tyran. J'adore sa bonté sur moi de ce qu'il m'enlève de ce monde par une mort glorieuse au milieu d'une glorieuse entreprise. Aussi bien, à juger sainement des choses, c'est une lâcheté égale de souhaiter la mort lorsqu'il serait à propos de vivre et de regretter la vie lorsqu'il est temps de mourir. »

Ne croit-on pas entendre Marc-Aurèle? Si j'ai tenté cette trop rapide apologie de Julien, c'est qu'il me semble que l'Apostat, après avoir été fort maltraité par les auteurs ecclésiastiques, n'a pas trouvé beaucoup de faveur chez les écrivains philosophes de notre temps. Auguste Comte est très dur pour lui. J'entendais un soir M. Renan dire *sous la rose* : « Julien ! c'était un réactionnaire ! » Peut-être, mais ce fut certainement un empereur honnête homme et un théologien homme d'esprit. Il eut tort, j'y consens, de vouloir retenir ce qui était voué à une destruction irréparable, mais n'a-t-il pas déployé les plus rares qualités dans la défense d'une cause désespérée ? Enfin, n'est-ce donc rien que d'avoir réuni sous la pourpre les vertus du philosophe, du pontife et du soldat ?

GYP

Passionnette. Le mot n'est pas dans le Littré. Il n'est pas non plus dans le dictionnaire de l'Académie. Du moins, je l'ai cherché sans le trouver dans l'édition de l'an VI, qui est celle que je préfère, parce qu'elle a une jolie vignette, de style Louis XIV, où l'on voit un cartouche de palmes entre deux vases de fleurs, au milieu d'un paysage historique, et le cartouche porte cette inscription en lettres capitales : « A l'Immortalité ». Je n'ai pas sous la main les éditions plus récentes, mais je gagerais hardiment que *Passionnette* ne s'y trouve pas. Pourtant le mot est français et bien français. Pourquoi la Compagnie ne l'accueillerait-elle pas dans la prochaine édition de ce dictionnaire où elle obéit à l'usage, grand professeur de langue, notre maître et le sien? Je présenterais volontiers à ce sujet une humble requête à M. Camille Doucet, secrétaire perpétuel, qui, comme

---

Une Passionnette, 1 vol. in-8°, Calmann Lévy, éditeur.

poète comique, ne peut manquer de sentir combien ce mot de *passionnette* est clair, expressif, charmant. Je confesse qu'il est jeune. Ni le Trévoux ni Furetière ne le connaissaient. Mon vieux Furetière, qui fait mes fréquentes délices, donne seulement *passion*. Et après avoir cité cet exemple de M. Nicole : « Les effets extraordinaires des passions ne peuvent être imités par la raison », il ajoute, avec cette ingénuité si touchante chez un savant : « Les philosophes ne s'accordent pas sur le nombre des passions ». Il leur serait également difficile de s'accorder sur le nombre des passionnettes. Et ce ne serait pas un labeur indigne des Quarante que de définir exactement *passionnette*. Je propose, en attendant, la définition que voici :

Passionnette, s. f., petite passion, se dit du vif sentiment d'une mondaine pour un mondain. Imperceptible piqûre d'aiguille au cœur. Gyp croit qu'une femme de bien doit en mourir.

On l'avait bien dit, à madame de Gueldre, qu'elle aurait sa passionnette. « Elle viendra, lui répétait une belle et savante amie, elle viendra la passionnette, et peut-être étrangement banale, sans que vous sachiez pourquoi ni comment vous vous éprendrez du premier venu qui, probablement, ne sera capable ni de vous comprendre, ni même de vous aimer. » Et ces fortes expressions, par lesquelles une mondaine exagérait la fragilité des femmes, devaient être pour madame de Gueldre si précises et si littérales !

C'était une charmante femme que la comtesse de Gueldre. Elle se nommait, de son nom de baptême, Auréliane, mais ses amis l'appelaient Liane, lui donnant de la sorte le nom qui convenait à sa grâce flexible. Blonde aux cheveux légers, petite, svelte, merveilleusement souple, elle était toujours habillée de blanc, portant l'hiver de la peluche et du velours, l'été de la mousseline ou du crêpe de Chine. Elle avait gardé, après son mariage, une innocence imprudente qui s'était changée peu à peu en tristesse revêtue de gaieté courageuse. Moqueuse et brusque, mais tendre et bonne, elle avait grand pitié des hommes et des bêtes. Elle ne pouvait voir souffrir une fleur. Très artiste, elle peignait des saintes pour les églises de village et elle chantait avec sentiment de vieux airs quand elle était seule. Elle était simple, droite, vraie.

On disait de madame de la Fayette que c'était une femme vraie. Mais elle était tout ensemble vraie et secrète. Elle était vraie, mais ses amis ne savaient jamais ce qu'elle faisait, ni surtout ce qu'elle pensait. Madame de Gueldre n'était point secrète à la manière de madame de La Fayette. Elle manquait de prudence, de sagesse mondaine, de cet esprit de crainte qui est la plus apparente vertu des dames. Trop peu soucieuse de l'opinion, elle mettait sa pudeur à cacher sa vertu.

Il n'en était point d'elle comme de cette dame (je ne sais plus où j'ai lu cela) qui disait aussi : Je suis franche. Elle le dit un jour à quelqu'un qui savait bien qu'elle ne pouvait pas l'être tout à fait, et qui lui demanda :

— Qu'appelez-vous être franche?

— Mon Dieu, mon ami! répondit-elle, une femme franche est une femme qui ne ment pas sans nécessité.

Madame de Gueldre avait passé de quelques années la trentaine sans s'être mise une seule fois dans la nécessité de mentir. Bien que tout à fait détachée d'un mari qui s'était détaché d'elle très vite et l'avait trompée sans délicatesse, elle n'avait jamais ni distingué, ni remarqué personne. On lui faisait beaucoup la cour, sans qu'elle y prît plaisir. Elle n'avait pas le goût du flirt et n'aimait pas les déclarations. La seule idée d'en entendre une la rendait malheureuse. Si la déclaration venait d'un fat ou d'un sot, elle en était irritée et blessée, ce qui prouve la délicate fierté de son âme. On conte qu'une femme d'esprit qui a beaucoup l'habitude de ces méprisables hommages, car sa magnifique beauté est très en vue dans le monde, se trouva récemment obsédée par un séducteur de profession, qui, après les détours ordinaires, en vint à lui confier qu'il l'aimait.

— Je m'en étais aperçue depuis un bon moment, lui répondit-elle en riant.

— A quoi?

— A ce que vous deveniez horriblement ennuyeux.

Madame de Gueldre était femme à répondre de la sorte. Mais, si la déclaration venait d'un homme sincère et vraiment ému, elle en ressentait une véritable peine, craignant plus que tout au monde de paraître coquette ou mauvaise et de faire souffrir. C'était une belle et rare créature. Elle fut tout à fait attristée le jour où M. de Mons lui dit d'un accent qui ne trompait point : « Je vous aime ».

« Élégant sans être ridicule, spirituel sans être impertinent, instruit sans être ennuyeux », montant bien à cheval, tirant à merveille, Bernard de Mons était de plus un mauvais sujet : il avait donc tout ce qu'il faut pour plaire à une femme. Mais Liane ne l'aimait point, bien qu'il fût aimable, parce que les convenances ne forment point l'amour et parce que son heure n'était point venue. Cette heure sonna au moment précis où le vicomte de Guibray vint en buggy avec un très beau cheval alezan au château de Kildare où madame de Gueldre passait l'été. M. de Guibray prenait, quand il lui plaisait, la voix câline et l'œil caressant. Mais son front restait étroit et têtu. C'était un provincial très mondain qui avait l'habitude de donner leur titre aux gens quand il leur parlait, et d'appeler madame de Gueldre « marquise ». M. Robert de Bonnières pourrait nous dire exactement ce qu'il faut penser de ces mauvaises habitudes. M. de Guibray avait, à mon sens, des torts encore moins pardonnables.

Content de lui, léger, insensible, d'un égoïsme odieux, il était beaucoup moins aimable que Bernard de Mons, qui gaspillait en toute rencontre son temps, son argent, sa santé, mais non point son cœur, Bernard, grand enfant prodigue, si bien fait pour tomber en pleurant entre deux beaux bras miséricordieux. Jean de Guibray n'était pas aimable; il fut aimé. Comment s'y prit-il pour séduire cette fine et fière créature, cette Liane,

exquise et jusque-là assoupie dans une chasteté facile?
Il n'y mit point d'art ni d'étude. Il n'y mit pas même de
réflexion. Il fut seulement grossier. Au retour d'une
partie de campagne, dans la nuit, en landau, il risqua
une caresse qui était une insulte. Liane, offensée et
charmée, sentit qu'elle était tout à lui et qu'il la pren-
drait quand il voudrait, comme une proie inerte. Pourtant, c'était une petite personne courageuse et clair-
voyante. Elle le voyait tel qu'il était, pitoyablement
frivole, incapable d'aimer, plutôt méchant que bon. Sa
tête n'était pas prise. C'est précisément pour cela qu'elle
allait à sa perte infaillible. Elle n'avait pas même la ressource du dialogue intérieur, du soliloque efficace. Elle
ne pouvait rien pour elle-même. Que répondre aux suggestions muettes? Qu'opposer à ces forces aveugles qui
nous travaillent dans le secret de l'être? « Elle se considérait avec l'extrême sincérité qu'elle apportait en toutes
choses; elle se trouvait profondément bête et ridicule...

» Ainsi, ce monsieur, qu'elle connaissait à peine la
veille, tenait maintenant la première place dans sa vie!
Et comment avait-il pris cette place?... Était-ce en
l'éblouissant par son esprit ou en lui révélant une âme
exquise?... C'était tout simplement en faisant ce qu'il
eût fait avec une fille. »

Enfin, elle l'aimait. « Elle voulait le voir, tout le
reste lui était égal. »

M. de Guibray, de son côté, poussait très mollement
l'aventure, se contentant çà et là de quelques privautés
furtives, et surtout fort peu désireux de conclure. Les

embarras d'une liaison l'effrayaient d'avance, et il s'occupait en ce moment même de se marier et de se bien marier. En vérité, madame de Gueldre avait mal placé le trésor de son amour. Une femme peut-elle se tromper à ce point? C'est presque un lieu commun d'admirer l'instinct qui conduit les femmes dans l'amour. Les hommes à bonnes fortunes quand ils se mêlent, par hasard, d'avoir des idées générales, déclarent volontiers que les femmes ne se trompent guère dans leurs choix. Ils songent évidemment à celles qui les ont choisis. Mais, sans invoquer le témoignage de cette vieille dame qui avouait, de bonne grâce, qu'elle avait été bigrement volée dans sa vie, il est croyable que les femmes n'ont pas toujours la main gauche heureuse, dans un pays où on les recherche par vanité autant que par goût. Et la France est précisément ce pays-là. Enfin, elles peuvent mal choisir dans tous les pays du monde parce que dans tous les pays l'homme est le plus souvent léger, vain et trop égoïste pour consentir seulement à s'aimer lui-même en elles. « On ne tombe jamais bien », dit Alexandre Dumas. On peut tomber aussi mal, mais non plus mal que madame de Gueldre. Cette jolie petite créature pétrie de grâce, de courage et de bonté, pour prix de tout son être abondamment offert, ne reçut pas même un peu de tendresse hypocrite ou de sensualisme vrai, ou d'estime indifférente. Car cet homme ne l'aimait pas, ne la voulait pas et il la croyait légère; il ne se gênait pas pour le lui faire entendre, et elle ne disait rien pour l'en dissuader. Elle songeait : A quoi bon? Il ne me croirait pas.

Et peut-être lui plairais-je encore moins, s'il savait qu'il n'y a rien dans ma vie. Elle avait vu jouer la *Visite de noces* et elle le savait un peu snob.

« Il ne lui avait rien promis; elle ne lui avait rien demandé; elle n'espérait rien de cette liaison bizarre et inachevée. Elle ne regrettait rien non plus... Malgré sa conviction absolue de n'être pas aimée de Jean, elle éprouvait un désir fou d'être à lui tout de même; un besoin de souffrir plus qu'elle n'avait souffert encore. »

Liane vécut ainsi quelques semaines, attendant de rares visites ou des lettres qui ne venaient point, s'offrant en vain, sans même se sentir humiliée : elle n'avait plus d'amour-propre, n'ayant que de l'amour, anxieuse, éperdue, brûlée de fièvre et de larmes. Et ce fut là sa passionnette. Elle n'avait demandé qu'une seule grâce à M. de Guibray : « Promettez-moi, lui avait-elle dit de m'avertir quand vous vous marierez. » Il ne lui fit pas cette faveur, et c'est par le journal qu'elle apprit le mariage de M. Marie-François-Jean, vicomte de Guibray, avec mademoiselle Lucile-Marie-Caroline de Lancey. Dès lors elle résolut de mourir et ne s'occupa plus que de mourir en femme de goût, le plus naturellement possible. Elle n'avait point d'enfants, mais elle devait à M. de Gueldre d'éviter un scandale posthume. On ne manquera pas de dire : Quoi? se tuer pour si peu! se tuer pour rien! Après tout, elle n'a pas perdu M. de Guibray, qui n'a jamais été à elle. Quels liens s'étaient donc rompus pour que sa vie entière s'écoulât comme d'une blessure et pour que ce jeune front suât la sueur d'agonie? On dira encore : Les femmes qui sont communément instinctives et dociles à la nature, qui obéissent facilement aux suggestions de la chair et du sang, ne se tuent point pour un rêve. Ce n'est pas l'usage. Moi-même j'ai quelque doute sur ce point; mais je ne suis pas assez grand clerc pour en décider. Je crois ce qu'on me dit, surtout quand c'est bien dit. Et j'imagine que Gyp pourrait répondre : « Pourquoi voulez-vous que Liane soit morte d'amour? Elle s'est tuée de dégoût et parce que la vie, ce n'était donc que ça! Elle s'est condamnée parce qu'après ce qu'elle avait fait et subi, le bonheur seul pouvait l'absoudre et que le bonheur ne pouvait plus venir. Enfin, elle avait un infini besoin de repos. C'était une Bretonne; elle aimait la mort. »

Je crois que Gyp parlerait ainsi pour expliquer cette sotte et tragique aventure. En effet, Liane était Bretonne, c'est-à-dire qu'elle avait l'âme grande, abandonnée et simple. Comme elle aimait beaucoup Dieu, elle s'arrangea un pieux suicide. Tout le temps qu'avait duré sa passionnette, elle avait mis Dieu dans les affaires de son cœur. A Sainte-Anne d'Auray, elle avait fait une neuvaine pour que M. de Guibray l'aimât. A Paris, dans les jours désolés d'une séparation sans souvenirs, elle allait chaque matin à Saint-Roch brûler un cierge. Elle est agréable à Dieu, pensait-elle, « cette jolie colonne blanche, élégante comme une tige de lis, qui se consume silencieusement en élevant vers le ciel sa flamme claire ». Le matin du jour qu'elle avait choisi pour mourir, elle fit allumer tous les cierges que pouvait contenir sur ses pointes aiguës l'if de la chapelle. Un moment, elle les regarda brûler, puis elle rentra chez elle, se vêtit de sa plus belle robe et, ayant bu une fiole de morphine, elle se coucha sur son lit et, pleine d'espoir en Dieu, s'endormit du dernier sommeil. Ce n'était peut-être pas très logique. Un théologien verrait bien vite que Liane raisonnait mal. C'est que Liane n'était pas théologienne et qu'elle n'avait aucune idée d'un Dieu tout à fait régulier. On a remarqué que, depuis les temps les plus reculés, les dieux des femmes ne sont point dogmatiques et qu'ils ont une inépuisable indulgence pour les faiblesses du cœur et des sens. Et pendant que Liane était étendue toute blanche sur son lit, la pâle et chaste flamme, nourrie de cire d'abeilles, montait dans l'église vers le dieu qui doit à cette femme la part d'amour et de bonheur qu'elle n'a point eue en cette terre.

Voilà l'histoire de Liane. Je l'ai gâtée en la contant. Il fallait n'y pas toucher, n'en altérer en rien la charmante simplicité. J'ai montré une fois de plus que les scoliastes ne devraient point griffonner en marge des livres d'amour. Mais les scoliastes sont incorrigibles ; il faut qu'ils barbouillent de leur prose les plus touchantes histoires. Si, du moins, j'avais pu vous donner quelque idée du charme de *Passionnette*. On sait que ce petit nom de Gyp est le pseudonyme d'une arrière-petite-nièce du grand Mirabeau, madame la comtesse de Martel-Janville, qui nous a accoutumés à des dialogues d'une ironie légère et sûre, où la vie mondaine se peint d'elle-même dans sa brillante frivolité. J'ai médité naguère en moraliste, quelques-uns de ces sveltes chefs-d'œuvre d'esprit, de finesse et de gaieté. *Passionnette* nous révèle un aspect nouveau du talent de cet écrivain, et nous savons aujourd'hui que Gyp est un conteur vrai, délicat et touchant. Et puis il court dans ce petit livre un souffle de générosité et de courage; il y règne une sensibilité profonde et contenue; on y sent une bonne foi, une franchise qui, s'alliant étrangement à l'inconscience la plus féminine, inspirent une sorte très rare d'admiration et de sympathie.

J.-J. WEISS

Sa destinée fut diverse comme son âme. Les contrariétés de son esprit gênèrent sa fortune. Doué d'une intelligence toute spéculative, il nourrit les ambitions d'un homme d'État. Il se croyait formé pour les affaires, et, en vérité, ce qui le tentait, c'était le roman des affaires. S'il avait écrit ses mémoires, la littérature française posséderait un grand chef-d'œuvre de plus et l'on s'émerveillerait de voir dans notre démocratie un Retz universitaire, un Saint-Simon plébéien.

Jean-Jacques Weiss naquit à Bayonne, dans la caserne, sous les plis du drapeau blanc qui devait trois ans plus tard faire place aux trois couleurs. Sa mère rêva pour lui, sur son berceau, le hausse-col du capitaine. Son père, musicien gagiste dans un régiment de ligne, le fit inscrire au corps comme enfant de troupe, et jusqu'à l'âge de douze ans, il mena, de garnison en garnison, une vie saine et pittoresque. Cinquante ans plus tard, sous le pressentiment de sa mort prochaine, se rappelant son enfance, il en a fait la peinture la plus fraîche et la plus vive :

J'ai toujours devant l'esprit, a-t-il dit, ma petite chambre du grand quartier à Givet, entre le roc abrupt de Charlemont et la Meuse au flot âpre; le fort Saint-Jean, où le mugissement de la vague berçait mes nuits; Vincennes, de qui le donjon, aux rayons d'une pleine lune de juin, me versait la mélancolie des siècles. Un beau jour, le sapeur de planton chez le colonel arrivait à la caserne avec un pli cacheté pour l'adjudant-major de service : « Faisons les sacs, disait-il, nous partons dans dix jours ». Chaque année me découvrait un nouveau coin de la France et me livrait une nouvelle impression de ce pays multiple, bien plus divers en son unité artificielle que l'Allemagne aux trente-six États. Nous étions dans les monts du Jura; en route pour la Durance et la fontaine de Vaucluse! La soif de voir et de regarder était chez moi inextinguible. A trois heures et demie du matin, le tambour, par les rues, battait la marche du régiment; la colonne de marche se formait sur la place principale du lieu; je prenais rang à l'arrière-garde; quand les jambes me manquaient, ce qui n'était pas fréquent, je me hissais parmi les bagages sur la charrette louée jusqu'à l'étape prochaine par le bataillon; et devant moi défilait la France, monts et vallons, fleuves et ruisseaux, sombres châteaux crénelés des temps lointains et riantes villas bâties de la veille.

Victor Hugo, lui aussi, fut, dans son enfance, pupille d'un régiment, et il a pu dire :

Moi qui fus un soldat quand j'étais un enfant.

Immatriculé par son père, alors colonel, sur les contrôles de Royal-Corse, créé en 1806 dans le royaume de

Naples pour aider Joseph à combattre les partisans de la Pouille et des Calabres, il parcourut de ses petites jambes, au pas militaire, les routes d'Italie, d'Espagne et de France et vit une suite infinie de paysages qui devaient rester peints dans ses yeux, les plus puissants du monde.

> Avec nos camps vainqueurs, dans l'Europe asservie
> J'errai, je parcourus la terre avant la vie.

Voilà les premières sources où s'alimenta le génie de Victor Hugo. J.-J. Weiss tira aussi le meilleur profit de ces belles promenades qu'il faisait d'un bout de la France à l'autre, quand la patrie, en bonne mère, le nourrissait de pain noir et d'air pur. Il y prit un sens large de la nature, le goût de la chose vivante et de la chose humaine, l'intelligence et l'amour de la terre natale. Pour les enfants bien doués, il n'est pas d'école qui vaille l'école buissonnière. Car les buissons des routes, la fumée des toits et les champs et les villes, et le ciel ou riant ou sombre, révèlent aux âmes naissantes qui s'entr'ouvrent des secrets plus précieux mille fois que ceux qui sont éclaircis dans les livres. Et l'école buissonnière devient de tout point excellente quand la discipline militaire en tempère la fantaisie.

Il ne faut pas croire aussi que J.-J. Weiss n'ait lu, jusqu'à l'âge de onze ans, que dans les feuilles des arbres et dans les nuages du ciel. Il y avait dans le fourgon, à côté des instruments du musicien gagiste, quelques volumes dépareillés dont l'enfant faisait ses délices. C'étaient les fables de Florian, avec les deux idylles de *Ruth* et de *Tobie*, le *Télémaque*, *Robinson*, les histoires de Rollin et l'*Odyssée*, si amusante et si facile dans les vieilles traductions. On le voit, le choix était bon, et le pupille du régiment trouvait dans cette petite bibliothèque de campagne tout le romanesque ingénu et toute la raison ornée qu'il était en état de comprendre.

Et puis parfois, dans les villes de garnison, il allait au théâtre et voyait jouer quelque drame bien sombre ou un joli vaudeville du répertoire de Madame. Si bien qu'étant entré à douze ans au collège de Dijon, il brûla deux classes en dix mois et devint tout de suite un humaniste excellent.

En même temps qu'il étudiait Homère et Virgile, il apprenait à danser. La chose est en elle-même de peu de conséquence, et je n'ai entendu dire à aucun de ceux qui ont connu J.-J. Weiss qu'il se soit poussé dans le monde par son art à conduire le cotillon. Il convenait lui-même de bonne grâce que ses leçons de danse lui avaient fort peu profité et qu'il n'était point un Bassompierre. Il le regrettait peut-être un peu dans le fond de son cœur, car, tout négligé qu'il était dans ses habits, il s'entendait aux grandes élégances, ayant beaucoup fréquenté les cours avec madame de Motteville, Saint-Simon, madame de Caylus et madame de Staal. Quoiqu'il en soit, je ne dirais rien de son maître à danser, s'il n'avait rendu le bonhomme immortel en une page qu'on ne trouve dans aucun de ses livres et qui est un chef-d'œuvre d'esprit, de sens et de bon langage. Donc c'était en l'an 1839, le jeune Weiss prenait des leçons de danse et de maintien d'un vieux Dijonnais, nommé Mercier, professeur de la bonne école et classique s'il en fut jamais. On me saura gré, pour le surplus, de citer littéralement :

Il [Mercier] jouait lui-même sur le violon les pas qu'il nous faisait danser. On enfilait la rue Condé qui est l'artère centrale de Dijon ; on tournait à gauche, en venant de la place d'Armes, dans une petite rue sombre ; on traversait une boutique, on descendait trois marches, et c'était là. Là, dans une arrière-salle éclairée en plein jour par de fumeux quinquets, trônait le père Mercier, professeur de violon, de danse, de maintien et de salut à la française, célèbre dans Dijon par lui-même et par son fils, un grand violoniste, qui aurait acquis une gloire européenne, s'il avait consenti à échanger le séjour de sa ville natale, qu'il aimait autant qu'elle est aimable, contre le séjour de Paris qu'il n'aimait pas. La figure du père Mercier respirait la sérénité rébarbative d'un digne homme qui a vécu cinquante ans sous l'œil de ses concitoyens, sans qu'aucun d'eux puisse lui reprocher d'avoir manqué une seule fois aux bons principes ni sur la danse, ni sur le violon, ni autrement. En matière de danse, surtout, ses principes étaient terribles. En voilà un qui pouvait se vanter de ne pas concevoir la danse comme un amusement ! J'avais déjà lu dans les livres que cet art est un art amollissant. Les auteurs inconsidérés qui donnaient des définitions pareilles n'avaient jamais pioché les cinq positions, les battements et les pliés sous le père Mercier, au mois de juillet, par trente degrés de chaleur.

Un jour qu'il me tenait dans la cinquième position — croiser les deux pieds de manière que la pointe de l'un et le talon de l'autre se correspondent — j'osai lui dire que je ne comprenais pas bien les avantages de cette position, peu habituelle dans le monde et pas mal gênante, et je poussai la hardiesse jusqu'à lui demander quand est-ce qu'il m'apprendrait enfin la valse? Si vous aviez vu sa surprise et sa suffocation! Il posa d'abord ses lunettes, puis son violon; il me regarda en silence avec sévérité; quand il jugea que j'étais suffisamment couvert de confusion, il me tint ce discours féroce : « Jeune homme, respectez mon âge. Je n'enseigne pas le bastringue. Votre honoré père peut vous ôter de mon cours quand il lui plaira. Tant que vous y resterez par sa volonté, retenez bien mes deux principes. *Primo*, la grande maxime, en quelque art que ce soit, est de ne jamais adoucir les difficultés de la chose au commençant. *Secundo*, qu'est-ce que M. Maîtrejean vous enseigne au collège royal? Des langues que vous ne parlerez jamais. Eh bien! donc, ici, vous n'apprendrez que des pas qui ne se dansent plus, le menuet, la gavotte, l'anglaise, etc. » Et se rengorgeant : « Je suis professeur de danses mortes! » Je rattrapai tant bien que mal la cinquième position.

Et, faisant, au déclin de sa vie, ce retour vers le caveau du père Mercier, J.-J. Weiss déclarait que le professeur de danses mortes était dans la bonne doctrine et que son élève le tenait pour obligé de ses fortes leçons. « Il est évident, disait-il, qu'il n'a pas réussi à me communiquer l'élégance d'Alcibiade. J'ai cependant une petite idée que je n'ai pas perdu ma peine avec les cinq positions. Je dois au père Mercier le besoin et le sentiment de l'agilité dans le style. » Au temps du père Mercier, J.-J. Weiss, à Dijon, partageait son admiration entre Homère, Théocrite, Virgile et Paul de Kock, qu'il lisait d'une âme légère et innocente. Ces bigarrures de sentiment et de goût sont ordinaires à la jeunesse. Mais elles étaient si naturelles à J.-J. Weiss, qu'il en resta quelque peu arlequiné jusqu'à la fin. La *Laitière de Montfer-*

meil lui rappela toujours les *Syracusaines* de Théocrite. Et il était déjà vieux quand il écrivait : « Je ne puis prononcer le nom de Paul de Kock, sans évoquer un essaim de Nausicaas au lavoir et de Galathées fuyant à âne vers les saules! »

De tels rapprochements peuvent choquer un froid esthète. Mais peut-être serait-on mieux avisé de s'y plaire comme aux jeux d'un esprit aimable et aux fantaisies d'une intelligence merveilleusement agile. J.-J. Weiss termina ses études à Paris, au collège Louis-le-Grand. A vrai dire, il fréquentait les théâtres avec autant d'assiduité que les classes. On a son témoignage sur ce point : « J'ai fait mes classes moitié à Louis-le-Grand, moitié à Feydeau et à l'Odéon. » Quand il n'avait pas mieux, il avait le Petit-Lazari, où le parterre coûtait cinq sous. Par cette raison et pour beaucoup d'autres, il remporta le prix d'honneur en philosophie. Après quoi il entra à l'École normale et fit partie de la promotion orageuse de 1847. Paris, ses théâtres, ses clubs, ses pavés soulevés par l'émeute, ses cabinets de lecture, ses cafés politiques et littéraires, les promenades dans le jardin du Luxembourg, sous les platanes, les jeunes conversations devant le Velléda de la Pépinière, les longs espoirs, les grandes ambitions, les ardeurs, le bruit, il fallut quitter tout cela pour le silence de la province, pour la vie étroite et monotone du professeur. J.-J. Weiss fut envoyé au lycée de La Rochelle, où il fit la classe d'histoire.

Aux ennuis du métier s'ajoutaient alors les dégoûts

dont l'Université, qu'avaient abattue la loi du 15 mars 1850 et le décret du 19 mars 1852, était abreuvée par une administration jalouse, haineuse et dure. On sait que le ministère Fortoul a laissé dans la mémoire des vieux universitaires un pénible souvenir. En 1855, l'inspecteur d'académie ayant adressé aux professeurs du lycée de La Rochelle une circulaire rédigée de telle sorte qu'ils en furent offensés, J.-J. Weiss répondit, au nom de ses collègues, par une lettre qui valut au signataire sa mise en non-disponibilité immédiate. Mais cette disgrâce fut courte et se termina heureusement. L'année suivante, J.-J. Weiss remplaçait Prévost-Paradol comme professeur de littérature française à la Faculté d'Aix. Il y passa un an, l'année la plus délicieuse peut-être de toute sa vie. Il en garda toujours un souvenir charmé.

La ville d'Aix en 1857, a-t-il dit, n'était plus qu'un mausolée du xviie et du xviiie siècle. En sa contexture lapidaire, le mausolée avait tout à fait grand air; sous le soleil éternel et le ciel bleu inaltérable dont ils étaient baignés, les édifices, les palais et les hôtels des grands seigneurs d'antan, les promenades, les fontaines disaient magnifiquement l'élégance, la sobriété, la simplicité et la grâce, qualités essentielles des temps où la ville, qu'on ne voyait plus maintenant qu'à l'état amorti et sous quelque moisissure, avait été reluisante de nouveauté et de vie... Vers 1855, dans le coin reculé et isolé du pays de France, palpitait encore, au fond des esprits, un peu de pure France classique. Je serais bien embarrassé aujourd'hui de définir au juste ce que j'entends par classique. A la Faculté d'Aix, et sous ce climat particulier, sec et limpide, je n'étais pas embarrassé de le sentir.

Un cours de faculté, un cours d'éloquence et de poésie... n'est possible, il n'échappe à l'ennui de la trivialité vide, il n'a de substance et de prix que s'il est l'œuvre commune de l'auditoire et du maître...

Mon auditoire d'Aix-en-Provence m'a rendu pour toujours classique. C'était environ deux cents personnes de tout âge, depuis seize ans jusqu'à soixante, la plupart de condition moyenne, un fonds d'étudiants..., des conseillers à la cour et des magistrats de tout grade, des intendants et des officiers d'intendance..., un certain nombre de femmes... Tout cela formait un auditoire attentif et redoutable, en qui la nourriture était riche et solide, dont le goût surgissait par éclairs, prompt et fin. Le jeudi, vers quatre heures de l'après-midi, je traversais le Cours, principale artère de la ville, pour me rendre au coin retiré et silencieux où s'abritait la salle des conférences de la Faculté. Le soleil dardait encore; ses rayons expiraient, mais violemment, et je pouvais quelquefois me demander si l'excès de la chaleur n'aurait pas retenu une partie de mon public. Mais ils étaient tous là, mes fidèles auditeurs, si appropriés aux choses dont j'allais les entretenir, si munis pour m'y approprier moi-même par toute la curiosité intelligente qui s'échappait de leurs physionomies! Au-dessus de nos têtes, entre eux et moi, une muse flottait, invisible et transparente sous son éther, semant le feu poétique qui allume les âmes et qui les transporte ou les tient au niveau des hauts et profonds poètes ou des poètes dégagés, qui nous met à l'unisson de leurs grandes paroles, de leurs jeux et de leurs ris, qui nous fait créer à nouveau les belles œuvres dans le moment que nous les lisons, les sentons et les expliquons. Cet état d'esprit apparaissait alors libre et discipliné tout ensemble, cohérent, et, de plus, dans une réunion de deux cents personnes de toute condition et de tout âge, il n'est pas commun. Je ne me flattais pas de l'avoir éveillé... Il était le produit d'un esprit plus général créé et entretenu par l'éducation qu'avait donnée pendant quarante ans l'Université aux enfants des classes aisées ou cultivées de la nation, aux enfants de tous ceux qui cherchaient à s'élever vers l'aisance ou la culture par le travail continu et l'épargne acharnée.

Ce cours dans lequel J.-J. Weiss traita de la comédie en France eut un vif succès. Je n'imagine pas ce que pouvait être la parole du jeune professeur, car il est impossible de la retrouver dans la conversation attristée, voilée, mais éclatante encore, du vieillard que j'ai eu deux ou trois fois l'honneur d'entendre dans l'intimité. Du moins, on peut juger de l'originalité solide et brillante de ses idées par les débris de ce cours qui ont été recueillis dans le livre intitulé : *Essai sur l'histoire de la littérature française.* J.-J. Weiss s'y montre infiniment ingénieux, varié, neuf, abondant en vues profondes et vives. Il alla, l'année suivante, professer à la Faculté de Dijon. Puis il renonça à l'enseignement. Il était dans sa destinée d'être tout en fusées. M. Bertin lui ayant offert la rédaction du bulletin politique des *Débats*, Weiss accepta et le professeur devint journaliste. Dès lors il ne m'appartient plus, ou du moins il ne m'appartient que dans les intervalles où, brusquement, il sort de la politique pour rentrer dans les lettres qui l'ont à demi consolé des chagrins et des mécomptes de la vie publique.

Je rappellerai seulement, pour ne pas briser tout à fait la chaîne des faits, que, fondateur, avec M. Hervé, du *Journal de Paris*, en décembre 1868, il fut condamné par la 6e chambre pour manœuvres à l'intérieur, à l'occasion de la souscription Baudin, dont il avait été un des promoteurs. Il se défendit lui-même et, dans une plaidoirie sobre et forte, il rappela que Cremutius Cordus avait été accusé de lèse-majesté, sur l'ordre de Tibère, pour avoir écrit une apologie de Brutus et de Cassius. Le mouvement parut beau. Il l'était en effet. C'était le temps où Rogeard écrivait les *Propos de Labienus*; c'était le temps des derniers humanistes français. Notre génération est séparée de la leur par un abîme. Un an après, par un de ces coups brusques plus fréquents sous les gouvernements absolus que sous les républiques, le condamné de la 6ᵉ chambre, rallié à l'empire, entra aux affaires avec le cabinet Ollivier et fut nommé secrétaire général du ministère des beaux-arts, puis conseiller d'État en service ordinaire hors section. Six mois plus tard l'empire s'écroulait, emportant, parmi d'incalculables ruines, la fortune politique de J.-J. Weiss. Cet homme de tant d'esprit n'avait pas le sens de l'à-propos. Sa grande erreur fut de croire qu'il était apte aux affaires parce qu'il avait la curiosité et la pénétration de l'histoire. L'intelligence de l'historien est divergente et rayonne largement. Celle du politique, tout au contraire, est convergente et réunit ses feux sur le point convenable. Or, jamais intelligence ne fut plus divergente que celle de J.-J. Weiss. Après la guerre de 1870, il était, au dedans de lui-même et à lui seul, aussi divisé sur une restauration monarchique que toute la majorité de l'Assemblée. C'est pourquoi, sans doute, l'Assemblée le replaça en 1873, au conseil d'État dont il fut exclu presque aussitôt. Quand il forma le ministère du 14 novembre 1881, Gambetta appela J.-J. Weiss aux fonctions de directeur politique et des archives au ministère des affaires étrangères. Mais à la chute du grand ministère il dut donner sa démission. Je n'ai pas à juger, je le répète, le personnage politique que fit J.-J. Weiss. Je n'ai pas même à dire que, dans sa mouvante fortune, il resta toujours un parfait honnête homme : personne n'en a jamais douté. Précipité de ses ambitions et de ses illusions, à cinquante-cinq ans, il redevint journaliste littéraire et, par son talent, il honora grandement notre profession. Il aimait les lettres, les lettres, disait-il, « entretien innocent des heures, délices et noblesse de la vie » ! et les lettres du moins n'ont pas trahi son amour. A cinquante-cinq ans il retrouva en elles la jeunesse et la force. Ses feuilletons dramatiques des *Débats* sont de merveilleux ouvrages, remplis de sens et d'agrément.

Ainsi que M. Taine, J.-J. Weiss conçut la critique littéraire comme une des formes de l'histoire. Il comprit que le grand intérêt d'une œuvre d'art, poème, roman ou comédie, est de nous faire comprendre, sentir, goûter délicieusement la vie avec le goût particulier qu'elle avait au temps où cette œuvre fut conçue et dans la société dont elle est l'expression la plus subtile, et qu'enfin il n'est pas de monument plus précieux des mœurs d'autrefois, pas de témoignages plus sûrs des vieux états d'âme que tel conte ou telle chanson, à les bien entendre. Dans cette voie où M. Taine s'avança avec une lente et sûre méthode, J.-J. Weiss ne fit jamais que de folles et toujours heureuses échappées. Il avait l'esprit vagabond et se plaisait à courir à l'aventure. A l'aventure, il découvrit maintes fois les transformations du peuple français dans les divers types littéraires que ce peuple a créés. J'avoue que sa critique me plaît encore et surtout pour ce qu'elle a d'enthousiaste et d'amoureux. J.-J. Weiss adorait cet esprit français dont il avait, à son insu, plus que sa part. Et sa grande connaissance de la littérature allemande lui faisait mieux juger combien cet esprit est rare, original, unique. De l'esprit français il aimait l'exactitude. Il disait excellemment : « La justesse toute seule est aussi du génie ». Il aimait, il prisait dans l'esprit français le talent d'analyse, l'art de décomposer les sentiments et les idées, la science profonde du cœur humain, la science délicate de la vie et du jeu des passions. Il aimait l'esprit français pour sa politesse, pour ses façons honnêtes, pour sa grâce facile. Il adorait le génie français jusque dans les petits poètes du XVIIIe siècle. « Ce n'est, disait-il, qu'un filet d'eau, mais qu'il est limpide! c'est une source qui tiendrait dans le creux de votre main, mais qu'elle a de fraîcheur! » Sans doute il n'avait pas de mesure dans ses admirations. C'était un berger du Ménale qui, grisé de cytises et de sureaux en fleurs, oubliait de compter ses troupeaux.

Qu'importe! le goût trouvait toujours son compte à ses fautes de goût. Et puis il pouvait bien se plaire çà et là à quelque œuvre un peu pâle et maigre qu'il nourrissait et colorait merveilleusement dans son imagination!

Il avait l'âme si pittoresque! Que n'a-t-il donc écrit ses Mémoires!... J'y reviens; c'est mon regret cuisant. Mais après tout, ses Mémoires, il les a écrits par fragments au hasard de mille articles épars dans les journaux et qu'il faudra réunir.

MADAME DE LA FAYETTE [1]

Il y a trois ans environ, nous avons eu lieu de parler de *la Princesse de Clèves* [2]. Le lecteur nous permettra de l'entretenir encore une fois de madame de La Fayette. Le sujet est aimable et l'occasion est belle. En effet, M. le comte d'Haussonville vient de publier, dans la Collection des grands écrivains, une étude élégante et judicieuse sur madame de La Fayette, et, par une rare fortune, il a découvert des sources inconnues qui, bien employées, donnent à son ouvrage l'intérêt de la nouveauté. Ces sources sont : 1° Des lettres de madame de Lafayette à Ménage, qui, déjà signalées par Victor Cousin dans son introduction à la *Jeunesse de madame de Longueville*, sont actuellement aux mains des héritiers de M. Feuillet de Conches. On sait que les documents provenant du cabinet de M. Feuillet de Conches ne doivent pas être

---
1. Les grands écrivains : *Madame de la Fayette*, par le comte d'Haussonville. 1 vol. in-18. Hachette éditeur.
2. Dans la préface de l'édition Conquet, in-8°.

acceptés sans examen. Mais ces lettres de madame de La Fayette, qui proviennent de la vente Tarbé, sont d'une authenticité non douteuse; 2° les papiers de l'abbé, fils aîné de madame de La Fayette, conservés aujourd'hui dans le trésor du duc de la Trémoïlle. Ce sont des inventaires, des contrats, des papiers d'affaires. M. d'Haussonville les a examinés avec un intérêt auquel se mêlait une sorte d'émotion que comprendront tous ceux qui se sont plu à évoquer dans la poussière des archives quelques figures du passé.

« Leur sécheresse, dit-il, et leur aridité même donnent, en effet, une vie singulière aux personnages qu'ils concernent, en nous les montrant mêlés, comme nous, aux incidents vulgaires de la vie... Personne, je crois, ne les avait maniés avant moi, car sur plus d'une page la poudre était encore collée à l'encre. Ce n'est pas sans regrets que je l'ai fait tomber et que j'ai ajouté une destruction de plus à toutes celles qui sont l'ouvrage de la vie. »

Culte charmant du souvenir! Aussi bien M. d'Haussonville a fait dans le trésor de M. de la Trémoïlle des découvertes fort intéressantes et tout à fait inattendues sur la vie domestique de madame de La Fayette. On savait que Marie-Madeleine de la Vergne épousa, à l'âge de vingt-trois ans, en 1655, Jean-François Motier de La Fayette, qui descendait d'une très ancienne famille d'Auvergne. On avait quelque raison de croire que ce gentilhomme n'avait pas été beaucoup aimé, et qu'aussi il n'était pas très aimable. S'il faut en croire une chanson du temps, à la première entrevue avec mademoiselle de la Vergne, il ne souffla mot et fut agréé tout de même.

> La belle consultée
> Sur son futur époux,
> Dit dans cette assemblée
> Qu'il paraissait si doux
> Et d'un air fort honnête,
> Quoique peut-être bête.
> Mais qu'après tout, pour elle, un tel mari
> Était un bon parti.

Mademoiselle de la Vergne, avec beaucoup d'esprit et tout le latin que lui avait enseigné Ménage, n'était pas d'un établissement facile. Son bien était petit. Elle avait perdu son père. Sa mère, fort écervelée et quelque peu intrigante, n'avait pas une très bonne réputation. Elle n'avait pas su garder sa fille à l'abri de la médisance. D'ailleurs, elle venait de se remarier. Marie-Madeleine, qui était raisonnable, fit un mariage de raison, et s'en alla tranquillement en Auvergne.

Dans une lettre qui date des premières années du mariage, elle fait part à son maître, Gilles Ménage, du genre de vie qu'elle mène en province et du paisible contentement qu'elle y goûte. Cette lettre a été publiée pour la première fois par M. d'Haussonville. Il faut la citer toute entière :

Depuis que je vous ait écrit, j'ai toujours été hors de chez moi à faire des visites. M. de Bayard en a été une et quand je vous dirais les autres vous n'en seriez pas plus savant. Ce sont gens que vous avez le bonheur de ne pas connaître et que j'ai le malheur d'avoir pour voisins. Cependant je dois avouer à la honte de ma délicatesse que je ne m'ennuie pas avec ces gens-là, quoique je ne m'y divertisse guère; mais j'ai pris un certain chemin de leur parler des choses qu'ils savent, qui m'empêche de m'ennuyer. Il est vrai aussi que nous avons des hommes dans ce voisinage qui ont bien de l'esprit pour des gens de province. Les femmes n'y sont pas, à beaucoup près, si raisonnables, mais aussi elles ne font guère de visites; par conséquent on n'en est pas incommodé. Pour moi, j'aime bien mieux ne voir guère de gens que d'en voir de fâcheux, et la solitude que je trouve ici m'est plutôt agréable qu'ennuyeuse. Le soin que je prends de ma maison m'occupe et me divertit fort : et comme d'ailleurs je n'ai point de chagrins, que mon époux m'adore, que je l'aime fort, que je suis maîtresse absolue, je vous assure que la vie que je mène est fort heureuse et que je ne demande à Dieu que la continuation. Quand on croit être heureuse, vous savez que cela suffit pour l'être; et comme je suis persuadée que je le suis, je vis plus contente que ne le sont peut-être toutes les reines de l'Europe.

La jeune femme laisse assez entendre que le bonheur si pâle qu'elle goûte est le pur effet de sa raison. Elle s'en félicite comme de son ouvrage. On sent bien que ce mari qui « l'adore » n'y est pour rien et que « si elle l'aime fort », c'est avec résignation et parce qu'elle est une personne tout à fait raisonnable. M. de La Fayette vivait sur ses terres de Naddes et d'Espinasse. « Il paraît avoir été assez processif, dit M. d'Haussonville, à en juger par d'assez nombreuses difficultés qu'il eut avec ses voisins. »

Après quelques années de mariage, nous retrouvons la comtesse de La Fayette à la cour de Madame et dans ce petit hôtel de la rue de Vaugirard, en face du Petit-

Luxembourg, où il y avait un jardin avec un jet d'eau et un petit cabinet couvert. « C'était, dit madame de Sévigné, le plus joli lieu du monde pour respirer à Paris » M. de la Rochefoucauld y venait tous les jours.

De M. de La Fayette, point de nouvelles. Madame de Sévigné n'en dit mot. Tous les biographes en ont conclu qu'il était mort, et c'était l'opinion unanime que madame de La Fayette était devenue veuve après quelques années de mariage. Or, il n'en est rien. M. de La Fayette était vivant et vivait sur ses terres. Il survécut de trois ans à M. de la Rochefoucauld mort en 1680. M. d'Haussonville (qui de nous n'enviera son bonheur?) a trouvé dans les archives du comte de la Trémoïlle un acte établissant que François Motier, comte de La Fayette, décéda le 26 juin 1683. Madame de La Fayette fut en réalité mariée pendant vingt-huit ans, et elle n'était pas veuve quand elle souffrait les assiduités du duc. Madame de Sévigné ne s'en scandalisait nullement. M. d'Haussonville se montrerait plus sévère. Il ne cache point que madame de La Fayette lui plairait moins si elle avait trahi la foi jadis promise à l'excellent gentilhomme qui chassait dans les forêts d'Auvergne pendant qu'elle écrivait des romans à Paris dans le petit cabinet couvert. Il la veut toute pure. Heureusement qu'il est sûr que sa liaison avec M. de la Rochefoucauld fut innocente. Elle aima le duc; elle en fut aimée; mais elle lui résista. Il le veut ainsi. Au fond, il n'en sait rien. Je n'en sais pas davantage, et, si je le contredisais, j'aurais pour moi la vraisemblance. Mais la politesse resterait de son côté et ce serait pour moi un grand désavantage. Aussi je veux tout ce qu'il veut. Mais je confesse qu'il me faut pour cela faire un grand effort sur ma raison. Madame de La Fayette avait vingt-cinq ans, le duc en avait quarante-six. On se demandera comment, de l'humeur qu'il était, elle put l'attacher sans se donner à lui. Il ne vivait que pour elle, et près d'elle. Il ne la quittait pas. Cela donne à penser, quoi qu'on veuille. M. d'Haussonville ne croit pas lui-même à la continence volontaire de M. de la Rochefoucauld, et je doute, malgré moi, de la piété de madame de La Fayette. L'âme de cette charmante femme lui semble limpide. J'ai beau m'appliquer à la comprendre, elle reste pour moi tout à fait obscure.

A mon sens, cette personne « vraie » était impénétrable. Prude, dévote et bien en cour, je la soupçonnerais presque d'avoir douté de la vertu, peu cru en Dieu, et, ce qui est plus étonnant pour l'époque, haï le roi. Ses plus intimes amis ne l'ont point connue. Ils la croyaient indolente. Elle-même se disait *baignée de paresse*, et elle menait les affaires avec une ardeur infatigable. Je ne lui en fais point un reproche; mais je ne crois pas que jamais femme fût plus secrète.

Le livre de M. d'Haussonville est précieux pour la biographie de madame de La Fayette. Ce n'est pas son seul mérite. On y trouve une étude judicieuse des œuvres de cette illustre dame. M. d'Haussonville estime à sa valeur la délicate histoire d'Henriette. Il ne goûte qu'à demi *Zaïde*, histoire espagnole où l'on rencontre des enlèvements, des pirates, des solitudes affreuses, et où de parfaits amants soupirent dans des palais ornés de peintures allégoriques. Et il garde très justement le meilleur de son admiration pour *la Princesse de Clèves*.

Avec *la Princesse de Clèves*, qui parut en 1678, madame de La Fayette entrait harmonieusement dans le concert des classiques, à la suite de Molière et de la Fontaine, de Boileau et de Racine.

Mais il faut bien prendre garde que, si *la Princesse de Clèves* atteste par l'élégant naturel du style et de la pensée que Racine est venu, madame de la Fayette n'en appartient pas moins, par l'esprit même de son œuvre, à la génération de la Fronde, et à cette jeunesse nourrie de Corneille. Elle demeure héroïque dans sa simplicité et garde de la vie un idéal superbe. Par le fond même de son caractère son héroïne est, comme Émilie, une « adorable furie », furie de la pudeur, sans doute ; mais je distingue dans sa chevelure blonde quelques têtes de serpent.

Madame de Clèves, la plus belle personne de la cour, est aimée de M. de Nemours, l'homme « le mieux fait » de tout le royaume. M. de Nemours, qui avait jusque-là montré dans de nombreuses galanteries une audace heureuse, devient timide dès qu'il est amoureux. Il cache sa passion ; mais madame de Clèves la devine et, bien involontairement, la partage. Pour se fortifier contre le péril où son cœur l'entraîne, elle ne craint pas d'avouer à son mari qu'elle aime M. de Nemours, qu'elle le craint et se craint elle-même. Celui-ci la rassure d'abord. Mais par l'effet d'une imprudence et d'une indiscrétion du duc de Nemours, il se croit trahi et meurt de chagrin.

Ce qu'il y a de plus original dans la conduite de madame de Clèves, c'est sans doute cet aveu qu'elle fait à son mari d'un amour qui n'est pas pour lui. Sa vertu s'y montre, mais à considérer la simple humanité, elle n'a pas lieu, il faut bien le reconnaître, de s'en féliciter beaucoup. Cet aveu est la première cause de la mort de M. de Clèves. Si elle n'avait point parlé, M. de Clèves ne serait pas mort; il aurait vécu tranquille, heureux dans une douce illusion. Mais il fallait être vraie à tout prix. Ce fut aussi l'avis d'une dame célèbre qui renouvela cent ans plus tard cette scène d'aveux. Madame Roland éprouva sur les quarante ans ce qu'elle appelle, en fille de Rousseau et de la nature, « les vives affections d'une âme forte commandant à un corps robuste ». L'homme qu'elle aimait avait comme elle un sentiment exalté du devoir. C'était le député Buzot. Ils s'aimèrent sans être l'un à l'autre. Madame Roland avait un mari plus âgé qu'elle de vingt ans, honnête homme, mais caduc et décrépit. Elle crut devoir, à l'exemple de madame de Clèves, avouer à ce bonhomme qu'elle sentait de l'amour pour un autre que lui. L'aveu fait à un mari si amorti ne pouvait tourner au tragique, et, à cet égard, madame Roland semblera peut-être moins imprudente que madame de Clèves. Pourtant les effets en furent lamentables. « Mon mari, dit-elle dans ses *Mémoires*, excessivement sensible et d'affection et d'amour-propre, n'a pu supporter l'idée de la moindre altération dans son empire. Son imagination s'est noircie ; sa jalousie m'a irritée ; le bonheur a fui loin de nous. Il m'adorait, je m'immolais à lui, et nous étions malheureux. »

Madame de Clèves n'eut pas, dans sa cruelle franchise, que je sache, d'autre imitatrice que madame Roland. Encore faut-il considérer qu'en agissant comme madame de Clèves madame Roland n'avait pas de si bonnes raisons. Madame de Clèves en se confiant à son mari lui demandait secours dans sa détresse. Elle implorait un appui. Madame Roland ne voulait qu'étaler sa passion avec sa vertu. Cela est moins admirable.

CHARLES LE GOFFIC [1]

M. Charles Le Goffic n'a pas encore vingt-huit ans révolus, et pourtant il touche par son origine au temps jadis; il naquit contemporain des vieux âges, car il vit le jour et fut nourri dans la petite ville de Lannion, qui était encore, il y a un quart de siècle, une ville du moyen âge. Il coula de longues heures à voir, sur les quais, les eaux paresseuses du Leguer caresser mollement les coques noires des cotres et des chasse-marée. Il mena ses premiers jeux dans les rues montueuses, à l'ombre de ces vieilles maisons aux poutres sculptées et peintes en rouge, aux murs que les ardoises revêtent comme d'une cotte d'armes azurée et sombre. Il courut sur le pont à dos d'âne et à éperons qui, près du moulin, ouvrait naguère encore la route de Plouaret. D'origine italienne par sa mère, l'enfant était, par Jean-François, son père, de vieille souche bretonne. Le Goffic veut dire, en celtique, petit

1. Un poète breton. Charles Le Goffic. (*Amour breton*), 1 vol. in-18.

forgeron. Jean-François Le Goffic était libraire à Lannion, mais c'était un libraire d'une espèce rare et singulière, c'était le libraire-éditeur des bardes. Dans ce pays, où, dit François-Marie Luzel, « le barde chante sur le seuil de sa porte », où, dit Emile Souvestre, « les couplets se répondent de roche en roche, où les vers voltigent dans l'air comme les insectes du soir, où le vent vous les fouette au visage par bouffées, avec les parfums du blé noir et du serpolet », Jean-Francois Le Goffic imprimait en têtes de clous les gwerz héroïques et les sônes gracieux, et sans doute il avait beaucoup à faire, étant l'éditeur attitré des disciples de Taliesin et de Hyvarnion, des modernes Kloers et de toute la confrérie du bon saint Hervé. M. Charles Maurras nous apprend que laïques et clercs, mendiants et lettrés, tous les jouglars du pays se réunissaient une fois l'an dans la maison de Jean-François à un banquet où l'on chantait toute la nuit sur vingt tonneaux de cidre défoncés. Conçu dans ces fêtes de la poésie populaire, Charles Le Goffic naquit poète. Par la suite, il étudia, il alla faire ses classes à Rennes et devint un monsieur. En bon Breton qu'il était, il eut un duel à dix-huit ans. Destiné au professorat, il vint achever ses études à Paris. Là, sur la montagne Sainte-Geneviève, il lui souvint des fêtes paternelles et des femmes de Lannion. Sous leur coiffé blanche et dans leur robe noire, les femmes de Lannion sont d'une exquise beauté. Leur teint pâle, leur démarche austère, le bandeau qui couvre à demi leurs cheveux les font ressembler à des nonnes ; mais, brunes aux yeux bleus, elles ont aux lèvres un sourire mystérieux qui prend le cœur. Au sortir des études, Charles Le Goffic fit des vers, et ils parlaient d'amour, et cet amour était breton. Il était tout breton, puisque celle qui l'inspirait avait grandi dans la lande, et que celui qui l'éprouvait y mêlait du vague et le goût de la mort. Le poète nous apprend que sa bien-aimée, paysanne comme la Marie de Brizeux, avait dix-huit ans et se nommait Anne-Marie.

> Elle est née au pays de lande,
> A Lomikel, où débarqua,
> Dans une belle auge en mica,
> Monsieur saint Efflam, roi d'Irlande.

C'était, en effet, la coutume des vieux saints irlandais d'aborder la côte amoricaine dans une auge, et Charles Le Goffic devait connaître par le menu l'histoire de saint Efflam et de son épouse Enora, pour l'avoir vu jouer en mystère, dans son enfance, à la Saint-Michel, à Lannion.

> Elle est sous l'invocation
> De madame Marie et d'Anne,
> Lis de candeur, urnes de manne,
> Double vaisseau d'élection.
>
> Elle aura dix-huit ans le jour,
> Le jour de la fête votive
> Du bienheureux monsieur saint Yve,
> Patron des juges sans détour.

Or, la fête de saint Yves Hélouri tombe le 19 mai. Et le poète lui-même nous dit ailleurs que Anne-Marie est née « un joli dimanche de printemps » et que, selon l'usage, sainte Anne et la Vierge en personne se tenaient l'une au lit de la mère, l'autre sur le berceau de l'enfant.

Le poète ne nous a pas conté ses amours par le menu. Il nous apprend seulement qu'il a retrouvé sa payse à Paris, sauvage encore, naïvement jolie, ayant gardé sa grâce rustique, sa voix lente; mais, on peut le soupçonner, égarée et déchue.

> Hélas! tu n'es plus une paysanne :
> Le mal des cités a pâli ton front,
> Mais tu peux aller de Paimpol à Vanne,
> Les gens du pays te reconnaîtront.
>
> Car ton corps n'a point de grâces serviles,
> Tu n'as pas changé ton pas nonchalent,
> Et ta voix rebelle au parler des villes
> A gardé son timbre augural et lent.
>
> Et je ne sais quoi dans ton amour même,
> Un geste fuyant, des regards gênés,
> Évoque en mon cœur le pays que j'aime,
> Le pays très chaste où nous sommes nés.

Qu'est devenue Anne-Marie à Paris? Nous l'ignorons, et cela ne laisse pas de nous inquiéter. On ne peut s'empêcher de voir vaguement, dans l'ombre du soir, tourner sur la tête de la jeune Bretonne les ailes enflammées du Moulin-Rouge, tandis que l'étudiant rêveur lui arrange des triolets avec une infinie douceur d'âme :

> Puisque je sais que vous m'aimez,
> Je n'ai pas besoin d'autre chose.
> Mes maux seront bientôt calmés,
> Puisque je sais que vous m'aimez
> Et que j'aurai les yeux fermés
> Par vos doigts de lis et de rose.
> Puisque je sais que vous m'aimez,
> Je n'ai pas besoin d'autre chose.

Je voudrais mourir à présent,
Pour vous avoir près de ma couche,
Allant, venant, riant, causant.
Je voudrais mourir à présent,
Pour sentir en agonisant
Le souffle exquis de votre bouche.
Je voudrais mourir à présent
Pour vous avoir près de ma couche.

. . . .

Jasmins d'Aden, œillets d'Hydra,
Ou roses blanches de l'Écosse,
Fleurs d'églantier, fleur de cédrat,
Jasmins d'Aden, œillets d'Hydra,
Dites-moi les fleurs qu'il faudra,
Les fleurs qu'il faut pour notre noce,
Jasmins d'Aden, œillets d'Hydra,
Ou roses blanches de l'Écosse.

Sur les lacs et dans les forêts.
Pieds nus, la nuit, coûte que coûte,
J'irai les cueillir tout exprès,
Sur les lacs et dans les forêts.
Hélas! et peut-être j'aurais
Le bonheur de mourir en route.
Sur les lacs et dans les forêts,
Pieds nus, la nuit, coûte que coûte.

Le poète semble bien croire là que, si l'amour est bon, la mort est meilleure. Il est sincère, mais il se ravise presque aussitôt pour nous dire sur un ton leste avec Jean-Paul que « l'amour, comme les cailles, vient et s'en va aux temps chauds ». Au reste, je n'essayerai pas de chercher l'ordre et la suite de ces petites pièces détachées qui composent l'*Amour breton* ni de rétablir le lien que le poète a volontairement rompu. C'est à dessein qu'il a mêlé l'ironie à la tendresse, la brutalité à l'idéalisme. Il a voulu qu'on devinât le joyeux garçon à côté du rêveur et le buveur auprès de l'amant. Il en est de l'amour breton, comme de ces fêtes que Jean-François donnait aux bardes bretons; on y conviait Viviane et Myrdinn, les enchanteurs et les fées, mais on y défonçait des foudres de cidre. *Amour breton* embarrassait déjà les commentateurs qui, comme Jules Tellier, vivaient dans l'intimité du poète. L'un d'eux ayant interrogé M. Quellien, qui est barde, en tira cette réponse précieuse : « Nous autres Bretons, nous aimons que dans un livre il y ait de l'âme. Pour ce qui est du cœur, nous nous en passons. » Pourtant il y a aussi du cœur dans *Amour breton*. On sent une vraie douleur, de vrais troubles, de vraies larmes dans le poème du *Premier soir*.

> . . . .
> Toi qui fuis à pas inquiets,
> Je t'avais pardonné ta faute.
> Pourquoi t'en vas-tu? Je croyais
> Qu'on devait vivre côte à côte.
>
> O nuits, ô douces nuits d'antan,
> Où sont nos haltes et nos courses;
> Le vieux saule près de l'étang,
> Et les genêts au bord des sources?

Mais, pour la bien sentir, il faudrait citer la pièce tout entière. Comme art, le poème de M. Le Goffic est rare, pur, achevé. « Ces vers, a dit M. Paul Bourget, donnent une impression unique de grâce triste et souffrante. Cela est à la fois très simple et très savant... Il n'y a que Gabriel Vicaire et lui à toucher certaines cordes de cet archet-là, celui d'un ménétrier de campagne qui serait un grand violoniste aussi. » On ne saurait mieux dire, et si, en effet, le jeune poète breton rappelle un autre poète, c'est celui de la Bresse, c'est Gabriel Vicaire et sa rusticité exquise.

M. Jules Simon, qui est resté Breton à Paris au milieu de sa gloire, disait un jour bien joliment : « Je ne sors jamais de l'Opéra sans penser que je serais bien heureux d'entendre un air de biniou. »

Je ne suis pas Breton et je n'ai vu la Bretagne que dans ces promenades rapides et étonnées qui ressemblent à de beaux rêves. Mais en entendant le biniou de Le Goffic, je crois revoir la grève désolée, la fleur d'or de la lande, les chênes plantés dans le granit, la sombre verdure qui borde les rivières et sur les chemins bordés d'ajoncs, au-pied des calvaires, des paysannes graves comme des religieuses.

ALBERT GLATIGNY

La petite ville de Lillebonne, doucement couchée dans sa verte vallée, avec ses ruines romaines et son château normand, ses filatures et ses blanchisseries, était toute pavoisée en l'honneur d'un de ses fils qui fut, de son vivant, comédien errant et rimeur très magnifique. Il se nommait Albert Glatigny.

Devant le buste qu'on venait de découvrir au bruit des fanfares, mademoiselle Nau récita des strophes qui furent très applaudies :

> O vagabond ! frère des dieux,
> Qui, pour l'amour de la Chimère,
> Grimpas vingt ans la côte amère,
> Les pieds saignants, l'œil radieux ;...
>
> Poète errant ou bateleur
> A qui l'hôte ferme la porte,
> Tu dormais en plein champ ? Qu'importe
> Lorsque la luzerne est en fleur !...
>
> Tu buvais l'eau des sources vives,
> Tu t'attablais aux noisetiers ;
> Maigre festin ; mais vous étiez,
> La fauvette et toi, les convives.

> Si, rousse et rouge, te bouda
> La maritorne de l'auberge,
> Tu voyais en leur neige vierge
> Les trois déesses de l'Ida!...

C'est Catulle Mendès qui invoquait avec ce lyrisme fraternel le poète dont il fut le confrère et l'ami au temps ancien du Parnasse et des parnassiens.

Albert Glatigny n'est mort que depuis dix-huit ans, mais son existence semble reculée dans un passé profond, et il semble plus proche de Destin et de l'Étoile que des comédiens qui donnent aujourd'hui des représentations en province. Ses aventures rappellent les comédiens pittoresques de Le Sage et de Scarron, dont la race est maintenant éteinte.

C'était un grand et maigre garçon à longues jambes terminées par de longs pieds. Ses mains, mal emmanchées, étaient énormes. Sur sa face imberbe et osseuse s'épanouissait une grosse bouche, largement fendue, hardie, affectueuse. Ses yeux, retroussés au-dessus des pommettes rouges et saillantes, restaient gais dans la fièvre. M. Louis Labat, qui a recueilli des souvenirs conservés à Bayonne depuis 1867, dit qu'il était taillé à coups de serpe, en façon d'épouvantail. Quand je le vis, quatre ans plus tard, il était tout à fait décharné. Sa peau, que la bise et la fièvre avaient travaillée, s'écorchait sur une charpente robuste et grotesque. Avec son innocente effronterie, ses appétits jamais satisfaits et toujours en éveil, son grand besoin de vivre, d'aimer et de chanter, il représentait fort bien Panurge.

C'était Panurge, mais Panurge dans la lune. Cet étrange garçon avait la tête pleine de visions. Tous les héros et toutes les dames romantiques, en robe de brocart, en habit Louis XIII, se logèrent dans sa cervelle, y vécurent, y chantèrent, y dansèrent; ce fut une sarabande perpétuelle. Il ne vit, n'entendit jamais autre chose, et ce monde sublunaire ne parvint jamais que très vaguement à sa connaissance. Aussi n'y chercha-t-il jamais aucun avantage et n'y sut-il éviter aucun danger. Pendant qu'il traînait en haillons sur les routes et que le froid, la faim, la maladie le ruinaient, il vivait dans un rêve enchanté. Il se voyait vêtu de velours et de drap d'or, buvant dans des coupes ciselées par Benvenuto Cellini à des duchesses d'Este et de Ferrare, qui l'aimaient.

Il avait coutume de dire qu'il était fils d'un gendarme et même il se plaisait à conter que, s'en étant allé avec des comédiens errants, il avait emporté les bottes de son père. Il lui advint même de traverser les landes à pied avec l'ingénue dont les chaussures trop fines se déchirèrent dans le sable. Ému de pitié, Glatigny lui donna les bottes du gendarme. Toutefois, l'extrait de naissance du poète, publié par M. Léon Braquehais, est ainsi rédigé : « Joseph-Albert-Alexandre Glatigny, né à Lillebonne, le 21 mai 1849, de l'union de Joseph-Sénateur Glatigny, ouvrier charpentier, en cette ville, et de Rose-Alexandrine Masson, couturière audit lieu. »

Il résulte de ce document que Joseph-Sénateur Glatigny, de Lillebonne, était charpentier quand un fils lui vint, qui devait être poète. Il n'était pas gendarme alors.

Mais, comme le fait observer M. Léon Braquehais, il le devint plus tard. Et, s'il en faut croire Théodore de Banville, ce gendarme était brave comme un lion et cultivait des roses.

Son fils Albert devint petit clerc d'huissier, puis apprenti typographe. Il travaillait dans une imprimerie à Pont-Audemer, quand une troupe de comédiens ambulants vint donner des représentations dans cette ville. Il prit sa place au parterre. Que vit-il à la lumière des quinquets? De pauvres diables jouant les grands seigneurs, des meurt-de-faim en bottes molles, des loques, des grimaces? Non pas, certes! Il vit un monde de splendeurs et de magnificences. Les paysages tachés d'huile, les ciels crevés, lui révélaient la nature. Ces grands mots mal dits lui enseignaient la passion; ses yeux étaient dessillés; il voyait, il croyait, il adorait. C'est avec l'ardeur d'un néophyte qu'il reçut le baptême de la balle et qu'il entra dans la confrérie. MM. les comédiens furent bons princes et estimèrent que l'apprenti imprimeur saurait les souffler aussi bien qu'un autre. Ils lui permirent même de s'essayer au besoin dans le comique et dans le tragique. Son ambition n'était pas de s'enfariner le visage, d'avoir sur la nuque un papillon au bout d'un fil de fer et de recevoir agréablement des coups de pied, mais bien de porter le feutre à plume, de se draper dans la cape espagnole et de traîner la rapière funeste aux traîtres. Or, sa face de carême, son corps long comme un jour sans pain, ses pieds interminables qui le précédaient de longtemps sur la scène,

faisaient de lui un personnage tout à fait incongru sous
le velours et la soie. Et quand vous saurez que, doué du
plus pur accent normand, du parler traînant de Bernay,
il était en outre affecté d'un bredouillement qui lui faisait manger la moitié des mots, vous reconnaîtrez qu'il
fut sifflé et huë en toute justice, bien que poète lyrique.
Car, chemin faisant, dans Alençon, il s'aperçut qu'il
était poète, après avoir lu les *Odes funambulesques*, et
tout de suite il fit des vers exquis et superbes. « Des
vers avec leur musique », dit son bon maître Théodore de Banville. Et, ce qui rendit sa vie impossible et
chimérique, c'est que, n'ayant pas d'autre ressource que
de composer des vers excellents et de jouer fort mal la
comédie, il voulait manger cependant, voir le soleil de
Dieu et jouir des bienfaits de la civilisation dans une
certaine mesure. Afin que son roman fût complet, en
plein hiver, habillé tout le long de nankin, il s'éprit
d'amour pour une princesse de théâtre, qui malheureusement n'entendait rien aux sentiments poétiques.
Abîmé de désespoir, il voulut se plonger son canif dans
le cœur et se fendit le pouce. Il ne faut pas croire pourtant qu'il fut très malheureux. Sa misère était grande,
mais il ne la sentait pas. Il aimait sa vie vagabonde et il
y exerçait largement cette verve picaresque qui anime
sa poésie. On en peut juger par le joli sonnet irrégulier
que voici :

> La route est gaie. On est descendu. Les chevaux
> Soufflent devant l'auberge. On voit sur la voiture
> Des objets singuliers jetés à l'aventure;
> Des loques, une pique avec de vieux chapeaux.

Une femme, en riant, écoute les propos
Amoureux d'un grand drôle à la maigre structure.
Le père noble boit et le conducteur jure.
Le village s'émeut de ces profils nouveaux.

En route! et l'on repart. L'un sur l'impériale
Laisse pendre une jambe exagérée. Au loin
Le soleil luit, et l'air est plein d'odeur de foin.

Destin rêve, à demi couché sur une malle,
Et le roman comique au coin de la forêt
Tourne un chemin rapide et creux, et disparaît.

En relisant une notice déjà bien ancienne que j'ai faite sur Albert Glatigny, j'y retrouve quelques historiettes qui couraient au lendemain de sa mort. Je ne les donne pas pour littéralement vraies; mais si elles sont légendaires, elles appartiennent à la légende de la première heure, qui contient toujours beaucoup de vérité. Et puis, elles sont amusantes. C'est une raison pour les conter. Il faut bien, de temps à autre, divertir les honnêtes gens.

Je vous dirai donc, sur la foi des meilleurs auteurs, que, se trouvant à Paris, Glatigny obtint du directeur des Bouffes le rôle du Passant dans les *Deux Aveugles*.

C'est un rôle muet. Ce passant met un sou dans le chapeau d'un aveugle et ne dit rien. On affirme, et je le crois sans peine, qu'un soir Glatigny n'avait pas un centime. En cette conjoncture, il retourna ses goussets et dit : « Je n'ai rien à vous donner aujourd'hui, mon brave homme. » Cette phrase lui valut une forte amende, mais le comédien avait trouvé un effet et il en concevait un juste orgueil.

Vers le même temps il joua, au Théâtre-Lyrique, dans l'*Othello* d'Alfred de Vigny, le troisième sénateur. Il avait à dire un vers et demi et touchait deux francs par soirée.

Mais voici le trait le plus mémorable de sa vie dramatique. C'était dans je ne sais quelle sous-préfecture. On jouait *Andromaque*, pour le malheur de Racine. Glatigny tenait le rôle modeste de Pylade et il n'y brillait pas. Mécontent de son succès et persuadé, en bon romantique, que le texte de Racine était insuffisant, il y ajouta une beauté. Dans la scène II de l'acte III, annonçant l'entrée d'Hermione (je ne sais quelle était cette Hermione; le ciel lui accorde de ravauder en paix les bas de sa famille!) le Pylade de basse Normandie récita les trois vers écrits par l'auteur d'*Andromaque* et en ajouta deux autres tout à fait étrangers au texte :
« Gardez, dit-il,

> Gardez qu'avant le coup votre dessein n'éclate;
> Oubliez jusque-là qu'Hermione est ingrate;
> Oubliez votre amour. Elle vient, je la *vois*
> Et si *celle* du sang n'est point une chimère,
> Tombe aux pieds de ce sexe à qui tu dois ta mère.

L'effet de ces deux derniers vers, soudés au texte de Racine, fut merveilleux. Les lettrés de la petite ville se sentirent transportés d'admiration, et le sous-préfet lui-même donna le signal des applaudissements.

Albert Glatigny avait un cœur d'or. Les jours où il dînait, il partageait son repas avec Toupinel, qui était un petit griffon errant et maigre comme son maître.

M. Louis Labat a conservé dans le *Bulletin de la Société des sciences et arts de Bayonne* le souvenir de Toupinel.

« Les jours de paye, nous dit-il, étaient jours d'orgie pour Glatigny et celui qu'il avait élevé au rang d'ami intime. L'un suivant l'autre, ils s'en allaient, rasant les murs de la ville, droit au café Farnié, — lui en une sorte d'extase, le cœur plein des soixante-dix bienheureux francs qu'il venait de toucher. Gravement, il s'asseyait devant une table solitaire, Toupinel lui faisant face, et commandait deux côtelettes. Les deux côtelettes servies, toutes fumantes, c'était un spectacle ridiculement drôle, à la fois, et touchant de voir ce grand garçon naïf découper en menues tranches la part de son camarade, lui en offrir avec des tendresses toutes maternelles chaque bouchée et, mélancolique, regarder s'envoler en claires spirales la fumée de son assiette, cependant que le griffon, posté sur son siège, dégustait en gourmet la moindre bribe de ce festin. Du coup, c'était pour un mois qu'il en fallait prendre. Toupinel, sans doute, en avait conscience : aussi se gardait-il de perdre une minute. Par rare occurrence, ces aubaines se renouvelaient parfois, mais à des périodes essentiellement variables. »

Je n'ai pas connu Toupinel, qui dut terminer sa vie errante vers 1868. Mais j'ai connu Cosette, qu'un sonnet a rendue immortelle. Cosette était de race douteuse et de mine commune, mais elle avait beaucoup d'esprit et de cœur. Durant plusieurs années, on ne put voir Glatigny sans Cosette. Dans une lettre où le pauvre comédien raconte avec une gaieté courageuse les souffrances et les mauvais traitements qu'il a endurés, il ajoute : « Ma pauvre petite chienne a reçu un coup de pied dans le ventre qui a failli la tuer. Pour le coup, j'ai pleuré. » Les circonstances dans lesquelles Cosette fut traitée avec cette brutalité sont singulières. Elles ont été racontées tout au long dans le *Temps* du 17 janvier 1891, en première page. Je les rappellerai très sommairement d'après la version que le poète en a donnée lui-même dans un petit livret aujourd'hui introuvable, qui s'appelle le *Jour de l'an d'un vagabond*.

Le 1er janvier 1869, après bien des aventures de grands chemins, Glatigny, qui se trouvait alors à Bocognano, en Corse, fut arrêté par un gendarme et mis au cachot où il resta enfermé quatre jours sous l'inculpation d'avoir assassiné un magistrat. Le gendarme l'avait pris pour Jud, qu'on cherchait partout et qu'on ne trouvait nulle part, pour la raison suffisante qu'il n'existait pas. Le gendarme de Bocognano était comme les chiens de garde, il n'aimait pas les gens mal habillés et ses soupçons s'éveillèrent au seul aspect des braies et de la veste sordides du poète-comédien. C'est du moins ce que révèle le procès-verbal d'arrestation dans lequel on lit ceci :

« Nous avons remarqué cet individu dont son aspect nous a paru fugitif. »

Et, ce qui est singulier, il se trouva un juge suppléant pour répondre : « Oui, oui, effectivement, effectivement » à cette observation de la gendarmerie, et faire mettre Glatigny aux fers, dans un cachot où Cosette défendit courageusement son maître contre les rats qui voulaient le dévorer. Il était déjà atteint de la phtisie dont il devait mourir, et son état s'aggrava dans la prison malsaine de Bocognano.

De retour au pays normand en 1870, il y trouva une jeune fille qui y fuyait l'invasion allemande, mademoiselle Emma Dennie. Elle l'aima pour son bon cœur, pour son talent de poète, et surtout parce qu'il était malheureux. Elle consentit à l'épouser et, atteinte du même mal, elle se fit sa garde-malade. Cette charmante femme donna un foyer au pauvre vagabond, revenu, hélas! de toutes ses courses. Après la guerre, ils allèrent tous deux habiter à Sèvres, près Paris, une petite maison au pied du côteau, sur le bord d'un chemin en pente, raviné par les pluies.

C'est là qu'Albert Glatigny mourut le 16 avril 1873, dans sa trente-cinquième année. Il avait écrit :

> ... Que l'on m'enterre un matin
> De soleil, pour que nul n'essuie,
> Suivant mon cortège incertain,
> De vent, de bourrasque ou de pluie;
> Car n'ayant jamais fait de mal
> A quiconque ici, je désire,
> Quand mon cadavre sépulcral
> Aura la pâleur de la cire,
> Ne pas, en m'en allant, occire
> Des suites d'un rhume fâcheux
> Quelque pauvre dévoué sire
> Qui suivra mon corps de faucheux.

Ses amis le conduisirent au cimetière de Sèvres (il m'en souvient) par une de ces matinées de printemps, mêlées de pluie et de soleil, qui ressemblent à un sourire dans des larmes.

Il laissait les vers brillants des *Vignes folles* et des *Flèches d'or*. Comme poète, Glatigny procède de Banville, avec une nuance d'originalité. Et en art il faut saisir la nuance. L'œuvre de ce poète a son prix et sa valeur, et la municipalité de Lillebonne a été bien inspirée en honorant la mémoire de son enfant qui fut pauvre et qui, dans sa vie innocente, oublia tous ses maux en chantant des chansons.

M. MARCEL SCHWOB [1]

Il y a beaucoup moins de lecteurs pour les nouvelles que pour les romans, par cette raison suffisante que seuls les délicats savent goûter une nouvelle exquise, tandis que les gloutons dévorent indistinctement les romans bons, médiocres ou mauvais. Il n'est pas de feuilleton, si fade ou si coriace, qui ne soit avalé jusqu'à la dernière tranche par quelque pauvre d'esprit affamé de grosse littérature.

Les gloutons sont nombreux en ce monde terraqué où l'on mange. Pour neuf lecteurs sur dix, un roman est un plat dont ils s'empiffrent et dont ils veulent avoir par-dessus les oreilles. Aussi les fournisseurs ordinaires du public ont-ils un tour de main incomparable pour fabriquer des romans compacts et lourds comme des pâtés. Ils vous bourrent leur clientèle, ils vous la gavent jusqu'à la rendre stupide. Ils connaissent leur monde.

---

1. *Cœur double*, avec une préface, 1 volume.

Le vrai liseur de romans demande seulement qu'on l'abêtisse.

Celui-là lit un roman dans sa soirée et il serait bien incapable de lire autre chose qu'un roman. Il lit très vite, car rien ne l'arrête, et quand il a fini il ne sait plus ce qu'il a lu. Ce genre de lecteur n'est pas rare, et c'est pour lui que nos bons faiseurs travaillent.

Il n'y aurait pas grand mal à cela si, pour grossir leur clientèle, des écrivains de talent ne s'obstinaient à produire roman sur roman et ne s'étudiaient à dire en quatre cents pages ce qu'ils eussent mieux dit en vingt. Je ne me plains pas des mauvais romans, faits sans art pour les illettrés. Tout innombrables qu'ils sont, ils ne comptent pas. Je me plains de voir paraître tant de romans médiocres, écrits par des gens de quelque valeur et lus par un public cultivé. On en publie, de ceux-là, jusqu'à trois et quatre par semaine et c'est un flot montant qui nous noie. J'admire que des gens de bon sens, intelligents et qui ne sont pas sans lecture, se flattent d'avoir tous les ans à faire au public un récit en un volume in-18 jésus, et qu'ils se livrent de gaieté de cœur à ce genre de travail sans songer que notre siècle, en le supposant à cet égard plus heureux que les précédents, laissera après lui tout au plus une vingtaine de romans lisibles. C'est pourtant, si l'on y songe, une excessive prétention que de vouloir imposer une fois l'an au monde trois cent cinquante pages de choses imaginaires! Que le conte ou la nouvelle est de meilleur goût! Que c'est un moyen plus délicat, plus discret et plus sûr de plaire aux gens d'esprit, dont la vie est occupée et qui savent le prix des heures! La première politesse de l'écrivain, n'est-ce point d'être bref? La nouvelle suffit à tout. On y peut renfermer beaucoup de sens en peu de mots. Une nouvelle bien faite est le régal des connaisseurs et le contentement des difficiles. C'est l'élixir et la quintessence. C'est l'onguent précieux. J'admire infiniment Balzac; je le tiens pour le plus grand historien de la France moderne qui vit tout entière dans son œuvre immense. Mais à la *Cousine Bette* et au *Père Goriot* je préfère encore, pour l'art et le tour, telle simple nouvelle : la *Grenadière*, par exemple, ou la *Femme abandonnée*. Aussi je ne crois pas donner une médiocre louange à M. Marcel Schwob en disant qu'il vient de publier un excellent recueil de nouvelles. M. Marcel Schwob a intitulé son livre *Cœur double*, et je n'en conçois pas très bien les raisons, même après qu'il les a déduites dans sa préface. Cette préface me plaît, parce qu'on y parle d'Euripide et de Shakespeare et qu'elle respire un amour fervent des lettres. Mais je n'ose me flatter de l'avoir bien comprise. M. Marcel Schwob, comme un nouvel Apulée, affecte volontiers le ton d'un myste littéraire. Il ne lui déplaît pas qu'au banquet des Muses les torches soient fumeuses. Je crois même qu'il serait un peu fâché si j'avais pénétré trop facilement les mystères de son éthique et les silencieuses orgies de son esthétique.

Il est très occupé d'Aristote qui voulait que le poète tragique corrigeât la terreur par la pitié, et il se flatte d'avoir observé dans son *Cœur double* ce précepte du Stagirite. Il peut avoir raison, mais c'est une raison qui ne me frappe pas, et je ne sais pas démêler le lien mystérieux qui, dans sa pensée, unit ses contes et en fait un tout indivisible. Je ne connais pas M. Marcel Schwob. On me dit qu'il est très jeune, et, à ce compte, sa préface peut passer pour une folie charmante de jeunesse.

A son âge, je n'étais pas content quand je n'avais pas expliqué l'univers dans ma matinée, sous les platanes du Luxembourg. En ce temps-là j'aurais été capable, je crois, de faire une preface comme celle de M. Marcel Schwob, le talent mis à part, bien entendu. Je ne parle que de la générosité tumultueuse des idées générales. Mais il n'y a que M. Marcel Schwob pour écrire tout jeune des récits d'un ton si ferme, d'une marche si sûre, d'un sentiment si puissant. Il nous avait promis la Terreur et la Pitié. Je n'ai guère vu la Pitié. Mais j'ai senti la Terreur. M. Marcel Schwob est dès aujourd'hui un maître dans l'art de soulever tous les fantômes de la peur et de donner à qui l'écoute un frisson nouveau. Bien qu'il procède parfois d'Edgar Poë et de Dickens (l'influence de Dickens est sensible dans un *Squelette*), bien qu'il montre une aptitude naturelle et méthodique à calquer les formes d'art les plus diverses, bien que tel de ses contes soit du Pétrone très réussi, que tel autre rappelle les apologues orientaux de l'abbé Blanchet et que tel autre semble tiré d'un livre bouddhiste, il est original, il a une manière composite qui lui est propre, et il a trouvé un genre de fantastique sincère et personnel. Il serait assez difficile de définir ce fantastique et d'en montrer les ressorts. M. Marcel Schwob semble peu crédule. Il ne donne point dans le merveilleux de ce temps-ci. Il est tout à fait brouillé avec les spirites et, loin de revêtir leurs pratiques de poésie et de passion, comme l'a fait M. Gilbert-Augustin Thierry dans sa *Rediviva*, il se moque de M. Medium avec une massive et terrible gaieté qui sent un peu l'ale et le gin. Quant aux mages, si nombreux aujourd'hui et si vaillants à écrire de gros traités, il doute de l'efficacité de leur science, à juger par ce qu'il dit (dans le conte des *Œufs*) de Nébuloniste, magicien d'un certain roi de féerie. « C'était un élève des mages de la Perse; il avait digéré tous les préceptes de Zoroastre et de Çakyâmouni, il était remonté au berceau de toutes les religions et s'était pénétré de la morale supérieure des gymnosophistes. Mais il ne servait ordinairement au roi qu'à lui tirer les cartes ». C'est tout ce que j'ai pu découvrir de magie dans le *Cœur double*, et l'on n'y voit point, comme chez M. Joséphin Peladan, un vieux docteur allemand, épris d'esthétique, visiter la nuit en corps astral la jolie femme qui avait eu l'imprudence de remettre sa jarretière sous la fenêtre où il prenait le frais en songeant à l'Aphrodite des Cnidiens. M. Marcel Schwob n'est point tenté par les nouvelles hypothèses sur l'au delà. Les anciennes le laissent aussi incrédule. Son fantastique est tout intérieur; il résulte soit de la construction bizarre des cerveaux qu'il étudie, soit du pittoresque des superstitions qui hantent ses personnages, ou tout simplement d'une idée violente chez des gens très simples. Il ne nous montre ni spectres ni fantômes ; il nous montre des hallucinés. Et leurs hallucinations suffisent à nous épouvanter. Rien de plus effrayant que ce riche affranchi romain, cet autre Trimalcion, qui a vu des stryges dévorer un cadavre :

> Soudain, le chant du coq me fit tressauter et un souffle glacé du vent matinal froissa les cimes des peupliers. J'étais appuyé au mur ; par la fenêtre, je voyais le ciel d'un gris plus clair et une traînée blanche et rose du côté de l'Orient. Je me frottai les yeux, et lorsque je regardai ma maîtresse, que les dieux m'assistent ! je vis que son corps était couvert de meurtrissures noires, de taches d'un bleu sombre, grandes comme un as — oui, comme un as — et parsemées sur toute la peau. Alors je criai et je courus vers le lit ; la figure était un masque de cire sous lequel on vit la chair hideusement rongée ; plus de nez, plus de lèvres, ni de joues, plus d'yeux ; les oiseaux de nuit les avaient enfilés à leur bec acéré, comme des prunes. Et chaque tache bleue était un trou en entonnoir, où luisait au fond une plaque de sang caillé ; et il n'y avait plus ni cœur, ni poumons, ni aucun viscère ; car la poitrine et le ventre étaient farcis avec des bouchons de paille.

Voyez aussi le conte des trois gabelous bretons qui poursuivent en mer le galion du capitaine Jean Florin. Ce galion, chargé des trésors de Montezuma, ne débarquait jamais. Là encore, dans cette histoire de vaisseau fantôme, la terreur est produite par une superstition grossière et poétique que le conteur nous oblige à partager avec les trois marins.

On peut dire de M. Marcel Schwob, comme d'Ulysse, qu'il est subtil et qu'il connaît les mœurs diverses des hommes. Il y a dans ses contes des tableaux de tous les temps, depuis l'époque de la pierre polie jusqu'à nos jours. Mais M. Marcel Schwob a un goût spécial, une prédilection pour les êtres très simples, héros ou criminels, en qui les idées se projettent sans nuances en tons vifs et crus.

Je ne sais s'il est Breton, son nom ne semble pas l'indiquer, mais ses figures les mieux dessinées, du trait le plus pittoresque et le plus sympathique, sont des Bretons, soldats ou marins. (Voir *Poder*, les *Noces d'Ary*, *Pour Milo*, les *Trois Gabelous*.)

En tout cas, ce Breton sait au besoin parler le plus pur argot parisien. Il emploie la langue verte, autant que j'en puis juger, avec une élégance que M. Victor Meusy lui-même pourrait envier.

Il aime le crime pour ce qu'il a de pittoresque. Il a fait de la dernière nuit de Cartouche à la Courtille un tableau à la manière de Jeaurat, le peintre ordinaire de mam'selle Javotte et de mam'selle Manon, avec je ne sais quoi d'exquis que n'a pas Jeaurat. Et dans ses études de nos boulevards extérieurs, M. Marcel Schwob rappelle les croquis de Raffaelli, qu'il passe en poésie mélancolique et perverse.

Que dire enfin? Il y a près de quarante contes ou nouvelles dans *Cœur double*. Ces nouvelles sont toutes ou rares ou curieuses, d'un sentiment étrange, avec une sorte de magie de style et d'art. Cinq ou six, les *Stryges*, le *Dom*, la *Vendeuse d'ambre*, la *Dernière Nuit*, *Poder*, *Fleur de cinq pierres*, sont en leur genre de vrais chefs-d'œuvre.

MADAME DE LA SABLIÈRE

D'APRÈS DES DOCUMENTS INÉDITS

I

On m'a communiqué cinquante-trois lettres, adressées par madame de la Sablière à l'abbé de Rancé, du mois de mars 1687 au mois de janvier 1693. Cette correspondance est tout à fait inédite. Je la crois assez précieuse pour être offerte au public, du moins dans ses parties les plus touchantes.

Madame de la Sablière est surtout connue pour avoir accordé à La Fontaine une hospitalité gracieuse; sa mémoire, associée à celle du poète, mérite un souvenir fidèle. Au reste, cette dame est par elle-même très intéressante. Elle avait un esprit agile et curieux, une âme inquiète, un cœur enflammé. Elle fit de sa vie, comme tant d'autres femmes, deux parts consacrées, la première à l'amour profane, la seconde à l'amour divin.

Sa pénitence souleva quelque admiration dans cette société accoutumée à voir les dames faire de pareilles fins. Jamais conversion ne fut plus sincère que celle de madame de la Sablière. Mais, en changeant d'existence, elle ne changea point de cœur et l'on peut bien lire qu'elle aima Dieu comme elle avait aimé M. de la Fare. Les lettres dont je parle furent écrites après la conversion. Ce sont des entretiens spirituels d'une extrême ardeur et dont la monotonie fatiguerait, si l'on ne sentait sous le vague du langage les élans de l'âme.

Marguerite Hessin, née d'une famille bourgeoise et réformée, épousa, à vingt-quatre ans, en 1654, Antoine de Rambouillet de la Sablière, fils du financier Rambouillet qui, titulaire d'une des cinq grosses fermes, avait tracé à grands frais, dans le faubourg Saint-Antoine, des jardins magnifiques, qu'on nommait les Folies-Rambouillet. Antoine de la Sablière était conseiller du roi et des finances, régisseur des domaines de la couronne et assez riche pour prêter un jour quarante mille écus au prince de Condé. Ils eurent trois enfants en trois ans : Nicolas, l'aîné, en 1656, Anne, la cadette, en 1657, Marguerite, la troisième, en 1658.

Il y avait alors des femmes savantes. Madame de la Sablière fut de celles-là et fit figure dans le groupe des libertins et des libertines. Le libertinage, à l'entendre comme on l'entendait alors, était une disposition d'esprit à ne croire à rien, sans le dire trop haut. Les libertins formaient une petite société très brillante. Le roi tolérait leur discrète impiété de table et de ruelle, bien moins dangereuse pour la paix de l'Église que les fières disputes des solitaires de Port-Royal.

Pendant que M. de la Sablière, qui était aimable, faisait de petits vers aux dames, sa femme se jeta avec ardeur dans la philosophie et dans les sciences. Le vieux mathématicien Roberval lui donnait des leçons. Saint-Evremond était en correspondance avec elle. Bernier logeait chez elle, Bernier, qu'on nommait le joli philosophe, qui avait parcouru la Syrie, l'Égypte, l'Inde, la Perse, et servi de médecin à Aureng-Zeb, et qui, étant allé partout, revenu de tout, avait beaucoup à dire, étudiait sans cesse et ne croyait guère. Il fit pour madame de la Sablière un abrégé du système de Gassendi, son maître; et c'est un abrégé qui n'a pas moins de huit volumes.

La maison de madame de la Sablière était l'hôtellerie des savants. Elle y recueillit même un géomètre, le jeune Sauveur, qui devint par la suite un des plus grands mathématiciens français. Passant Armande en zèle pour les belles connaissances, elle allait le matin chez Dalancé faire des expériences au microscope et le soir assistait chez le médecin Verney à une dissection. A trente ans, elle était illustre. Le roi Sobieski, de passage à Paris, l'alla voir. Pour tout dire, c'était Vénus Uranie sur la terre. Elle s'était jetée dans la science avec une curiosité dévorante, et toute l'ardeur d'une âme qui ne quittait les choses qu'après les avoir épuisées. Point précieuse, pédante moins encore, quoi qu'en ait pensé Boileau après qu'elle eut blessé son amour-propre de rimeur.

Boileau était un bon humaniste, d'un esprit judicieux, sans grande curiosité. Il s'enferma toute sa vie dans le cercle des belles-lettres et resta toujours étranger aux sciences physiques et naturelles. Aussi lui arrivait-il parfois d'employer dans ses vers des termes savants dont il ignorait le sens. Quand madame de la Sablière lut les Épîtres, elle s'arrêta, dans la cinquième, à ces vers :

> Que, l'astrolabe en main, un autre aille chercher
> Si le soleil est fixe et tourne sur son axe,
> Si Saturne à ses yeux peut faire un parallaxe...

Elle marqua de l'ongle cet endroit du livre et se moqua du poète qui parlait de l'astrolabe sans savoir ce que c'était, qui disait un parallaxe quand il fallait dire avec tous les savants une parallaxe et qui semblait enfin ne pas se faire une idée bien exacte du cours des planètes. Le régent du Parnasse, pris en faute comme un écolier et corrigé par une femme, en eut du dépit. Elle le jugeait trop ignorant; il la jugea trop savante et lui garda rancune. Son jugement était droit et son cœur honnête; mais, cultivant la satire, il était vindicatif par profession. Méditant une poétique vengeance, il polit et repolit dans sa tête quelques vers destinés à prendre place dans sa satire des femmes. Je ne saurais dire au coin de quel bois, selon son usage, il en attrapa les rimes; contentons-nous d'affirmer que l'ombre du bonhomme Chrysale, lui tenant lieu de muse, en fournit l'inspiration. Le poète y désignait, sans la nommer

> cette savante,
> Qu'estime Roberval et que Sauveur fréquente.

Et, dans son envie de piquer la savante à l'endroit sensible, il s'avisa de dire que l'astronomie lui fatiguait les yeux et lui gâtait le teint. D'où vient, s'écriait-il dans un mouvement d'enthousiasme calculé,

> D'où vient qu'elle a l'œil trouble et le teint si terni?
> C'est que, sur le calcul, dit-on, de Cassini,
> Un astrolabe en main, elle a, dans sa gouttière,
> A suivre Jupiter passé la nuit entière.

On voit que l'astrolabe lui tenait au cœur et qu'il était assez content de faire voir qu'il en connaissait enfin le véritable usage. On ne sait si le trait eût porté et si madame de la Sablière en eût été blessée. L'irréprochable Boileau, satisfait d'avoir pu se venger, ne se vengea pas. *Satis est potuisse videri.* Il garda ses vers en manuscrit.

Poète de bonne compagnie, il ne se fût pas pardonné d'avoir offensé une femme. Il n'aurait pas eu, du reste, tous les rieurs de son côté, et quelques gentilshommes auraient pu payer ses rimes, un soir, au coin d'une rue, d'une volée de bois vert. En ce temps-là, c'était assez l'usage. Madame de la Sablière, sans beaucoup de beauté, ce semble, ni de santé, était charmante et savait plaire. Sa maison n'était pas ouverte qu'aux savants et aux poètes. Les gens de cour y soupaient, et ces soupers devaient être fort gais; l'abbé de Chaulieu y donnait le ton. En lui commençait l'espèce des abbés d'alcôve qui devait bientôt pulluler autour des femmes de condition. Chapelle lui avait appris au cabaret à rimer des chansons. Il se servait de ce petit talent aux soupers de madame de la Sablière, où se réunissaient Rochefort, Brancas, le duc de Foy, Lauzun et quelques autres écervelés. La Grande Mademoiselle, qui avait des droits sur le cœur de Lauzun, trouvant qu'il fréquentait trop assidûment les Folies-Rambouillet, en prit de l'ombrage. On tenta de donner le change à sa jalousie. « La Grande Mademoiselle, lui disait-on, doit-elle s'inquiéter de cette petite femme de la ville nommée la Sablière ? » Mais la petite-fille de Henri IV n'était rassurée qu'à demi.

Certainement madame de la Sablière avait une très mauvaise réputation. Il est délicat de rechercher en quoi elle pouvait la mériter. Mais il semble bien qu'elle ait manqué surtout de prudence qu'elle n'ait pas assez sacrifié à l'opinion et, pour parler le langage du temps, pris trop peu de soin de sa gloire. Au fond, elle était plus passionnée que voluptueuse. Et Bernier, qui vivait chez elle, lui trouvait des préjugés. Il est vrai qu'il en trouvait aussi à Ninon. Causant un jour avec Saint-Evremond de la mortification des sens, il lui dit :

« Je vais vous faire une confidence que je ne ferais pas à madame de la Sablière, à mademoiselle de Lenclos même, que je tiens d'un ordre supérieur ; je vous dirai en confidence que l'abstinence des plaisirs me paraît un grand péché. »

Et ce propos nous apprend que madame de la Sablière n'était point aussi avancée dans la philosophie épicurienne que la grande Ninon, qui avait elle-même, au gré de Bernier, encore quelques progrès à faire. L'événement devait donner raison à Bernier. Madame de la

Sablière aima La Fare, et rien n'est plus contraire que l'amour à la sagesse d'Épicure. La Fare était un joli homme qui avait l'esprit agréable et froid, un débauché fort sage. Il se laissa d'abord aimer; et pendant quelque temps montra même de l'empressement. Ses compagnons de table, qu'il négligeait, se moquaient de lui. Chaulieu vint lui dire :

— On vous met à la place de la tourterelle pour être le symbole de la fidélité.

Au printemps de 1677, il vendit sa charge de sous-lieutenant des gendarmes-Dauphin. Il a donné lui-même les raisons qui l'avaient poussé à quitter le service. A la demande d'un avancement mérité, Louvois avait répondu par un refus brutal. « Cette réponse, dit La Fare, jointe au mauvais état de mes affaires, à ma paresse et à l'amour d'une femme qui le méritait, tout cela me fit prendre le parti de me défaire de ma charge. » On voit que madame de la Sablière n'est que pour un quart tout au plus dans cette détermination. Le sentiment de La Fare, qui semble avoir été d'abord assez vif, se tempéra très vite. Madame de la Sablière le vit de jour en jour moins assidu, plus distrait. Les tourments de la pauvre femme ne cessèrent plus; il lui fallut essuyer sans relâche « les mauvaises excuses, les justifications embarrassées, les conversations peu naturelles, les impatiences de sortir ».

Ce refroidissement n'échappait pas à la malignité du monde. Quelques-uns accusaient d'inconstance madame de la Sablière. D'autres, mieux avisés, prenaient sa défense :

« Non, non, répondaient-ils, elle aime toujours son cher Philadelphe; il est vrai qu'ils ne se voient pas du tout si souvent, afin de faire vie qui dure, et qu'au lieu de douze heures, par exemple, il n'est plus chez elle que sept ou huit. Mais la tendresse, la passion, la distinction et la parfaite fidélité sont toujours dans le cœur de la belle, et quiconque dira le contraire aura menti. »

Cependant La Fare relâchait des liens qui commençaient à l'impatienter. Ennemi de toute contrainte, il reprit peu à peu sa chère liberté. Maintenant, il soupait comme devant; la Champmeslé lui donnait quelque occupation. De plus, s'il faut en croire l'effronté petit abbé de Chaulieu, La Fare versa un soir avec Louison devant la porte de madame de la Sablière, qui eut bientôt une nouvelle rivale plus redoutable que les autres, la bassette.

Ce jeu de cartes, introduit en France par l'ambassadeur de Venise, y était alors dans toute sa nouveauté. Fontenelle, dans les *Lettres du chevalier d'Her...*, reprochait à ce jeu de nuire à la galanterie. « Cette maudite bassette, écrivait-il, est venue pour dépeupler l'empire d'amour, et c'est le plus grand fléau que la colère du ciel pût envoyer. On peut appeler ce jeu-là l'art de vieillir en peu de temps. » Sauveur fit une table de probabilités pour montrer qu'il y avait dans le jeu des coups plus avantageux les uns que les autres. On crut dans le public que cette table enseignait les moyens de jouer à coup sûr, et la rage des joueurs en redoubla. En dépit de cette modération renouvelée d'Horace dont il se piquait, La Fare devint un des plus obstinés joueurs. Il passait les jours et les nuits à Saint-Germain, devant des cartes, avec un visage enflammé. Il perdait assez, car le bruit de sa déveine parvint jusqu'à La Fontaine, alors à l'ombre et au vert dans son pays natal.

Pendant qu'il jouait, madame de la Sablière se consumait d'angoisse et de dépit, séchait dans la fièvre et dans les larmes. M. de la Sablière, de son côté, dépérissait de chagrin. Après la mort subite de mademoiselle Manon de Vaughangel qu'il aimait, il s'affaissa, languit pendant un an et s'éteignit le 3 mai 1679, âgé de cinquante-cinq ans, après vingt-cinq années de mariage.

Au bout de deux ans, M. de La Fare laissa paraître une telle négligence que tout le monde vit que c'était fini. Et cette négligence parut blâmable. On peut dire même qu'elle fit scandale. Madame de Coulanges se faisait remarquer parmi les belles indignées. Elle ne saluait plus M. de La Fare et disait joliment :

— Il m'a trompée !

Madame de la Sablière, bien qu'elle aimât toujours, ne put garder d'illusions. Elle était dans l'âge où les femmes ont besoin d'être aimées pour rester jolies. Puisqu'on l'abandonnait, elle sentit qu'elle n'avait plus rien à faire en ce monde. Trahie, désespérée, vieillie, assaillie d'images funèbres, elle alla porter à Dieu sa santé ruinée, sa beauté perdue et son cœur encore brûlant.

II

Dans l'agreste quartier du Luxembourg, à la jonction des rues de Sèvres et du Bac, s'élevait alors, au milieu de jardins maraîchers, un vaste bâtiment dont la façade s'étendait sur une longueur de dix toises de France, ou deux cent cinquante pas environ. L'intérieur renfermait onze cours, deux potagers, huit puits, un cimetière et une église surmontée d'un clocher. C'était l'hôpital établi en 1637, par le cardinal de la Rochefoucauld. On y recevait les hommes et les femmes qui, selon l'expression de l'ordonnance de fondation, « étant privés de fortune et de secours, n'avaient pas même la consolation d'entrevoir un terme aux maux dont ils étaient affligés ». Le peuple disait simplement : C'est l'hospice des Incurables, donnant ainsi le nom qui a prévalu. Madame de la Sablière vint, dans cette maison, partager avec les sœurs grises le service des malades. Madame de Sévigné, qui reçut aux Rochers la nouvelle de cette retraite, en fit part à sa fille, le 21 juin 1680, avec cette riante abondance de paroles qui lui était naturelle.

« Madame de la Sablière, dit-elle, est dans ses Incurables, fort bien guérie d'un mal que l'on croit incurable pendant quelque temps et dont la guérison réjouit plus que nulle autre. Elle est dans ce bienheureux état; elle est dévote et vraiment dévote. » Et voilà l'écrivante marquise louant Dieu, citant saint Augustin et conciliant, à sa façon légère, la grâce avec le libre arbitre.

Madame de la Sablière était veuve. Ses deux filles étaient mariées. Son fils restait attaché à la religion réformée. Cette même année 1680, il publia chez Barbin, en un petit volume in-12, les madrigaux de son père. Rien ne la retenait plus dans ce monde qu'elle haïssait pour en avoir trop attendu. Pourtant, elle n'avait pas rompu tout à fait avec la société dans laquelle elle avait vécu ses plus belles années. Elle avait gardé sa maison et ses gens. Elle habitait alors un bel hôtel de la rue Saint-Honoré, dont les jardins s'étendaient jusqu'à ceux des Feuillants, des dames de la Conception et des Tuileries. Elle y logeait La Fontaine qui était à elle depuis sept ou huit ans. « Elle pourvoyait à ses besoins, dit l'abbé d'Olivet, persuadée qu'il n'était guère capable d'y pourvoir lui-même. » C'est de ce bel hôtel et de ces beaux ombrages qu'elle partait pour aller au bout de la sauvage rue du Bac soigner les malades. Bien que dévote et pénitente, elle recevait et rendait des visites. Elle s'intéressait encore aux ouvrages de son poète domestique, ou, du moins, elle feignait, par bonté, de s'y plaire, puisque, ayant envoyé de Château-Thierry des vers à Racine, La Fontaine priait son ami de ne les montrer à personne, madame de la Sablière ne les ayant pas encore vus. Et il est à remarquer que cet envoi est de 1686, et qu'alors madame de la Sablière s'était beaucoup enfoncée dans la retraite.

C'est peu de temps après qu'elle se mit sous la direction spirituelle de Rancé. Armand-Jean Le Bouthillier, abbé de Rancé, était alors dans la soixante et unième année de son âge et dans la douzième de sa retraite. Restaurateur de la Trappe, il achevait dans la pénitence une vie commencée avec scandale. Jeune, il avait été, comme Retz, un prélat ambitieux et galant. La mort de madame de Montbazon, qu'il aimait, avait changé son âme et retourné sa vie. Mais il gardait dans sa nouvelle existence l'indomptable énergie de son âme et l'infatigable activité de son esprit. De sa cellule monacale il disputait avec les bénédictins qu'effrayait sa fureur ascétique et correspondait avec les plus grands docteurs. Sa connaissance du monde dont il avait épuisé les plaisirs et les honneurs, jointe à l'inflexibilité d'un caractère qui n'hésitait jamais, le rendait très propre à ce que l'Église appelle les directions spirituelles. Il était excellent en particulier pour les pécheresses de condition. La princesse Palatine l'avait consulté plusieurs fois sur des difficultés de conscience, et ils avaient tous deux entretenu un commerce de lettres qui n'avait fini qu'à la mort de cette illustre pénitente.

Madame de la Sablière obtint que la main qui avait écrit des maximes pour Anne de Gonzague lui traçât des règles de vie. Elle en fut pénétrée de reconnaissance et d'amour. On m'a communiqué cinquante-trois lettres écrites du 14 mars 1687, au (?) janvier 1693. Je n'ai point vu les originaux, et l'on a tout lieu de croire qu'ils sont perdus. Mais j'ai sous les yeux une copie faite au XVIIe siècle, dans un cahier in-4°. J'en vais publier quelques extraits, avec le regret de ne pouvoir faire davantage, car ces lettres me semblent un beau monument de littérature mystique.

Je citerai d'abord quelques lignes de la première lettre en avouant une ignorance qui ne serait point pardonnable à un éditeur, mais qu'on excusera peut-être dans une simple causerie. Je ne sais pas le nom du confesseur dont parle madame de la Sablière. J'avais d'abord songé que ce pouvait être le P. Rapin. Le P. Rapin avait connu La Fare. Bien que ce ne soit pas là une raison, je songeais à Rapin. Mais Rapin est mort en 1687, et le confesseur de madame de la Sablière a quitté ce monde à la fin de 1688, ainsi que nous l'apprend une des lettres à Rancé que j'ai sous les yeux. Nous savons du moins que ce n'était pas un janséniste, puisqu'il lui était donné par l'abbé de la Trappe, assez ennemi de Port-Royal.

14 mars 1687.

Vous savés, mon très révérend père, comme je tiens de vous celuy qui me dirige. J'ai eu des peines à subir cette loi qu'il n'y a que Dieu qui sache. Je lui ay fait une confession générale dont je pensai mourir à ses pieds. J'ai été fort longtemps depuis sans le pouvoir regarder et ne l'abordant qu'avec une émotion que je ne puis représenter. Tout cela, dans mon esprit et dans la nature, me paraissoit assez naturel, mais il y a plus de six mois que je suis à lui avec une très grande satisfaction d'y être, car, quoique je me sois fait une loi inviolable de ne point raisonner sur un homme entre les mains de qui je suis par l'ordre de Dieu, puisque j'y suis par le vôtre, je vous dirai pourtant que je suis convaincue que c'est ce qu'il me falloit.

. . . .

Pour vous abréger dans ma dernière confession, je me trouvois dans un tel état à ses pieds que le sang me monta à la tête. Il me prit un saignement de nez et je souffris ce que je ne puis vous représenter.

..... Je suis hors de moi dès que je l'aborde. Je n'ose lui dire cet état au point où il est, quoique je lui en aye dit quelque chose, par [ce] que je crains que cela ne lui fasse de la peine. J'ai recours à votre charité que j'ai éprouvée sans bornes. Je sens qu'un mot de vous me calmera pourvu qu'il me détermine comme s'il venait de Dieu mesme. Le respect que j'ai pour vous et ce que j'en ai ressenti me fait croire sans en douter que je vous dois mon salut.

Au fond, son confesseur ne lui plaisait guère. Elle le trouvait trop facile, trop doux, trop enclin aux tempéraments dont elle s'irritait dans l'ardeur de son âme.

Il l'obligeait à ne rompre avec le monde que lentement et peu à peu, à ne pas quitter tout de suite l'état qu'elle y avait. Il n'était même pas bien d'avis qu'elle se défît de son hôtel de la rue Saint-Honoré.

3 mars mercredi décembre [1688]

Il y a longtemps que je désire de quitter la maison que j'ai dans la rue Saint-Honoré. Mais comme celui entre les mains de qui vous m'avez mis me le permettoit plutôt qu'il ne l'approuvoit j'ai apporté une nonchalance sur cela qui m'a souvent fait croire que je ne bougerais de ma place. Cependant il s'est trouvé tout d'un coup des gens qui ont pris mon bail pour Pâques. Ainsi je suis sans autre maison que celle-ci et une petite où je mets le peu de gens que j'ai. Comme je ne suis ni approuvée ni soutenue dans ceci j'ai repris pour la Saint-Jean une maison bien moins chère que celle que j'avois pour aller passer l'hiver qui vient, dans ce quartier-là. Et cependant je voudrais bien passer huit mois ici, ce qui me paroit étonner le révérend père à qui je suis.

Je vous avoue que je ne puis m'étonner assez de voir combien les gens retirés ont peu l'esprit de retraite.... Voici mon état. Je ne quitte rien dans le monde que je regrette ou que je voulusse avec quelques circonstances que ce puisse être. Je me trouve cependant dans un certain délaissement et abandonnement qui me fait peur à moi mesme. Quand je m'éveille la nuit il me prend des palpitations de cœur sans réflexion que de me trouver, ce me semble, seule dans le monde. Et en cet état je ne songe jamais qu'à vous et à votre maison dont je n'envie le bonheur que parce que je vois que ceux qui l'habitent sont avec paix dans le dénuement où je vous fais voir tant de trouble... Il est certain que de ma vie je n'ay tant désiré être à Dieu. Tout ce que je vois et j'entends de ce siècle cy, malgré moi, car je ne m'informe de rien, fait que je voudrais estre dans un désert.

On a remarqué dans cette lettre l'endroit où madame de la Sablière parle de la maison où elle met le peu de gens qu'elle a. Il est probable qu'elle comprend La Fontaine dans ce peu de gens. On sait qu'elle ne le renvoya point et qu'il était encore chez elle quand elle mourut. Je crois intéressant de rapprocher de ce passage quelques lignes d'une lettre qu'elle écrivit à Rancé le 1ᵉʳ avril 1689 :

A l'esgard de mes domestiques, je tasche, par douceur et par une conduite opposée au mauvais exemple que je leur ai donné, de les faire rentrer dans le devoir envers Dieu. Car, pour leur parler positivement, j'y suis peu propre, et ma vie passée me revient tellement dans l'esprit d'abord que je suis preste à blâmer quelqu'un, que je me fais toujours la réponse que l'on me feroit. Cependant, il n'y a point de dérèglement positif.

Parmi ces domestiques qu'elle n'ose reprendre après les avoir scandalisés et qu'elle tâche seulement d'édifier par l'exemple, et qui d'ailleurs ne mènent pas positivement une vie déréglée, elle comprend sans doute encore La Fontaine. C'est ce dont on se persuadera facilement, à bien prendre ici le mot domestique dans le vieux sens et selon la définition qui subsiste dans le *Trévoux* de 1771, « Domestique, y est-il dit, comprend tous ceux qui sont subordonnés à quelqu'un, qui composent sa maison, qui demeurent chez lui, ou qui sont censés y demeurer, comme Intendants, Secrétaires, Commis, Gens d'affaires : quelquefois domestique dit encore plus et s'étend jusqu'à la femme et aux enfants. »

Son confesseur étant mort, elle en eut un autre qui la mortifia beaucoup plus cruellement que le premier, en ne croyant point qu'elle eut la vocation de la vie religieuse et qu'elle pût faire son salut dans la retraite. Elle en fit des plaintes à Rancé.

Le ... 1688.

... J'ay senti une grande amertume sur ce que je vas vous exposer, sur quoi je ne vous consulte pas si je dois souffrir, car j'en suis assurée et j'y suis résolue, mais seulement la manière dont vous voulez que j'agisse.

L'homme à qui j'ay affaire est tellement étonné de la vie que j'entreprens qu'il me le témoigna la dernière fois que je le vis avec des paroles qui me firent voir qu'il en étoit blessé à l'excès. Je lui répondis avec le plus de douceur que je pus, mais cependant avec fermeté. Le lendemain il m'écrivit dans les termes que voici :

« Je ne sais où j'en suis avec vous et je me trouve si rigoureusement chargée de votre âme que je crois perdue. » Et je lui répondis comme de moi une chose que vous m'avez fait l'honneur de me dire dans une de vos lettres, que quand il y auroit quelque imperfection dans le divorce que je fais avec le monde, j'espérais que Dieu ne me l'imputeroit pas. Je n'ose vous envoyer le reste de sa lettre qui n'est qu'un verbiage qui ne vous feroit pas mieux comprendre la situation de cet esprit là à quoi je ne conçois rien... Si je lui parle du goût que j'ay pour la retraite et des raisons qui m'y portent il ne me dit pas un mot; si je lui dis : Si je m'ennuie, mon père, je vous le dirai, mais cela ne m'est pas encore arrivé. Il me répond : Je vous en tirerai bien vite... Ce n'est pas pour me plaindre à vous de ce que je n'espère aucun secours de ce côté-là... J'ay donc recours à votre charité, mon très révérend père, pour vous supplier de m'assister, parce que vous seul le pouvez; je le sens à un point qui ne peut être connu de vous comme il est, mais Dieu le sait...

On voit, par la suite des lettres, que Rancé la soutint dans le désir qu'elle avait de faire une entière retraite et l'assura qu'en effet la solitude lui était convenable.

Enfin elle put contenter cette austère envie. Selon un usage suivi par plusieurs veuves riches et pieuses de ce temps, elle prit logement aux Incurables, avec une seule servante.

Celle que naguère courtisaient Brancas et de Foix,

celle que La Fontaine et Chaulieu nommaient Iris et chantaient dans leurs vers, celle qui fut avec Ninon de ce souper où Molière et Boileau composèrent le latin du *Malade imaginaire*, maintenant, cherchant le bonheur par des voies nouvelles, renfermait sa vie dans une salle d'hôpital et dans une froide église qu'ornaient seulement les peintures austères de Philippe de Champaigne; elle priait, jeûnait, méditait saint Dorothée, et, pour divertissement, brodait des parements d'autel. Hélas! l'âge et la maladie ne l'avaient que trop mûrie pour la dévotion.

Ce 29 juillet 1692.

Il y a longtemps, mon très-révérend père, que je me suis donné l'honneur de vous écrire. Je ne crains pas que vous soupçonniez que ce soit par oubly. C'est souvent par discrétion que je m'en prive. Cette fois cy c'est par scrupule. Je ne voulois pas vous dire une chose que je suis persuadée qui vous fera de la peine et j'en ay encore davantage à vous la laisser ignorer. Quelques jours devant la Pentecoste, je m'aperçeus d'une dureté au sein, du costé droit, assés douloureuse. J'eus envie de n'en point du tout parler, mais après avoir souffert quelques jours, je crus que le chirurgien de léans (*Elle veut parler du chirurgien des Incurables, parmi lesquels se trouvaient beaucoup de cancéreux*), étant expérimenté plus qu'aucun sur ces sortes de maux, je ferois mieux de lui faire voir. Il me dit d'abord qu'il falloit qu'il y eût plus de deux ans que je portasse ce mal, qu'il trouva d'une qualité très maligne. Je lui dis comme je vivois depuis longtems. Il me dit que, bien loin que cette nourriture (*les œufs et le laitage*) me fût nuisible, il croyoit que Dieu avoit permis ce genre de vie pour rendre le mal moindre. Ce que je vous dis pour vous oster ce qui pourroit vous peiner sur cela (*c'est Rancé qui lui avait prescrit ce genre de vie*). Qui que ce soit au monde ne sait ce que je me donne l'honneur de vous dire, que celuy que je vous dis et vous. Je ne croy pas que vous desapprouviez ma conduite sur cela. Vous voyés que je ferois des raisonnemens inutiles, et l'incommodité réelle que je recevrois de ceux qui, me voyant encore, redoubleroient leurs soins, qui sont de véritables accablemens pour moy. Car sy je ne pouvois plus voir qui que ce soit sur la terre, l'état ou je me trouve seroit un vray paradis pour moy. Tant que j'ay vécu dans le monde, j'ay toujours craint ce mal avec les horreurs que la nature en donne.

Depuis ma conversion, je n'y avois pas pensé. Quand je m'en aperçus, je me prosternay devant N. Sgr. avec larmes et lui demanday avec un sentiment très vif de me l'oster ou de me donner la patience de le supporter. Je puis vous protester que, depuis ce moment, je n'ay pas formé un désir sur cela, Dieu m'ayant fait la grâce d'ajouter à la tranquillité que j'avois devant un calme que je ne puis vous exprimer. Il me semble que c'est un effet de l'amour de Dieu envers moy qui a tellement augmenté celuy que j'avois dans le cœur, que j'en suis beaucoup plus remplie. Ce qui me fait peine est une certaine molesse, il me semble, quelquefois de me coucher plus tost ou de me lever plus tard. Je pourrois peut-estre et mesme je croy avoir sur cela plus d'exactitude. Car je sens aussy que cela attire mon attention par la douleur. Enfin il est impossible, et je m'en aperçois à tout moment, que mes journées ne soient remplies d'infidélités. C'est la seule peine que j'aye et qui n'est pas prête à finir, puisque j'ay bien peur de n'en voir la fin qu'avec ma vie, dont les souvenirs me font trembler. C'est la vérité et, sy ce que je sens quelquefois sur cela n'étoit trouversé de l'espérance, j'en serois accablée. Ce qu'il y a dans ce mal-cy d'inconcevable, c'est qu'il porte avec luy le sentiment d'un très grand nombre de maux que l'on n'a point, puisque, en effet, il semble qu'il soit unique. Cependant, je puis vous dire avec vérité que je ne suis pas une heure avec une douleur semblable, quoy que j'en aye toujours. Je n'avois jamais conçu que cela se pût, moy qui ay assés senty de maux en ma vie, mais chacun portoit sa douleur particulière. Je croy donc, mon très révérend père, si vous me le permettés, qu'il faut demeurer comme il plaît à Dieu me mettre. Je n'ay, par sa miséricorde, nulle impatience d'en estre délivrée, ny inquiétude de souffrir; n'est-ce pas beaucoup? Après cette exposition, je n'auray plus besoin de vous importuner la mesme chose pour sy longtems. Je me feray, ce me semble, fort bien entendre en parlant en général de ma santé, dont pourtant je prendray la liberté de vous rendre un compte fidèle, puisque j'ay franchy de vous dire ce qu'il me faisoit tant de peine de ne vous pas dire. Je sens la joye et la consolation que je recevray de ce que vous aurés la charité de me dire, par celle que je sens de vous entretenir. Je vois quelquefois M. D. Elle va ce me semble bien droit à Dieu, et avec un dégagement qu'il lui met au cœur, pourvu que personne n'entortille n'y n'obscurcisse ses lumières.

Elle n'auroit pas besoin de tant d'attirail qu'on luy en veut donner. Mais je crains qu'on ne l'attriste et il luy faudroit tout le contraire, car son mal est assés pour elle. Sy elle avoit été convertie en parfaite santé, N. Seigneur luy auroit donné le tems d'acquérir ces forces pour le jour de l'adversité. Mais elle a beaucoup à souffrir, elle est naturelle, elle a un tour aimable dans l'esprit; elle va à Dieu par son cœur. Vous acheverés, mon très R. P., ce qui reste à faire. Elle vous verra bientost. Voilà ce que j'envierois, si j'osois désirer quelque chose. Il faut finir cette lettre en vous demandant très-humblement pardon de sa longueur et en vous assurant de mes respects et d'un attachement pour vous dont je ne croy personne aussi capable que je le suis....

Le mal dont je vous parle n'est pas ouvert, mais il y a à craindre qu'il ne s'ouvre, ce qui seroit le pis qui pût arriver à ce que croit l'homme qui l'a veu.

Voilà donc cette dame de la Sablière, agile à promener son âme des curiosités de la science aux troubles de l'amour, la voilà n'ayant plus à offrir à Dieu, son dernier amant, que les soupirs d'un sein décomposé ! Heureuse encore de s'être fait une nature nouvelle et convenable à son horrible situation ! Heureuse et belle de résignation, de patience et de paix ! Heureuse, oh ! bienheureuse dans les tortures et les dégoûts d'un mal dévorant, de déployer une âme angélique ! On peut dire de celle qui a écrit cette admirable lettre, comme d'Elisabeth Ranquet que, « marchant sur la terre, elle était dans les cieux ».

Le mal fit des progrès rapides. Cinq mois plus tard, quelques jours, quelques heures peut-être avant sa sa mort, madame de la Sablière écrivait à Rancé ces lignes qu'on ne peut lire sans songer à ce que dit Pascal des misères de l'homme et de ses grandeurs :

Ce .. janvier 1693.

La maladie que j'ay augmente tous les jours, mon très R. P. Il y a apparence qu'elle n'ira pas loin. Je vous supplie très humblement que le mal que j'ay ne soit jamais su de personne pas plus après ma mort que pendant ma vie. Dieu vous récompensera sans doute de tous les biens que vous m'avés faits. Et je l'en prie de tout mon cœur. Je me sens toujours la mesme tranquillité et le mesme repos, attendant l'accomplissement de la volonté de Dieu sur moy. Je ne désire autre chose.

Elle décéda « le sixième janvier » 1693, et fut enterrée « le septième » par le clergé de Saint-Sulpice [1].

1. Cette date est prise dans l'acte de décès que Jal a publié dans son dictionnaire. Il y est dit que madame de la Sablière décéda rue aux Vaches, dite aussi rue aux Vachers et actuellement la rue Rousselet. Mais d'une étude destinée au journal le *Temps* et dont l'auteur, M. Georges Villain, a bien voulu me communiquer les épreuves, il résulte que madame de la Sablière est morte dans l'appartement qu'elle occupait aux Incurables, tout contre la chapelle.

M. THÉODORE REINACH

ET

MITHRIDATE [1]

Des trois frères Reinach, l'aîné, Joseph, a marqué dans la politique, comme publiciste et comme député; le second, Salomon, est un archéologue justement estimé pour l'ardeur et l'exactitude de son esprit; le plus jeune, Théodore, après avoir promené sa curiosité en divers domaines, s'est établi dans l'histoire. Je ne rappellerai pas les étonnantes victoires scolaires qu'il remporta dans les années 1875, 1876 et 1877. De tels succès, bien qu'ils révèlent sans doute une intelligence précoce et facile, ne me semblent point enviables. Ils ont l'inconvénient de mettre l'adolescent dans une lumière trop forte et de lui créer une supériorité insoutenable.

C'est un danger que de se montrer d'abord pro-

---

[1]. *Mithridate Eupator, roi de Pont*, par Théodore Reinach, 1 vol. in-8°.

digieux, puisqu'il n'est donné à personne de le rester constamment. Il y a là une situation difficile. Mais on en souffre peu si l'on est un savant, c'est-à-dire un homme laborieux et modeste. Il est impossible au vrai savant de n'être point modeste : plus il fait, et mieux il voit ce qu'il reste à faire. Et je crois reconnaître en M. Théodore Reinach une âme vouée tout entière à la science.

Ses couronnes scolaires étaient encore toutes fraîches quand il entreprit de traduire *Hamlet* en employant alternativement, à l'exemple de Shakespeare, la prose et le vers.

L'idée semble excellente et naturelle. Je ne crois pas qu'elle ait été réalisée de la manière la plus heureuse par M. Théodore Reinach. Je doute même qu'elle soit réalisable. On pourrait essayer peut-être, pour une étude de ce genre, d'un vers très souple et sans entraves, alternant avec une prose rythmique comme celle de la *Princesse Maleine*. Mais cela même est-il bien possible? Est-il possible de repenser un poète assez vivement pour le transcrire avec son chant et toutes ses harmonies? Au reste, ce n'est point la question. Si j'ai rappelé cet essai de M. Théodore Reinach, c'est parce que le savant s'y révèle déjà par le bon établissement du texte, par la précision des notes et par la sûreté d'information dont témoigne l'intéressante introduction qui précède l'ouvrage. A cet égard, peu de traducteurs, en France, ont aussi bien compris leur devoir que M. Théodore Reinach, et il serait heureux que son exemple fût suivi.

Il a donné, un peu plus tard, une *Histoire des Israélites depuis la dispersion jusqu'à nos jours*, ainsi que plusieurs mémoires dans la *Revue des études juives*. Il s'est beaucoup occupé d'antiquités helléniques et d'antiquités orientales. Il a étudié dans un ouvrage spécial, *Trois royaumes de l'Asie Mineure* (1888), la numismatique des rois de Cappadoce, de Bithynie et de Pont. Et cet ouvrage doit être particulièrement signalé ici, parce qu'il fut pour l'auteur une sorte de préparation à l'*Histoire de Mithridate* et, si je puis dire, l'échafaudage du monument.

Mettons, pour être tout à fait exact, un des échafaudages, car il en fallait d'autres. Les sources de l'histoire de Mithridate sont de trois sortes : 1° Les médailles, qui, étudiées dans le livre que je viens de citer, ont fourni à l'auteur les éléments d'une chronologie. Elles lui ont donné, en outre, quelques indices sur l'état des mœurs et des arts, ainsi que sur le gouvernement des provinces. Enfin, c'est sur quelques beaux tétradrachmes frappés dans le Pont, à Pergame ou en Grèce, qu'on trouve le portrait de Mithridate. 2° Les inscriptions. M. Théodore Reinach en a réuni vingt et une, tant grecques que latines. 3° Les auteurs. Cette source est de beaucoup la plus abondante. Mais les documents qu'elle fournit devaient être soumis à une critique rigoureuse. On sait que les ouvrages des écrivains qui ont raconté l'histoire de Mithridate à proximité des événements ne nous sont point parvenus.

Nous n'avons ni les Mémoires de Sylla, ni ceux de

Rutilius Rufus, ni l'ouvrage de Sisena, ni les histoires de Salluste, ni le poème d'Archias, ni les parties de Tite-Live concernant la guerre mithridatique. On en est réduit à consulter des ouvrages postérieurs de cent cinquante à trois cents ans au règne de Mithridate et qui, par conséquent, empruntent toute leur autorité historique aux documents d'après lesquels ils ont été composés. Mais les anciens n'indiquaient guère les sources où ils puisaient, et c'est par des recherches très attentives et des observations très délicates que Théodore Reinach est parvenu à reconnaître les textes que Plutarque, Appien, Dion Cassius avaient sous les yeux quand ils composaient leurs récits. Je n'entrerai point dans le détail de ces procédés, qui ne relèvent que de la critique érudite. Le peu que j'en viens de dire m'a été inspiré par ce goût naturel qui porte chacun de nous à s'intéresser aux bonnes méthodes de travail.

Les ouvrages de pure érudition ne sont point de ma compétence et ne peuvent faire la substance d'une de ces causeries littéraires qui veulent des sujets faciles et variés. Le spécial et le particulier ne sont point notre fait. Par bonheur, il n'est pas rare qu'un véritable savant soit amené par le progrès de ses recherches à ces généralisations dont les esprits curieux peuvent tirer tout de suite agrément et profit. Je ne manque point alors de me pénétrer des idées de ce savant et de rapporter ce que j'en ai pu saisir. Je ne suis jamais si heureux que lorsqu'il m'est donné d'entretenir des travaux d'un Renan ou d'un Darmesteter, d'un Gaston

Pâris ou d'un Paul Meyer, d'un Oppert ou d'un Maspero. Or, si le *Mithridate* de M. Théodore Reinach relève de l'érudition pour la méthode, il appartient à la littérature historique par la grandeur du sujet, l'intérêt du récit et l'abondance des vues. C'est un beau livre, d'une lecture facile dans presque toutes les parties et, par endroits, attachante et passionnante plus que je ne saurais dire. C'est qu'en effet M. Théodore Reinach a bien choisi son sujet. Il l'a pris neuf et fécond. L'histoire de Mithridate, qui n'avait jamais été traitée à part, est, entre toutes, grande et tragique.

De nos jours encore, les paysans et les pêcheurs d'Iéni-Kalé montrent, près de Kertch, l'antique Panticapée, un rocher qui se dresse en forme de chaise sur le bord de la mer. « C'est, disent-ils, le trône de Mithridate! » L'homme que la légende a mis comme un colosse sur ce siège énorme et sauvage garde aussi dans l'histoire une grandeur farouche.

Perse d'origine, issu de ces Mithridate qui mouraient au delà du terme ordinaire de la vie humaine, laissant dans leur harem des enfants en bas âge, Mithridate, qui fut nommé depuis Eupator et Dionysos, était nourri dans Sinope, sa ville natale, et touchait à sa treizième année quand son père, Mithridate Evergète, périt dans une de ces tragiques et ordinaires intrigues de sérail qui réglèrent de tout temps la succession des despotes de l'Orient. Sa mère, la Syrienne Laodice, qui, dans l'ennui du gynécée, avait songé qu'Evergète durait trop, devint sultane par le droit oriental du meurtre. Le jeune

Mithridate, victime d'inexplicables accidents de chasse et flairant sur sa table des mets suspects, s'aperçut bientôt que sa mère trouvait qu'il grandissait trop vite. Il s'enfuit dans les forêts épaisses du Paryadris, où il mena, seul, inconnu, la rude vie du chasseur et du bandit. On raconte que, semblable aux géants de pierre sculptés dans le palais de Sargon, il étouffait des lionceaux entre ses bras. Après sept ans passés nuit et jour dans les bois et dans les rochers, il reparut à Sinope, où on le croyait mort, réclama son héritage, l'arracha de force et de ruse à la Syrienne, qui l'avait aux trois quarts dissipé, territoires et trésors. Rapidement, il se refit un royaume et « soumit à sa domination, ou tout au moins à son influence, tout le bassin de la mer Noire ».

Ce n'était pas un empire, mais une multitude de peuples. On y parlait vingt-deux ou vingt-cinq langues différentes. Royaume de la mer, « le Pont-Euxin, qui lui donnait son nom, lui donnait aussi son unité ».

On sait le reste, que je ne puis rappeler ici, même brièvement, puisque c'est, comme dit Racine, « une partie considérable de l'histoire romaine ». On sait la rupture avec Rome, que Mithridate avait d'abord ménagée; la conquête de l'Asie Mineure, suivie du massacre de quatre-vingt mille Romains; le protectorat de la Grèce et ce grand dessein, imité d'Alexandre, de l'union du monde hellénique et du monde oriental, qui finit cruellement à Chéronée et à Orchomène; et, après la guerre de Sylla, les guerres de Lucullus et de Pompée qui font voir, selon la parole de Montesquieu « non pas des princes déjà vaincus par les délices et l'orgueil, comme Antiochus et Tigrane, ou par la crainte, comme Philippe, Persée et Jugurtha; mais un roi magnanime, qui, dans les adversités, tel qu'un lion qui regarde ses blessures, n'en était que plus indigné » (*Grand. et déc.*, chap. VII).

On sait enfin (et c'est là que je m'arrêterai un instant) qu'après la défaite de Nicopolis, où ses cavaliers furent égorgés, dans la nuit, jusqu'au dernier par les légionnaires de Pompée, le vieux roi s'échappa seul à cheval, avec sa concubine Hypsicratée, vêtue comme un de ces guerriers barbares, dont elle avait le cœur. Il courut le long du Caucase et, parvenu en fugitif dans le Bosphore révolté, il le reconquit. Ce fut son dernier royaume. Là, contraint d'abandonner l'Asie à l'ennemi qu'il combattait depuis quarante ans avec une invincible haine, il conçut le projet de marcher sur l'Occident par la Thrace, la Macédoine et la Pannonie, d'entraîner avec lui les Scythes des steppes sarmates et les Celtes du Danube, et de se jeter sur l'Italie avec un torrent de peuples.

Ce plan gigantesque, Mithridate l'expose, au troisième acte de la tragédie de Racine, dans un discours imité d'Appien :

C'est à Rome, mes fils, que je prétends marcher.

Et il ajoute un peu plus loin :

Ne vous figurez point que de cette contrée
Par d'éternels remparts Rome soit séparée.

Je sais tous les chemins par où je dois passer,
Et si la mort bientôt ne me vient traverser,
Sans reculer plus loin l'effet de ma parole,
Je vous rends dans trois mois au pied du Capitole.
Doutez-vous que l'Euxin ne me porte en deux jours
Aux lieux où le Danube y vient finir son cours?

« J'en doute! » s'écria le prince Eugène de Savoie, ui avait fait la guerre contre les Turcs. Et le vainqueur inspiré de Zentha doutait avec raison qu'une flotte de guerre pût traverser en deux jours l'espace de mer qui sépare Kertch des bouches du Danube et qu'il suffit de trois mois à une armée nombreuse pour se rendre, à travers sept cents lieues de terres, de la Bulgarie à Rome. Mais ces mauvais calculs sont imputables seulement à Jean Racine, qui, apparemment, n'était pas un grand homme de guerre. C'est lui qui les a faits, dans sa maison, sur sa table, avec beaucoup d'innocence. Aucun témoignage antique ne permet d'en rapporter la faute à Mithridate lui-même, qui n'est pas responsable des beautés dont un poète se plut à orner ses plans. On sait seulement que le vieux roi « se proposait de longer la rive septentrionale de l'Euxin, entraînant sur sa route les Sarmates et les Bastarnes, puis de remonter la vallée du Danube, où les tribus gauloises, dont il avait soigneusement cultivé l'amitié, accouraient en foule sous ses étendards. Ainsi devenu le généralissime de la barbarie du Nord, il traversait la Pannonie et descendait comme une avalanche du sommet des Alpes sur l'Italie dégarnie de troupes, affaiblie par ses querelles politiques et sociales. » Ce projet, dont la grandeur faisait l'étonnement des anciens, n'a pas été beaucoup admiré par les historiens modernes. Michelet, qui est enthousiaste, s'est un peu ému en l'exposant; mais M. Mommsen, dont le défaut n'est point l'enthousiasme, n'a vu là qu'une pitoyable folie. « L'invasion projetée des Orientaux en Italie, a-t-il dit, était simplement risible. Ce n'était qu'une fantaisie du désespoir impuissant. » M. Théodore Reinach ne le croit pas. Il rappelle que les Cimbres avaient démontré, quarante ans auparavant, que la muraille des Alpes n'était point infranchissable et il estime qu'une invasion fondant, en l'an 63 avant l'ère chrétienne, sur l'Italie, déchirée par la guerre civile, pouvait faire éprouver à Rome les deuils et les hontes qu'Alaric devait lui infliger cinq siècles plus tard. Cette opinion est soutenable. Mais la dispute sur ce point ne sera jamais terminée. Trahi par son fils, abandonné par ses peuples, Mithridate s'est donné la mort dans la citadelle de Panticapée, au milieu des préparatifs de sa grande entreprise. Toutefois, cela seul condamne cette entreprise qu'elle se soit, dès l'abord, renversée sur son auteur. Il n'importe! C'était un grand ennemi et qui savait haïr. « Il possédait les dons respectables de la haine », dit Mommsen, et M. Théodore Reinach ajoute : « Dans ce cerveau surexcité, la haine atteignait au génie. » Les Romains, qui le craignaient, se réjouirent de sa mort. Les soldats qui vinrent l'annoncer à Pompée portaient des lauriers comme les messagers des victoires.

L'embarras fut de reconnaître le corps du terrible sultan. Il était si défiguré qu'on ne put le reconnaître qu'aux vieilles cicatrices dont il était couvert. Pompée le fit coucher dans la nécropole royale de Sinope. Mais c'est surtout par les éclats de leur joie que les Romains rendirent les honneurs suprêmes à Mithridate Eupator.

Quelques années plus tard, Rome fit de nouvelles réjouissances pour la mort d'un ennemi. Cette fois, l'ennemi était une femme. Il y eut dans la Ville-Éternelle, des danses et des sacrifices à la mort de Cléopâtre comme à la mort de Mithridate. C'est qu'avec Cléopâtre périssait enfin cet Orient guerrier qui avait disputé l'empire à Rome, coûté à l'Italie tant de travaux et la vie de tant de soldats et de citoyens. Il est visible que M. Théodore Reinach ressent pour Mithridate ce genre d'intérêt dont un peintre attentif ne se défend guère à l'endroit d'un modèle longuement étudié. Il suit le roi de Pont dans toutes ses entreprises avec un mélange d'admiration et d'horreur. Il s'étonne, non sans raison, de cette volonté si souple et si forte, de cette infatigable énergie, de cet esprit de ruse et d'audace, de cette âme indomptable qui puise dans la défaite des ressources nouvelles et que les anciens ont comparée au serpent, qui, la tête écrasée, dresse sa queue menaçante. Pourtant, quand il se recueille pour porter un jugement d'ensemble, il se garde d'exalter son héros aux dépens de la justice et de la vérité. Voici la page où se trouve résumée, non sans force, la pensée de l'historien sur le despote extraordinaire dont il a conté la vie :

Malgré ses talents multiples, malgré son activité infatigable, malgré sa fin héroïque, il a manqué quelque chose à Mithridate pour être rangé parmi les vrais grands hommes de l'histoire : je veux dire un idéal supérieur, conçu avec sincérité, poursuivi avec constance. Que représente celui qu'on a appelé le Pierre le Grand de l'antiquité? La cause de la liberté, de la civilisation hellénique ou, au contraire, la réaction de l'Orient despotique et fanatique contre l'Occident libéral et éclairé? On ne le sait, lui-même l'ignore. Nous l'avons vu, dans la première partie de son règne, se porter en champion de l'hellénisme, copier Alexandre, conserver la tunique, coucher dans le gîte du conquérant macédonien. Un moment même, il a semblé qu'il eût réalisé son rêve ou, du moins, ramené les beaux jours du royaume de Pergame : l'Asie affranchie, la vieille Grèce elle-même soulevaient sur leurs épaules, dans un élan de fièvre joyeuse, le sauveur providentiel descendu des bords lointains de l'Euxin. Mais la fin du règne va nous offrir un tableau bien différent. Sous le masque hellénique, qui bientôt crève de toutes parts, nous trouverons un héros encore, mais un héros barbare, répudiant une civilisation d'emprunt, détruisant de ses propres mains les villes qu'il a fondées, adressant un appel désespéré au fanatisme religieux et national des vieux peuples de l'Asie et des hordes nomades du Nord, dont il semble incarner désormais la haine irréconciliable non seulement contre le conquérant romain, mais encore contre la civilisation méditerranéenne. Quel est le véritable Mithridate? Celui de Chersonèse et de Pergame ou celui d'Artaxata et de Panticapée? Je crains que ce ne soit ni l'un ni l'autre et que, dans ces deux rôles, où il paraît successivement passé maître, Mithridate n'ait été, en effet, qu'un prodige d'ambition et d'égoïsme, un royal tragédien, jouant de l'Olympe et de l'Avesta, des souvenirs d'Alexandre et des reliques de Darius, du despotisme et de la démagogie, de la barbarie et de la civilisation comme d'autant d'instruments de règne, autant de moyens de séduire et d'entraîner les hommes, sans jamais partager, au fond, les passions qu'il exploite et restant calme au milieu des tempêtes qu'il déchaîne.

M. Théodore Reinach nous a fait voir Mithridate souverain d'un royaume mouvant, plusieurs fois perdu et reconquis, changeant sans cesse de configuration et de place. Il nous a montré ce maître de tant de vies humaines conduisant, avec une ardeur toujours égale, des guerres mêlées d'étonnantes victoires et d'étonnantes défaites. Il a montré le sultan de Pont tour à tour conquérant, diplomate, fondateur de villes, organisateur de provinces, colon, protecteur du commerce, des arts et des lettres, et destructeur des peuples.

Ce n'est pas tout. Il s'est plu encore à nous montrer, autant qu'il était possible, Mithridate dans l'intimité de sa vie, couché sur un lit d'or à ces banquets où il réunissait les orateurs et les rhéteurs hellènes à ces officiers barbares qui portaient le titre envié d'Amis et de Premiers-Amis du roi. Et ce ne sont pas là les tableaux les moins intéressants du livre. Mithridate n'était pas sans doute un lumineux génie. Mommsen lui refuse même l'étendue de l'intelligence, et M. Théodore Reinach reconnaît que ce n'était pas un véritable grand homme. Mais, à coup sûr, c'était ce qu'on nomme un caractère. Sa figure est étrange et d'un relief puissant.

A l'approcher, on admire une bête humaine de cette stature et de ce tempérament, si rusée et si forte, si ingénieuse et si barbare, et douée de si épouvantables vertus.

On a son profil sur les tétradrachmes. Il était beau, les traits grands, la chevelure bouclée. C'était une espèce de géant. La grandeur de ses armes étonna Pompée. Et ses armures, suspendues aux temples de Delphes et de Némée, devant lesquelles s'émerveillaient les visiteurs, semblaient les dépouilles d'un Titan. Ceint d'une tiare étincelante, vêtu, à l'orientale, de robes précieuses, portant le large pantalon perse, il apparaissait, dans le feu des pierreries, comme l'image, sur la terre, des dieux-astres, Ormuzd et Améria, auxquels il allumait en offrande une forêt sur une montagne. Sous ces dehors d'idole orientale, c'était le plus agile cavalier de son armée, et il n'avait pas d'égal pour lancer le javelot.

Habituellement sobre, il lui prit envie, un jour, à table, de lutter avec un athlète pour la capacité du boire et du manger, et de cette lutte il sortit vainqueur. Ce colosse avait une certaine délicatesse de goût. Il recherchait la belle vaisselle d'or et d'argent, ce qui était, à vrai dire, un luxe commun alors à tous les grands personnages. Il avait formé un riche cabinet de pierres gravées. Il aimait les beaux discours, et lui-même il parlait avec éloquence en plusieurs langues. Enfin, ses connaissances en médecine semblent avoir été assez étendues et profondes, bien qu'il mêlât à ses recettes beaucoup de formules de sorcellerie.

Comme tous les dynastes d'Orient, il avait une grande

habitude du meurtre domestique. Quatre de ses fils périrent par son ordre : Ariarathe, Mithridate, Macharès et Xipharès. Mais il faut voir l'enchaînement des crimes dans cette maison et se rappeler que sa mère avait tenté de le faire tuer et qu'enfin un fils qu'il avait épargné, Pharnace, fut cause de sa mort.

Il semble avoir beaucoup aimé sa fille Drypetina, un monstre qui avait une double rangée de dents à chaque mâchoire, et, s'il la fit poignarder par un eunuque, ce fut pour qu'elle ne tombât pas vivante aux mains des Romains.

Deux autres de ses filles, Mithridatis et Mysa, moururent avec lui à Panticapée pour la même raison. Rien alors de plus ordinaire, après une défaite, que le massacre de tout un sérail. Avant de battre en retraite, on tuait les femmes à l'approche de l'ennemi, comme aujourd'hui on détruit le matériel embarrassant. Après la défaite infligée, à Cabira, par Lucullus à l'armée pontique, Mithridate, en fuite sur Comana, dépêcha l'eunuque Bacchidès à Pharnacie avec ordre de faire mourir toutes les femmes du sérail. Parmi elles se trouvaient deux sœurs du roi, Roxane et Statira, âgées de quarante ans, qui n'avaient point été mariées, et deux de ses femmes, Ioniennes l'une et l'autre, Bérénice de Chios et Monime de Stratonicée. Monime avait refusé quinze mille pièces d'or dont Mithridate croyait l'acheter. Il fallut que le roi de Pont lui envoyât le bandeau royal. C'était d'ailleurs un présent qui coûtait peu à ce grand faiseur de reines.

On trouva plus tard, dans les archives du Château neuf, près Cabira, une correspondance échangée entre Monime et Mithridate, dont le ton licencieux choqua la pudeur des Romains. Mais, enfermée loin de la Grèce, dans un sérail, sous la garde de soldats barbares, la fière Ionienne regrettait amèrement sa patrie et la liberté. Bacchidès portait aux femmes l'ordre de mourir de la manière que chacune d'elles croirait la plus prompte et la moins douloureuse. Bérénice se fit apporter une coupe de poison. Sa mère, qui était près d'elle, lui demanda de la partager. Elles burent toutes deux. La mère mourut la première. Et, comme Bérénice se tordait dans une horrible agonie, Bacchidès l'acheva en l'étouffant. Roxane et Statira choisirent aussi le poison. La première le prit en maudissant son frère. Mais Roxane, au contraire, le loua de ce qu'au milieu des dangers qu'il courait lui-même il ne les avait pas oubliées et leur avait assuré une mort libre, abritée des outrages. Monime, en mémoire peut-être des reines tragiques de ses poètes, détacha de son front le bandeau royal, le noua autour de son cou et se pendit, comme Phèdre, à une cheville de la chambre. Mais le faible tissu se rompit.

Plutarque a conservé ou trouvé les douloureuses paroles que, selon lui, prononça alors la jeune femme : « Fatal diadème, s'écria-t-elle, tu ne me rendras pas même ce service ! » Et elle présenta la gorge à l'eunuque. Ainsi périt, après de longs dégoûts, dans le sérail de Pharnacie, Monime de Stratonicée.

Il y a sans doute quelque brusquerie à quitter sur cette tragédie domestique l'histoire du grand Asiatique contre qui s'illustrèrent Sylla, Lucullus et Pompée. Mais cette scène de femmes empoisonnées, étouffées, égorgées par un eunuque révèle mieux peut-être que tous les récits de guerre le vrai Mithridate, le vieux sultan de Pont, le despote, l'Oriental.

FIN

TABLE ALPHABÉTIQUE

DES NOMS DES AUTEURS CITÉS OU MENTIONNÉS DANS CE VOLUME

A

ACKERMANN (L.), 1 et suiv.
ALEXANDRE, 202, 206.
AMBROISE (saint), 245.
AMÉLINEAU, 92.
AMMIEN MARCELLIN, 254, 259, 263.
AMYOT (Jacques), 114.
ANGLOSSE (P. d'), 166 et suiv.
APPIEN, 349, 352.
ARCHIAS, 349.
ARÈNE (Paul), 67, 71, 72, 197, 198, 199, 200, 201, 202, 204, 205, 206, 207.
ARISTOPHANE, 237.
ARISTOTE, 112, 258, 320.
ATHANASE (saint), 258, 259.
ATTICUS, 119.
AUGUSTIN (saint), 242.

B

BALZAC (H. DE), 320
BANVILLE (Théodore DE), 150, 152, 231 et suiv., 310, 311, 317.
BARANTE (Claude DE), 27 et suiv.
BARANTE (Prosper DE), 27 et suiv.
BARBADILLO, 171, 172.
BARESTE (Eug.), 204.
BARRÈS (Maurice), 183, 184, 223 et suiv.
BASILE (saint), 259.
BASSELIN (Olivier), 70.
BAUDELAIRE (Charles), 134, 138, 232.
BAYLE (Pierre), 159, 160.
BELLIARD, 111.

BENOIST (E.), 198.
BENSERADE, 111.
BERNHARDT (Mme Sarah), 120.
BERNIER, 327, 330.
BERTRAND (Aloysius), 134.
BERTRAND (Joseph), 209 et suiv.
BEUGNOT, 33.
BLADÉ (Jean-François), 86 et suiv.
BLANCHET (l'abbé), 321.
BLÉMONT (Émile), 66, 82, 86, 96.
BOEKH, 2.
BOILEAU (Nicolas), 148, 297, 327, 328, 329, 341.
BOISROBERT, 160.
BOISSIER (Gaston), 240 et suiv., 251 et suiv.
BONNIÈRES (Robert DE), 270.
BOSSUT, 217.
BOUCHOR (Maurice), 77.
BOUILLON (H.), 142.
BOULÉ, 162.
BOURGET (Paul), 14, 16, 19 et suiv., 109, 110, 223, 225, 226, 305.
BRAQUEHAIS (Léon), 309, 316.
BRIZEUX, 302.
BROGLIE (le feu duc DE), 28.
BROGLIE (le duc DE), 241, 242, 261.
BROWN-SEQUART, 58.
BRUCKER (le P. P.), 110.

C

CAPEFIGUE, 29.
CARNOY (Henry), 66.
CARO (E.), 5.
CASSINI, 329.
CAYLUS (Mme DE), 280.

CELSE, 247.
CÉSAR (Jules), 125.
CHAMISSO, 227.
CHAMPAIGNE (Philippe DE), 342.
CHAPELLE, 111, 329.
CHARCOT, 110.
CHATEAUBRIAND (F. DE), 11, 14, 137, 196, 197, 208, 235.
CHAULIEU (l'abbé DE), 341.
CHERBULIEZ (Victor), 118.
CHOQUET (Louise). Voir *L. Ackermann*.
CICÉRON, 119, 120, 125.
CLAIRIN (P.), 207.
COLIN (Armand), 139.
COMMODIEN, 248.
COMTE (Auguste), 265.
CONDORCET, 217.
CORNEILLE (Pierre), 112, 113, 171, 297.
COULANGES (Mme DE), 333.
COUSIN (Victor), 217, 290.
CUAIGNET (A. Ed.), 203.
CUNISSET-CARNOT, 206.
CURTIUS (G.), 203.
CUVIER, 60.
CYRANO DE BERGERAC, 160.

D

DALANCÉ, 327.
DANTE, 195, 223.
DARMESTETER (Arsène), 61.
DARMESTETER (James), 58, 349.
DARMESTETER (Mme James), 65.
DARU, 34.
DAUBENTON, 60.
DAUDET (Alphonse), 15, 156 et suiv.

DESCHANEL (Émile), 58.
DESJARDINS (Paul), 1, 42.
DESPOIS (E.), 170.
DICKENS (Ch.), 321.
DIDON (le P.), 97.
DION CASSIUS, 349.
DONCIEUX (George), 91.
DORNAY (Jules), 157.
DOROTHÉE (saint), 342.
DOUCET (Camille), 266.
DU CAMP (Maxime), 70.
DUMAS (Alexandre), père, 139.
DUMAS (Alexandre), fils, 214.
DURUY (Victor), 241.

E

EICHORN, 103.
ÉLIEN, 122.
ENCAUSSE (Gérard). Voir *Papus*.
ÉPICURE, 331.

F

FAUGÈRE (Prosper), 217.
FÉLIX-FÉNÉON, 147.
FEUILET DE CONCHES, 290.
FÉVAL (Paul), 70.
FILLION (Eugène), 162.
FLAMMARION (Camille), 41, 45.
FLAUBERT (Gustave), 137.
FONTENELLE, 332.
FOUQUIER (Marcel), 238.
FRAISSINET, 200.
FRITEAU (Gustave), 208.
FROISSART, 28.
FURETIÈRE, 158, 267.

G

GAMBETTA (Léon), 15.
GASPARIN (Mme DE), 110.
GASSENDI, 60, 327.
GAUTIER (Judith), 133 et suiv.
GAUTIER (Théophile), 133, 134, 135, 142, 225.
GÉROME, 117.
GIRARDIN (Mme DE), 112.
GLABER (Raoul), 15.
GLATIGNY (Albert), 307 et suiv.
GONCOURT (Edmond DE), 143.
GONCOURT (Jules DE), 31.
GRATRY (le P.), 109.
GUIGOU (Paul), 179, 180, 187.
GUILLON (Charles), 68.
GUIMET, 64.
GYP, 16, 266, 275 et suiv.

H

HARPIGNIES, 157.
HATZFELD, 61.
HAUSSONVILLE (comte D'), 291 et suiv.
HAVET (Ernest), 3, 217.
HAVET (Louis), 59.
HEINE (Henri), 116.
HEREDIA (Jose Maria DE), 128.
HÉRODIEN, 202.
HERVIEU (Paul), 26.
HOMÈRE, 73, 113, 190 et suiv., 262, 280, 282.
HORACE, 116.
HOUSSAYE (Henry), 114, 117, 122, 123, 130.
HUGO (Victor), 148, 237, 278, 279.
HUMBOLDT (Alex. DE), 2.

HUMBOLDT (Guillaume DE), 227.
HUYGENS, 209.
HYACINTHE (le P.). Voir *Loyson.*

I

INGRES (Dominique), 143.

J

JAMBLIQUE, 257, 258.
JASMIN, 87.
JEAURAT, 324.
JHOUNEY (Alber), 89.
JODELLE, 111.
JOSEPHE (Flavius), 115.
JULIEN (l'Empereur), 251 et suiv.
JURIEN DE LA GRAVIÈRE (l'amiral), 130.

K

KANT (E.), 4.
KOCK (Paul DE), 282, 283.

L

LABAT (Louis), 308, 314.
LACORDAIRE (le P.), 97, 98, 100, 109.
LA FARE, 326, 331, 332, 333.
LA FAYETTE (Mme DE), 267, 291 et suiv.
LA FONTAINE (Jean DE), 78, 160, 297, 333, 335, 339, 340, 341.
LALANDE, 60.

LALANNE (P.), 204.
LALOUÈRE (le P.), 216.
LAMÉ (Émile), 258.
LA MOTHE LE VAYER, 160.
LANG (Andrew), 66, 82, 199.
LA ROCHEFOUCAULD (duc DE), 295.
LA ROCHEJAQUELEIN (Mme DE), 35, 36.
LA SABLIÈRE (Antoine de Rambouillet DE), 326, 333, 335, 337.
LA SABLIÈRE (Mme DE), 325 et suiv.
LA TAILHÈDE (Raymond DE), 179, 180.
LA THORILLÈRE, 111.
LA VILLEHERVÉ (Robert DE), 180.
LEBRUN (Pierre), 162.
LECONTE DE LISLE, 206.
LE GOFFIC (Charles), 180, 184, 230, 300 et suiv.
LE HOUX, 70.
LEIBNIZ, 211, 212.
LEMAÎTRE (Jules), 184.
LEMUD (Théod. DE), 204.
LERMINA, 110.
LE SAGE, 308.
LIBANIUS, 255, 259, 260.
LI-TAÏ-PÉ, 134.
LONGUERUE (l'abbé de), 170.
LOTI (Pierre), 14, 20, 135.
LOUANDRE (Charles), 170, 174.
LOYSON (Hyacinthe), 101.
LUC (saint), 262.
LUCIEN, 262.
LUZEL (François-Marie), 301.

M

MACHIAVEL, 50.
MALHERBE, 149.

TABLE ALPHABÉTIQUE.

MALON (Benoît), 59.
MARC-AURÈLE, 264.
MARGUERITTE (Paul), 180.
MARIN (Paul), 125.
MARMONTEL, 111.
MARTEL-JANVILLE, Voir *Gyp*.
MASPERO, 123, 350.
MATHIEU (saint), 262.
MAUPASSANT (G. DE), 10 et suiv., 20, 21, 22, 26.
MAURRAS (Charles), 180, 301.
MÉNAGE, 291, 293.
MENDÈS (Catulle), 308.
MERLET, 149.
MESNARD (Paul), 170, 173.
MEUSY (Victor), 324.
MEYER (Paul), 350.
MEYRAC (Albert), 86, 91 et suiv.
MICHAUD, 28.
MICHELET (J.), 60, 354.
MICKIEWICZ (A.), 60.
MISTRAL (Frédéric), 197, 198, 199, 200, 204, 206.
MOLÉ, 31.
MOLIÈRE, 160, 166 et suiv., 219, 297, 341.
MOMMSEN (Th.), 105, 119, 354, 357.
MONSABRÉ (le P.), 22, 98, 99.
MONTÉGUT (Maurice), 156 et suiv.
MONTÉPIN (Xavier DE), 157.
MONTESQUIEU, 352.
MONTPENSIER (Mlle DE), 330.
MONTREUX (Nicolas), 111.
MORÉAS (Jean), 115 et suiv.
MOREAU (Hégésippe), 111, 127.
MOREL-FATIO, 173.
MORETO, 172.
MORICE (Charles), 89, 147, 233.
MOSCHUS, 87.

MOTTEVILLE (Mme DE), 280.
MULLER (Jean), 2.
MUSSET (Alfred DE), 4.

N

NICOLE, 23, 182, 267.
NOULENS, 74.

O

OLIVET (l'abbé D'), 335.
OPPERT, 350.
OVIDE, 178.

P

PAPE, 207.
PAPUS (Jacques), 110, 199.
PARIS (Gaston), 59, 349, 350.
PASCAL (Blaise), 3, 32, 118, 163, 209 et suiv.
PATIN (Guy), 60.
PEIGNOT (Gabriel), 122.
PÉLADAN (Joséphin), 322.
PÉRIER (Mme), 217, 218, 221, 222.
PÉTRONE, 321.
PIERRON (Alexis), 201, 202.
PLATON, 258, 262.
PLAUTE, 174.
PLESSIS (Frédéric), 178, 185.
PLUTARQUE, 114, 125, 126, 127, 129, 349, 360.
POE (Edgar), 321.
PONTMARTIN (Armand DE), 157.
PORPHYRE, 257, 258.
POTTIER (E.), 202.

POUVILLON, 180.
POZZI (Samuel), 4.
PRADEL (Georges), 157.
PREVOST-PARADOL, 284.
PROPERCE, 116.

Q

QUELLIEN, 395.
QUINET (E.), 60.

R

RACINE (Jean), 14, 297, 313, 335, 351, 352, 353.
RAFFAELLI, 324.
RAMUS, 60.
RANCÉ (l'abbé DE), 325, 336, 337, 339, 341, 342, 345.
RAPIN (le P.), 337.
RÉCAMIER (Julie), 29.
REINACH (Joseph), 4, 346.
REINACH (Salomon), 346.
REINACH (Théodore), 246, 346 et suiv.
RENAN (Ernest), 43, 59, 105, 106, 107, 214, 228, 246, 265, 349.
RETZ (cardinal DE), 277, 336.
REUSS, 103.
RICH (Antony), 207.
RIBOT (Théodule), 220.
RICHEPIN (Jean), 162.
RICHET (Charles), 58.
ROBERVAL, 327, 328.
ROBINSON (Mary). Voir Mme James Darmesteter.
ROGEARD, 287.
ROLAND (Mme).

ROLLIN, 59, 60, 129.
RONSARD, 150, 151.
RUCKERT, 162.
RUTILIUS RUFUS, 349.

S

SAINT-EVREMOND, 327, 330.
SAINT-SIMON (duc DE), 277, 280.
SAINTE-BEUVE, 29, 150.
SALLUSTE, 349.
SAND (George), 14, 198, 280.
SARCEY (Francisque), 71.
SARDOU (Victorien), 111 et suiv., 156.
SAUVEUR, 327, 328, 332.
SCARRON (Paul), 160, 166 et suiv., 308, 237.
SCHIAPARELLI, 45.
SCHILLER, 162, 163.
SCHLEIERMACHER, 103.
SCHOLL (Aurélien), 162.
SCHWOB (Marcel), 318 et suiv.
SEBILLOT (Paul), 86, 91.
SÉNÈQUE, 183.
SÉVIGNÉ (Mme DE), 295, 334.
SHAKESPEARE (W.), 19, 83, 112, 113, 347.
SIMON (Jules), 306.
SINISTRARI (le P.), 110.
SISENA, 349.
SOPHOCLE, 207.
SOUMET (Alexandre), 111.
SOUVESTRE (Émile), 301.
STAEL (Mme DE), 29, 30.
STAPFER (Paul), 111.
SULLY-PRUDHOMME, 6, 209, note, 219.
SYLLA, 348.

T

TAINE (H.), 109, 288.
TCHÉ-TSI, 134.
TELLIER (Jules), 177 et suiv., 190 et suiv., 305.
TERTULLIEN, 247.
THÉOCRITE, 87, 282.
THIERRY (Gilbert-Augustin), 322.
THOMAS D'AQUIN (saint), 98, 110, 215.
THOMASIUS (Jacobus), 158.
THOU-FOU, 134.
TITE-LIVE, 349.
TITEUX, 204.
TOURGUÉNEF (Ivan), 216.
TOURNEFORT, 60.
TRAVERS (Julien), 70.

V

VANIER (Léon), 115.
VARNHAGEN, 2.
VAUQUELIN, 60.
VERNET (C.-J.), 146.
VERNEY, 327.
VICAIRE (Gabriel), 68, 305, 306.
VIGNY (Alfred DE), 7.
VILLAIN (Georges), 345.
VIOLLET-LE-DUC, 238.
VIRGILE, 198, 280, 282.
VOGUÉ (Vte Eug.-Melchior DE), 42.
VOLTAIRE, 30, 216, 217.

W

WEISS (J.-J.), 277 et suiv.

Y

YRIARTE (Charles), 47 et suiv.

Z

ZOLA (Émile), 21, 156.

FIN DE LA TABLE ALPHABÉTIQUE

TABLE DES MATIÈRES

PRÉFACE	I
MADAME ACKERMANN	1
NOTRE CŒUR	10
UN CŒUR DE FEMME	19
LA JEUNESSE DE M. DE BARANTE	26
MYSTICISME ET SCIENCE	38
CÉSAR BORGIA	47
M. JAMES DARMESTETER	58
CONTES ET CHANSONS POPULAIRES	66
Jean-François Bladé	66
Albert Meyrac	91
LE P. DIDON ET SON LIVRE SUR JÉSUS-CHRIST	97
CLÉOPATRE	111
MADAME JUDITH GAUTIER	133
M. JEAN MORÉAS	145
APOLOGIE POUR LE PLAGIAT	156
Le fou et l'obstacle	156
APOLOGIE POUR LE PLAGIAT	166
Molière et Scarron	166

JULES TELLIER	177
LA RAME D'ULYSSE	190
Lettre de M. Eugène Pottier	201
— — *M. A. Ed. Cuaignet*	202
— — *M. P. Lalanne*	203
— — *M. Cunisset-Carnot*	205
— — *M. P. Clairin*	206
— — *M. Gustave Friteau*	207
BLAISE PASCAL ET M. JOSEPH BERTRAND	209
M. MAURICE BARRÈS. *Le jardin de Bérénice*	223
THÉODORE DE BANVILLE	231
M. GASTON BOISSIER	241
L'EMPEREUR JULIEN	251
GYP. *Une Passionnette*	266
J.-J. WEISS	277
MADAME DE LA FAYETTE ET M. LE COMTE D'HAUSSONVILLE	294
UN POÈTE BRETON : M. CHARLES LE GOFFIC	300
ALBERT GLATIGNY	307
M. MARCEL SCHWOB	318
MADAME DE LA SABLIÈRE, D'APRÈS DES DOCUMENTS INÉDITS	325
MITHRIDATE	346

DERNIÈRES PUBLICATIONS

Format in-18 à 3 fr. 50 le volume

	Vol.
RENÉ BAZIN	
Nord-Sud................	1
JOHAN BOJER	
Les Nuits Claires.........	1
GUY CHANTEPLEURE	
La Ville assiégée.........	1
GASTON CHÉRAU	
Le Remous...............	1
LOUISE COMPAIN	
L'Amour de Claire.......	1
PIERRE DE COULEVAIN	
Le Roman Merveilleux...	1
MAX DEAUVILLE	
Le Métier d'Homme......	1
ANTONIN DUSSERRE	
Jean et Louise............	1
ANATOLE FRANCE	
La Révolte des Anges.....	1
GYP	
La Dame de St-Leu......	1
LOUIS LEFEBVRE	
La Femme au Masque....	1
JULES LEMAITRE	
La Vieillesse d'Hélène....	1
A. DE LEVIS MIREPOIX	
Le Nouvel Apôtre........	1
PIERRE LOTI	
Turquie agonisante.......	1
JEANNE MARAIS	
Un Huitième Péché......	1

	Vol.
ROGER MARX	
Maîtres d'hier et d'aujourd'hui...............	1
PIERRE MILLE	
Le Monarque............	1
JACQUES NORMAND	
La Maison s'éclaire......	1
FRANCISQUE PARN	
Sicoutrou, pêcheur........	1
ERNEST RENAN	
Fragments intimes et romanesques.............	1
J.-H. ROSNY Jne	
La Carapace.............	1
CHARLES SAMARAN	
Jacques Casanova........	1
MARQUIS DE SÉGUR	
Vieux dossiers, petits papiers..................	1
A.-I. THEIX	
Les Inquiets.............	1
MARCELLE TINAYRE	
Madeleine au Miroir......	1
LÉON DE TINSEAU	
La Deuxième page........	1
CÉCILE DE TORMAY	
Au Pays des Pierres.....	1
PIERRE DE TRÉVIÈRES	
Le Roman d'un chasseur d'Afrique...............	1
CLAUDE VARÈZE	
La Route sans Clochers..	1

www.ingramcontent.com/pod-product-compliance
Lightning Source LLC
Chambersburg PA
CBHW060553170426
43201CB00009B/768